DANIEL
y el reino mesiánico

LIBROS DE EVIS L. CARBALLOSA

Apocalipsis: La consumación del plan eterno de Dios
Daniel y el reino mesiánico
Génesis: La revelación del plan eterno de Dios
Mateo: La revelación de la realeza de Cristo, tomo 1
Mateo: La revelación de la realeza de Cristo, tomo 2
Romanos: Una orientación expositiva y práctica
Santiago: Una fe en acción
Cristo en el milenio: La gloria del Rey de reyes
El dictador del futuro: Un estudio de las profecías del Anticristo

DANIEL

y el reino mesiánico

Edición revisada y actualizada

EVIS L. CARBALLOSA

EDITORIAL
PORTAVOZ

Dedico esta obra con afecto a
Alberto T. Platt

Daniel y el reino mesiánico.

© 1979 por Evis L. Carbollosa. Edición revisada y actualizada
en 1999. Publicado con permiso por Editorial Portavoz,
Grand Rapids, Michigan 49505. Todos los derechos
reservados.

Tercera edición revisada y actualizada

Portada: Brad D. Follis

EDITORIAL PORTAVOZ
2450 Oak Industrial Dr. NE
Grand Rapids, Michigan 49505 USA

Visítenos en: www.portavoz.com.

ISBN 978-0-8254-5662-6

2 3 4 5 impresión/año 19 18

Impreso en los Estados Unidos de América
Printed in the United States of America

Índice

Prefacio de la tercera edición

Hace aproximadamente viente años que salió a la luz por primera vez el comentario *Daniel y el reino mesiánico*. La acogida dispensada por el pueblo evangélico a este trabajo ha superado las expectativas del autor. Por ello expresa su más profunda gratitud a Dios y a todos los que han adquirido este libro.

En el año 1983, hubo una segunda edición. En dicha edición se actualizó la bibliografía y se corrigieron varios errores tipográficos. También se incorporaron algunas sugerencias aportadas por amigos quienes deseaban mayor éxito a este trabajo. El autor agradece profundamente a esos amigos el interés que han manifestado hacia la persona del autor y hacia su trabajo. De muchas partes del mundo han llegado cartas y muestras de cariño. Gracias por todo ese interés.

En la preparación del material para la publicación de esta tercera edición, el autor ha intentado dar mayor claridad a ciertos conceptos teológicos. También ha procurado dar mayor fuerza a ciertas expresiones para facilitar al lector la comprensión de algunos pasajes. Además, la bibliografía ha sido actualizada. El autor se ha beneficiado de la lectura de una gran variedad de trabajos sobre el libro de Daniel. Ha procurado leer las obras de autores que sostienen puntos de vista contrarios a los del autor de este comentario. En muchos casos, ha encontrado ayuda valiosa. Es necesario decir que, desafortunadamente, muy poco se ha publicado en castellano tocante al libro de Daniel en los últimos años. El autor ha tenido que apelar a la literatura en inglés.

Finalmente, el autor desea expresar su gratitud a Editorial Portavoz por su disposición en publicar esta tercera edición de *Daniel y el reino mesiánico*. Muchas gracias a Harold Kregel y a Luis Seoane por el ánimo y la ayuda que siempre han proporcionado al autor. Gracias, también, a Germán Collazo Fernández por su buena disposición y excelente trabajo come secretario. Por encima de todo, gracias a Dios por conceder las fuerzas y la dirección en la preparación de esta obra. Quiera el Soberano Señor de cielos y tierra bendecir la publicación de esta tercera edición y a todos los lectores de la misma.

EVIS L. CARBALLOSA
Can Miret, Sant Antoni Vilamajor
Barcelona (España)
8 de agosto de 1999

Prefacio de la segunda edición

Hace poco más de tres años que se publicó la primera edición de *Daniel y el reino mesianico*. Durante ese tiempo dicha obra ha circulado tanto en España como en Hispano América. Han sido muchas las muestras de aceptación dispensadas a este trabajo. La gloria sea para Dios.

Al salir a la luz esta segunda edición, el autor desea expresar su más profunda gratitud a los colegas, profesores, pastores, estudiantes y creyentes en general, quienes de forma escrita o verbal han expresado su aprecio hacia este trabajo.

Aunque el contenido de esta segunda edición es fundamentalmente el mismo, ha sido necesario hacer algunas correcciones propias de una segunda impresión. Se han corregido algunos errores tipográficos y se han sustituido algunos vocablos por otros que transmiten más eficazmente ciertos conceptos e ideas en el idioma castellano.

Se han hecho, sin embargo, tres alteraciones importantes con respecto a la primera edición. En primer lugar, se ha revisado y corregido la transcripción de los vocablos hebreos y arameos al castellano. Esa es una labor un tanto difícil y tediosa, pero se ha hecho con el fin de beneficiar al estudiante interesado en seguir de cerca el texto original. El trabajo de transcripción está basado sobre la obra *Theological Wordbook of the Old Testament*, editada por los doctores Laird Harris, Gleason Archer y Bruce Waltke.

También se ha revisado la bibliografía. Aunque, desafortunadamente, no se ha publicado ninguna obra nueva sobre Daniel en castellano, sí han aparecido algunas en el idioma inglés dignas de mencionarse. Además, se han publicado algunas introducciones al Antiguo Testamento que deben tenerse en cuenta si se desea hacer un estudio serio de las Escrituras. Por ejemplo, este autor se ha beneficiado mucho con la lectura de la obra de Brevard S. Childs, *Introduction to the Old Testament as Scripture*. Aunque el doctor Childs se identifica con la escuela crítica, su aceptación del carácter canónico del libro de Daniel es muy significativo.

Se ha añadido a esta segunda edición un capítulo final a manera de conclusión donde se da consideración al mensaje del libro de Daniel para el creyente de hoy. El propósito de ese capítulo es reseñar cómo cualquier porción o libro del Texto Sagrado puede ser útil para el hombre de fe. Daniel contiene un mensaje de esperanza para la comunidad de fe que sirve a Dios en un mundo lleno de tensiones y rebeldía como el de hoy.

El autor agradece profundamente a todos los que de un modo u otro han contribuido a mejorar esta segunda edición de *Daniel y el reino mesiánico*. Muy especialmente agradece el interés y la ayuda incalculable prestada por el Lic. Daniel Carroll Rodas, profesor de Antiguo Testamento en el Seminario Teológico Centroamericano. El Lic. Carroll Rodas no sólo aportó sugerencias de inestimable valor, sino que contribuyó con el trabajo de transcripción de los vocablos hebreos y arameos al castellano así como con sugerencias bibliográficas.

Otra mención especial de agradecimiento corresponde a D. Pablo Casal, quien se dio a la tarea de corregir algunas deficiencias tipográficas y literarias del texto. El autor agradece profundamente el estímulo constante recibido de parte de Harold J. Kregel, director de Editorial Portavoz, quien ha hecho posible la edición de esta obra.

Quiera el Dios del cielo, a quien Daniel fielmente sirvió, bendecir esta obra y usarla para Su gloria.

Evis L. Carballosa
El Ferrol (España)
23 de mayo de1983

DANIEL

Prólogo

Pocas veces ocurre que el discípulo escriba un prólogo para un libro del maestro. Esta es una de esas pocas veces, puesto que debo confesar que, en materia de profecía y, sobre todo, de profecía escatológica, soy todavía un seminarista de primer curso al lado del Dr. Evis L. Carballosa, ya maduro y bien fogueado en estas lides.

En estas circunstancias, aceptar la invitación para escribir un prólogo podría parecer petulancia si no me brindase la oportunidad de ofrecer un necesario testimonio personal.

Desde los largos años pasados en la clerecía de la Iglesia de Roma, y aún en los primeros quince años de los diecisiete que llevo en mi actual posición evangélica, el sistema que acepté sin muchas objeciones fue el amilenarismo. Mis pobres conocimientos acerca de las normas de interpretación de la profecía no daban para más. Aunque me repugnaba el alegorizar tantos y tantos pasajes proféticos, así del Antiguo Testamento como del Nuevo Testamento, y nunca lograron convencerme de que, por ejemplo, Satanás «ya está atado» (contra la clara enseñanza de Apocalipsis 20:2-7, cp. con 1ª Pedro 5:8); sin embargo, había muchos detalles en la escatología premilenarista que me parecían arbitrariamente sofisticados, especialmente lo que yo creía dos futuras venidas del Señor.

Los dos últimos años han significado para mí un cambio radical de visión, debido especialmente a la necesidad de profundizar en la profecía, a fin de poder ofrecer a los miembros de mi congregación un estudio equilibrado y lo más profundo posible del libro del Apocalipsis, tan temido por muchos expositores y tan descuidado por otros.

Apocalipsis sin *Daniel* resulta ininteligible. Así que mi estudio hubo de abarcar ambos. La bibliografía que poseo de ambos es lo suficientemente copiosa, tanto de autores amilenaristas (Dubarry, Grau, Caird, Bartina, Hendriksen, etc.), como de premilenaristas (Chafer, Pentecost, Walvoord, Carballosa, Vila, Barchuk). Cotejando los distintos comentarios, he podido llegar a la siguiente conclusión: **Dentro de unas nor-**

mas correctas de hermenéutica bíblica, la posición premilenial, dispensacional y pretribulacionista me parece la única sólidamente sostenible, por la sencilla razón de ser la única en que todos los pasajes proféticos de la Biblia encajan perfectamente como las piezas de un grandioso rompecabezas.

El hecho de que la inmensa mayoría de los rabinos convertidos estén a favor de la posición premilenial dispensacional ha sido quizás un ingrediente decisivo en mi actual toma de posición respecto a la escatología. Tengo ante mí obras de los sabios rabinos convertidos, como D. Baron, H.J. Hoyt, L. Cohn, J.H. Cohn, Z. Levitt, S.C. Mills, etc. Todos ellos, maestros profundos de la Palabra de Dios, son de esta escuela, y todos ellos explican, con singular soltura y sabiduría, los más nimios detalles de los más intrincados textos proféticos, que incluso a maduros teólogos de otras escuelas podrían parecer sumamente confusos.

En esta escuela se ha formado el doctor Carballosa, bebiendo de las enseñanzas de dos grandes maestros actuales de la exégesis bíblica: el Dr. J.F. Walvoord, actual presidente del Seminario Teológico de Dallas, cuyos comentarios a Daniel y Apocalipsis son obras maestras de interpretación de la profecía escatológica; y el Dr. J.D. Pentecost, decano de la Facultad de Exégesis Bíblica del mismo seminario, y cuya amistad es para mí un gran privilegio. Su voluminoso libro *eventos del porvenir* es un estudio exhaustivo de la escatología bíblica. Ambos profesores son, a su vez, discípulos del gran maestro L. S. Chafer, primer presidente y fundador del prestigioso seminario ha citado.

El presente comentario del doctor Carballosa, al que me cabe el inmerecido honor de estampar este modesto y breve prólogo, va a ser de enorme provecho a todos los estudiosos de la profecía, por la rectitud de su línea exegética, por la constante apelación al original hebreo y arameo, por la claridad de la exposición y por la enorme erudición bibliográfica. Por otra parte, estoy seguro de que, para emprender este estudio, no le ha llevado ningún deseo de polemizar, ni siquiera de dogmatizar, sino simplemente de ofrecer el fruto de sus propios estudios para provecho espiritual, tanto exegético como devocional, de los lectores. Antaño pensé que poco, o nada, podía ayudarme en el terreno espiritual el estudio de la profecía escatológica. Hoy estoy convencido de lo contrario. Nada más estimulante, ningún acicate más activo para hacernos trabajar, testificar, velar y orar, que la profunda convicción de que *el Señor Jesús viene presto, que está cerca, a las puertas.*

No querría terminar esta prólogo sin hacer una necesaria advertencia a todo creyente evangélico: el mayor enemigo de toda escatología literalmente milenial, y que más favorece la confusión de los términos «Iglesia» y «Reino de Dios», es la Iglesia de Roma. Un ligero vistazo a la eclesiología católico-romana nos descubrirá el motivo primordial de todo ello: el amilenarismo favorece grandemente a las pretensiones de perenne primacía espiritual del Papado dentro de una concepción histórica que descarta la restauración, en un próximo futuro, de una teocracia absoluta en que el Rey no necesitará «vicarios», porque se sentará personalmente en el trono de David. Dicho sea sin ánimo de ofender a nadie. Odio el dogmatismo en detalles discutibles, como odio el fanatismo cordialmente, aunque no fanáticamente. ¡Y basta ya! No quiero entretener, por más tiempo, al lector.

FRANCISCO LACUEVA
Vigo (España)
Abril de 1979

La autenticidad, argumento y marco histórico del libro de Daniel

El material introductorio en un comentario exegético es de vital importancia. Un conocimiento de la naturaleza, el carácter y la estructura del libro bajo consideración, ayuda sin duda, a su total comprensión. También es importante situar el libro dentro de su marco histórico y del género literario al que pertenece. Daniel es un libro apocalíptico y, como tal, debe ser estudiado teniendo en cuenta las características de dicho género.

Tratándose del libro de Daniel, este estudio introductorio se hace aún más necesario. Ningún otro libro del Canon Sagrado ha sido atacado más enconadamente. La profecía de Daniel ha sido impugnada por su contenido histórico, teológico, filológico y exegético. La crítica racionalista rechaza rotundamente la autenticidad y canonicidad del libro de Daniel. Lo considera producto de un seudónimo del siglo segundo a.C. Exégetas conservadores, sin embargo, afirman que dicho libro es histórico y autoritativo, escrito por un profeta genuino que vivió entre los años 605-535 a.C., y, por lo tanto, es Palabra de Dios.

Otro aspecto importante para un entendimiento del libro de Daniel concierne a su argumento. Es decir, el estudiante debe tener una perspectiva panorámica del desarrollo del tema que el Espíritu de Dios revela al profeta. Finalmente, se hace necesario ubicar el libro de Daniel dentro de su marco histórico. Esa ubicación histórica la proporciona el primer capítulo de la profecía de Daniel. El ministerio del profeta se extendió desde el año tercero de Joacim (605 a.C.), hasta pasado el primer año de Ciro el Grande (539 a.C.). De modo que en esta primer parte se dará consideración a esos tres aspectos mencionados.

Finalmente, el estudiante debe prestar atención al hecho de que, como literatura apocalíptica, el libro de Daniel contiene un número considerable de símbolos y figuras de dicción. La tendencia de muchos interpretes es recurrir a la interpretación alegórica o figurada para explicar el mensaje de Daniel. La aplicación de ese método hermenéutico oscurece en lugar de aclarar el mensaje del libro. Sólo la utilización de una hermenéutica normal, natural, histórica-gramatical, es decir, literal puede llevar al estudiante y al expositor de la Palabra de Dios a desentrañar con claridad y eficacia el mensaje del profeta Daniel.

UNO

Introducción: El libro de Daniel ante la crítica

Tanto la tradición judía como la cristiana han considerado el libro de Daniel como el producto genuino del profeta judío que fue llevado cautivo a Babilonia en el año 605 a.C.[1] Daniel contaba unos 19 años de edad cuando Nabucodonosor, rey de Babilonia, hizo su primera incursión contra Jerusalén después de haber derrotado decisivamente a los egipcios en la famosa batalla de Carquemis.[2] Allí Nabucodonosor, quien aún no era rey de Babilonia, derrotó de manera aplastante al faraón Necao II en mayo/junio del año 605 a.C.

Sin embargo, siguiendo la pauta trazada por un neoplatonista de la antigüedad llamado Porfirio (233-300 d.C.).[3] la crítica moderna ha pronunciado los más enconados ataques contra las profecías de Daniel. Muchas veces, descartando serias evidencias arqueológicas y optando en favor de opiniones prejuzgadas en contra de las Sagradas Escrituras, la crítica racionalista afirma que el libro de Daniel es el producto de un judío que vivió en el período intertestamentario y fue escrito hacia el año 165 a.C.[4] El libro de Daniel, es sin duda, uno de los libros más impugnados de toda la Biblia.

Las objeciones de la crítica a la autenticidad de Daniel y la generalizada afirmación de que dicha profecía es de origen espurio están basadas principalmente en cuatro líneas de argumentos: (1) histórico, (2) lingüístico, (3) teológico y (4) exegético.[5]

ARGUMENTOS EN CONTRA DE LA AUTENTICIDAD DE DANIEL

1. LA SUPUESTA EXISTENCIA DE TRES CÁNONES

En base a la hipótesis de la existencia de tres cánones para el Antiguo Testamento, eruditos modernistas han tratado de negar la autenticidad de Daniel. La raíz del argumento es el hecho de que en *el canon hebreo Daniel no está clasificado entre los proféticos, sino entre los literarios o libros de sabiduría.* La crítica concluye que ello se debe a que el libro de Daniel fue escrito después de que el supuesto canon de los profetas había sido cerrado y por esa razón no fue incluido entre los libros proféticos.[6] La hipótesis de la crítica es que hubo tres cánones: 1) la ley (400 a.C.); 2) los profetas (200 a.C.) y 3) los libros de sabiduría (100 a.C.). Según la escuela crítica, el libro de Daniel no fue incluido entre los profetas porque no había sido escrito aún en el año 200 a.C.

En realidad, la crítica establece un círculo vicioso al afirmar que el libro de Daniel fue colocado entre los libros literarios a causa de su origen tardío. Lo cierto es que los que objetan a la historicidad de la profecía de Daniel fijan de antemano la fecha en que suponen que dicha obra fue escrita (generalmente sugieren 165 a.C.), y luego afirman que el canon de los profetas permaneció abierto hasta el año 200 a.C. De modo que, en la opinión de la crítica, un personaje desconocido escribió el libro de Daniel después de que el canon de los profetas se cerró y por esa causa dicho libro no se incluye entre los profetas en el canon hebreo.

Dos cuestiones pertinentes parecen haber sido pasadas por alto por la crítica. Primeramente, el hecho de que en los libros de sabiduría se hallan incluidas obras de gran antigüedad tales como el libro de Job, los Salmos de David y los escritos de Salomón. De modo que el incluir un libro entre los escritos poéticos no parece haberse basado en el origen reciente de dicha obra. En segundo lugar, los israelitas, al parecer, distinguían entre los profetas oficiales, tales como Elías, Eliseo, Isaías, Jeremías, etc., y aquellos que tenían el don de profeta pero su ocupación cotidiana era otra, como en el caso de Daniel y Nehemías, quienes eran hombres dedicados a asuntos de gobierno.[7]

2. SUPUESTOS FALLOS HISTÓRICOS

Otra impugnación hecha contra el libro de Daniel es *el supuesto descuido del escritor al proporcionar datos históricos.* Entre las menciones más notorias está la cita en Daniel 1:1 que relaciona la invasión de Nabucodonosor con el reinado de Joacim. Se dice que Daniel 1:1 contradice lo escrito en Jeremías 25:1 y 46:2. También se ha atacado el uso que el escritor hace de la palabra «caldeo» y la referencia a Belsasar que aparece en el capítulo 5.[8]

La primera de las objeciones mencionadas se relaciona con la cronología que aparece en el libro de Daniel. El escritor afirma (1:1) que Nabucodonosor rey de Babilonia sitió a Jerusalén en el año tercero de Joacim mientras que Jeremías afirma (25:1 y 46:2) que Nabucodonosor derrotó a los egipcios y sitió a Jerusalén en el cuarto año de Joacim. Contemplado a simple vista, parece haber una contradicción entre los dos pasajes. Sin embargo, ha sido demostrado que no existe ninguna contradicción ni conflicto entre ambos escritores sagrados. Jeremías escribe desde Jerusalén a partir del acceso al trono del monarca.[9] En Babilonia, por el contrario, se acostumbraba a considerar el primer año como la inauguración del monarca y después de ese primer año se comenzaba a contar los años propiamente del reinado. De modo que, desde el punto de vista babilónico, Daniel estaba en lo correcto al referirse al tercer año de Joacim, el mismo período que Jeremías llama el cuarto año de dicho rey.[10]

La crítica ha objetado el uso que el escritor hace de la palabra «caldeo». Los que niegan la historicidad de Daniel afirman que el vocablo «caldeo» es usado erróneamente con referencia a una clase sacerdotal o de hombres sabios, cosa que no se hizo sino mucho más tarde en el reinado de Nabucodonosor. Según estos eruditos, en la primera parte del reino de Nabucodonosor la palabra «caldeo» sólo tenía una connotación racial, mientras que el escritor de Daniel le asigna el significado de casta religiosa.[11] La conclusión de la crítica es que el autor de la profecía de Daniel tuvo que haber escrito muchos años, tal vez siglos, después del colapso del imperio neo-babilónico y a eso se debe su error.

Esta objeción no toma en cuenta el hecho de que el autor del libro de Daniel usa la palabra «caldeo» tanto en su acepción étnica como en su acepción religiosa. Por ejemplo, en 5:30 se refiere a Belsasar como el rey de los caldeos. Además, también es sabido que en el siglo v a.C. los caldeos eran prominentes como grupo religioso. No es de dudarse que Nabucodonosor los colocase en una posición de influencia al comienzo mismo de su reinado.[12]

3. IMPUGNACIÓN DE LA MENCIÓN DE BELSASAR

Una tercera objeción a la seriedad histórica de Daniel ha sido *la referencia a Belsasar que aparece en el capítulo 5*. En realidad, la objeción ha sido de carácter doble. En primer lugar, se acusaba al autor de incorrección histórica al afirmar que Belsasar fue rey de Babilonia. Según todos los historiadores clásicos, Nabónido fue el último rey de Babilonia antes de que los medo-persas se apoderasen del imperio babilónico. La segunda acusación tiene que ver con el hecho de que autor se refiere a Belsasar como «hijo de Nabucodonosor». Según la crítica, el escritor de Daniel había cometido un doble error en este caso particular.

Sin embargo, ambas objeciones han sido satisfactoriamente contestadas. Hace aproximadamente medio siglo que un grupo de arqueólogos desenterró en las ruinas de Babilonia evidencias insertas en piedra conteniendo el nombre de Belsasar. Estos descubrimientos arqueológicos también demostraron que Nabónido vivió en Teima durante la mayor parte de su reinado, habiendo dejado el control del gobierno a su hijo mayor Belsasar.[13] En cualquiera de los casos el uso es correcto, ya que Belsasar era nieto de Nabucodonosor a la vez que su sucesor.[14] Era costumbre de las civilizaciones antiguas identificar a sus reyes como «hijo» del monarca más famoso que la nación hubiese tenido. De modo que cuando Daniel se refiere a Belsasar como «hijo» de Nabucodonosor está correcto tanto histórica como culturalmente.

En resumen, la crítica ha pretendido demostrar infructuosamente que el libro de Daniel fue escrito durante el período de los macabeos como *Vaticinia post eventum* por alguien que no estaba totalmente familiarizado con los hechos históricos y a eso atribuyen los errores históricos que supuestamente han descubierto en el libro de Daniel. Lo cierto es, sin embargo, que un estudio cuidadoso de los detalles históricos proporcionados por Daniel revela que el autor estaba bien compenetrado con los hechos que relata y lo hace con absoluta corrección histórica. El profeta Daniel demuestra estar debidamente familiarizado tanto con la historia como con las costumbres de su época.

ARGUMENTOS LINGÜÍSTICO-FILOLÓGICOS EN CONTRA DE LA AUTENTICIDAD DE DANIEL

Otra línea de argumento frecuentemente usada contra el libro de Daniel está relacionada con el aspecto lingüístico-filológico del libro. Según la crítica, el vocabulario usado por el autor del libro de Daniel revela una composición tardía. El connotado erudito S.R. Driver, refiriéndose al tiempo de la composición del libro de Daniel, a fines del siglo pasado, declaró: «Las palabras persas *presuponen,* un período después de que el imperio persa estaba bien establecido, las palabras griegas *demandan,* el hebreo *apoya,* y el arameo *permite,* una fecha posterior a la conquista de Palestina por Alejandro Magno (332 a.C.).»[15]

Lo que Driver y otros pretenden afirmar es que el libro de Daniel fue escrito en el período helenístico, durante el tiempo de la guerra de los macabeos contra Antíoco Epífanes por el año 165 a.C. y no a fines del siglo VI a.C., como sostienen los eruditos conservadores.

El argumento tiene su raíz en el hecho de que el libro de Daniel fue escrito en dos idiomas: los capítulos 1:1 al 2:4 y del 8:1 al 12:13 fueron escritos en hebreo mientras que desde el capítulo 2:4 hasta el 7:28 está escrito en arameo.[16]

La crítica objeta el hecho de que aparecen unas diecinueve palabras de origen persa (casi todas en la porción de arameo) y tres palabras de origen griego en el libro de Daniel. En base a esa supuesta anomalía, se pretende concluir que las profecías de Daniel fueron escritas hacia mediados del siglo II a.C.

La cuestión lingüístico-filológica ha sido estudiada durante varias décadas a la luz de los más recientes descubrimientos arqueológicos, incluyendo los manuscritos del mar Muerto. Uno de los expertos que ha estudiado este asunto es K.A. Kitchen, profesor de egiptología de la Universidad de Liverpool, quien ha afirmado lo siguiente:

> La explicación más pertinente en cuanto al porqué esos seis capítulos fueron escritos en lengua aramea es porque su contenido está primordialmente relacionado con el plan de Dios para con los gentiles. De modo que, providencialmente, la porción que tiene que ver con los gentiles está escrita en la lengua de los gentiles. El completo repertorio de arameo bíblico, en particular el que aparece en Daniel, ha sido enumerado, analizado y comparado con el fondo histórico de inscripciones objetivamente fechadas con papiros en arameo antiguo e imperial y con los idiomas afines semítico occidental y acadio (Babilonia y Asiria). El resultado ha sido que nueve décimas del vocabulario es atestiguado en textos del siglo v a.C. o anterior a dicha fecha.[17]

En realidad, muchas veces se pasa por alto el hecho de que el libro de Daniel fue escrito después de que los medo-persas se habían apoderado de Babilonia y que el autor del libro sirvió bajo el nuevo gobierno por varios años. Ciertamente, no debe ser extraño que el escritor incorporase dichas palabras, máxime cuando son palabras que tienen que ver con cuestiones de administración gubernamental. También se ha descubierto que aproximadamente la mitad de las palabras persas usadas por el autor de Daniel aparece principalmente en escritos en arameo pertenecientes al siglo vi a.C.[18]

Tocante a las tres palabras griegas que aparecen en el libro de Daniel, es de interés notar que son nombres de instrumentos musicales. Es de sobras conocido que mucho antes de las conquistas de Alejandro Magno (332 a.C.), los griegos tenían relaciones comerciales y culturales con las naciones del Oriente Medio. De modo que no es de extrañarse que instrumentos musicales de origen griego fuesen a parar a las cortes imperiales de Babilonia y Persia. Como expresa un escritor:

> En verdad, el argumento basado en la presencia de palabras griegas se convierte en una de las más contundentes evidencias de que el libro de Daniel no pudo haber sido escrito tan tarde como en el período griego. Para el año 170 a.C. un gobierno de habla griega había estado ya en control de Palestina por 160 años, y

expresiones griegas políticas y administrativas ciertamente habrían invadido el vocabulario del pueblo subyugado.[19]

Lo verdaderamente sorprendente no es que aparezcan tres palabras (y sólo tres) de origen griego en todo el libro de Daniel, particularmente cuando dichas palabras son nombres de instrumentos musicales. Lo verdaderamente insólito es que si el libro fue escrito, como afirma la crítica, en el año 165 a.C., sólo contase con tres palabras de origen griego. Debe recordarse que para ese tiempo la cultura helenística estaba en su apogeo. De modo que si el libro de Daniel hubiese sido escrito en el año 165 a.c., su contenido debía haber reflejado la influencia de la cultura dominante de aquella época que, sin duda, era griega. En realidad, lo que debía sorprender a la crítica es que todo el libro de Daniel no hubiera sido escrito en griego si, como ellos mismos afirman, fue escrito en el año 165 a. C., cuando la helenización estaba en su apogeo.

ARGUMENTOS TEOLÓGICOS CONTRA EL LIBRO DE DANIEL

Según la crítica, el libro de Daniel contiene una teología demasiado avanzada para haber sido escrito a finales del siglo VI a.C. Los que así opinan, afirman que la teología del libro de Daniel armoniza más bien con los escritos apocalípticos del período macabeo y tiempos posteriores. Generalmente, se impugna el hecho de que el libro de Daniel contiene doctrinas acerca de los ángeles, la resurrección y el juicio venidero, que se hallan demasiado desarrolladas y que pertenecen más bien al período posterior a los macabeos.

En respuesta a esas objeciones debe observarse que la doctrina de los ángeles se encuentra arraigada en todo el Antiguo Testamento. Tanto el Pentateuco como los libros históricos y proféticos contienen enseñanzas abundantes tocante a los ángeles y su ministerio. La doctrina de la resurrección es enseñada en el libro de Job (19:25), en los Salmos 16:7 y 17, así como en Isaías 53. En cuanto a la doctrina del juicio venidero, es mencionada en Isaías, Sofonías, Hageo, Zacarías, Malaquías y los Salmos. Debe recordarse que el Antiguo Testamento hace referencia al «libro de la vida» en Éxodo 32:32, 33 e Isaías 4:3. También debe notarse el contenido de Isaías 65:6, Salmo 69:28 y Malaquías 3:16 donde se indica la enseñanza tocante a un juicio final.

Algo que la crítica pasa por alto es que el libro de Daniel contiene una teología equilibrada tocante a Dios, el hombre, la Biblia, la oración, la providencia de Dios, la ley y otros aspectos de la doctrina bíblica. Tampoco debía resultar extraño que Dios revele alguna nueva verdad por medio de uno de sus profetas. La tendencia de la crítica es negar lo sobrenatural y esa es una de las razones fundamentales del esfuerzo por desacreditar la teología del libro de Daniel.

En cuanto a la utilización de vocabulario apocalíptico no debería existir asombro alguno. Otros libros proféticos como Joel, Ezequiel y Zacarías contienen dicho género literario. La literatura apocalíptica es propia del ambiente exílico y del mensaje escatológico. Ambos están presentes en Daniel.

ARGUMENTOS EXEGÉTICOS CONTRA EL LIBRO DE DANIEL

Comenzando con el filósofo neo-platonista, Porfirio, hasta nuestros días, un número considerable de teólogos y eruditos ha afirmado que el libro de Daniel es *Vaticinium ex eventum.* En la opinión de estos expertos, *el libro fue escrito por alguien que vivió mucho después que los sucesos relatados tuvieron lugar.* De modo que, si esa conclusión es cierta, el escritor registró hechos históricos pero lo hizo en estilo profético.

Los que así piensan, claramente niegan la existencia de lo sobrenatural o milagroso. Es decir, afirman que es imposible que alguien sea capaz de escribir hechos históricos antes de que ocurran como evidentemente aparecen en el libro de Daniel. En otras palabras, la crítica lanza su ataque al mismo corazón del libro de Daniel, afirmando que es una imposibilidad profética.[20]

La crítica afirma que el libro de *Daniel fue escrito en tiempos de Antíoco Epífanes IV*, quien reinó entre los años 176 al 164 a.C. Esos años fueron difíciles para los judíos debido al antisemitismo y a la crueldad de Antíoco. Se dice que el autor del libro de Daniel escribió con el propósito de estimular a sus compatriotas a luchar contra el cruel rey. Tal conclusión tiene como objetivo negar el carácter profético del libro de Daniel y al mismo tiempo impugna la naturaleza sobrenatural del registro profético.

Uno de los problemas más serios en contra de los que arguyen a favor del origen macabeo del libro de Daniel es, sin duda, *la identificación del cuarto imperio aludido en los capítulos 2 y 7.* Los que fijan la fecha de la escritura del libro en el año 165 a.C. se ven obligados a separar a los medo-persas y hacer que el cuarto de los imperios sea el de los griegos, en lugar del Imperio Romano. Según esta línea de pensamiento, los cuatro imperios simbolizados en la estatua del capítulo 2 eran: Babilonia, Media, Persia y Grecia. De ser así, el escritor del libro de Daniel habría estado escribiendo historia en lugar de profecía.

Lo cierto es, sin embargo, que las evidencias internas provistas por los capítulos 7 y 8 de Daniel identifican a Medo-Persa como el segundo imperio y a Grecia como el tercero, dejando solamente la posibilidad de que el cuarto imperio sea el romano. Esto, por supuesto, ha sido ampliamente confirmado por la historia antigua.[21]

Tal vez la confusión en cuanto a la identificación de los imperios se centra en el hecho de que los capítulos 7 y 8 hablan de un cierto «cuerno pequeño». Debe notarse, sin embargo, que el «cuerno pequeño» del capítulo 7 aparece en la cabeza de la cuarta bestia, se opone al Anciano de días y es destruido por intervención divina. Después de esto los reinos del mundo son dados a los santos del Altísimo. El «cuerno pequeño» del capítulo 8 es el retoño que brota de uno de los cuatro cuernos del «macho cabrío», o sea Grecia. Ese cuerno pequeño salió de Siria, uno de los cuatro reinos en que se dividió el imperio de Alejandro Magno después de su muerte en el año 323 a.C. El cuerno pequeño que aparece en el capítulo 8 es, sin duda, Antíoco Epífanes IV, quien cumplió esa profecía entre los años 175 al 164 a.C. La relación existente entre ambos «cuernos pequeños» es más bien tipológica. El del capítulo 7 representa a un personaje escatológico quien es destruido por el Señor el día de su venida, mientras que el del capítulo 8 es un prototipo del «cuerno pequeño» escatológico.[22] Ambos, sin duda, pertenecen a épocas distintas de la historia, aunque el del capítulo 8 es una especie de precursor del mencionado en Daniel 7:8.

En resumen, se ha examinado de manera escueta las principales objeciones formuladas contra el libro de Daniel. Estas objeciones abarcan aspectos históricos, lingüísticos, filológicos, teológicos y exegéticos. A pesar de los ataques y los esfuerzos de la crítica orientados a destruir la autenticidad del libro de Daniel, esta profecía continúa demostrando ser de origen divino y la clave para la interpretación de gran parte de la revelación profética de las Escrituras, particularmente las del Apocalipsis. Desde Porfirio hasta nuestros días, la crítica racionalista rehúsa aceptar lo sobrenatural o milagroso tal como aparece en la profecía de Daniel y en muchos otros libros del Canon Sagrado.

AUTENTICIDAD DEL LIBRO DE DANIEL

A pesar de los esfuerzos por parte de la crítica racionalista encaminados a negar la autenticidad y la canonicidad del libro de Daniel, tanto la tradición cristiana como la judía han reconocido que dicho libro pertenece, con todo su derecho, al conjunto de escritos autoritativos que forman el Canon Sagrado.

El Señor Jesucristo confirmó la autenticidad de la profecía de Daniel y habló de su cumplimiento en Mateo 24:15 (ver también Mt. 16:27; 19:28; 24:30; 25:31 y 26:64).[23] Ciertamente la integridad de Cristo jamás debe ponerse en tela de juicio. Es evidente, además, que el libro de Daniel era popular entre los judíos como lo demuestra el hecho de que copias de dicho libro fechadas por el año 150 a.C. han sido encontradas entre los manuscritos del mar Muerto.[24]

El escritor del libro de Daniel muestra un conocimiento correcto de la historia y de la cultura del siglo VI a.C. De manera cuidadosa proporciona detalles que solamente alguien que vivió en el siglo vi hubiese notado (ver 8:2). Tal vez uno de los segmentos más sorprendentes del libro es el capítulo 9. Allí el escritor profetiza la venida del Mesías y su muerte. Aún en el absurdo de que el libro hubiese sido escrito en el año 165 a.C., la crítica tendría que explicar satisfactoriamente el origen de una profecía tan estupenda.

El consenso general de los eruditos conservadores es que el libro de Daniel es el producto genuino de aquel judío que fue llevado cautivo por Nabucodonosor en el año 605 a.C. y que vivió más allá del período neobabilónico hasta los tiempos en que los medo-persas se apoderaron de la ciudad de Babilonia. Ese era Daniel, quien por el año 535 a.C. y bajo la superintendencia del Espíritu Santo, escribió las maravillosas profecías que llevan su nombre y que revelan el plan de Dios para con los gentiles y para con la nación de Israel.

MARCO HISTÓRICO DEL PROFETA DANIEL

Daniel nació por el año 625 a.C. en un hogar de la nobleza judía.[25] Aunque nada se sabe de su vida aparte de la información registrada en el libro canónico que lleva su nombre, se sabe que fue uno de los jóvenes judíos llevados cautivos por Nabucodonosor, rey de Babilonia, en el año 605 a.C. La vida de Daniel abarca el período de tiempo en que los babilonios y los medo-persas tuvieron el control de todo el Oriente Medio.

El imperio neo-babilónico tuvo su comienzo en el año 626 a.C., con el acceso al trono de Nabopolasar, el padre de Nabucodonosor II. Nabopolasar, como él mismo admite, no era de origen noble o real, sino que procedía de una familia humilde.[26] De cierto modo, Nabopolasar se las arregló para convertirse en un jefe militar de los caldeos en el sur de Babilonia. En el año 626 a.C., a raíz de la muerte de Asurbanipal, rey de Asiria, Nabopolasar fomentó una rebelión que lo colocó en el trono de Babilonia, comenzando una serie de campañas expansivas que le proporcionaron cierto prestigio.

En el año 615 a.C., trató de capturar la ciudad de Asur pero fracasó, lográndolo, sin embargo, al año siguiente al formar una alianza con los medos. Dos años más tarde, es decir, en el 612 a.C., Nabopolasar, con la ayuda de Ciáxares, rey de los medos, capturó la ciudad de Nínive, poniendo fin a la hegemonía asiria y al mismo tiempo elevando a Babilonia a la supremacía del poder en el Oriente Medio.

El faraón Necao de Egipto trató de ayudar a los asirios, pero sin poder lograrlo. En el año 605 a.C. tuvo lugar una de las más importantes y decisivas batallas de la historia antigua. Cerca de Carquemis, en las márgenes del río Éufrates, se enfrentaron el ejército egipcio capitaneado por el faraón Necao y el babilónico bajo el mando de Nabucodonosor

II. En dicha batalla, Nabucodonosor derrotó a los egipcios de manera aplastante. Como resultado de dicha victoria, Babilonia incorporó la mayor parte del territorio del antiguo imperio de Asiria y el dominio de la región de Mesopotamia.[27]

En el año 605 a.C., y posiblemente al mismo tiempo en que se peleaba la batalla de Carquemis, Nabopolasar murió. Al saber la noticia de la muerte de su padre, Nabucodonosor se marchó a Babilonia acompañado de algunos íntimos amigos y el 6/7 de septiembre del año 605 a.C., fue coronado rey. Seguidamente se marchó de nuevo al campo de batalla, logrando incorporar a su territorio Siria y Palestina.

Fue también en el año 605 cuando Nabucodonosor, de paso por Jerusalén, llevó consigo algunos cautivos, incluyendo a Daniel y a sus amigos Sadrac, Mesac y Abed-nego.[28] Después de un período de entrenamiento en la cultura babilónica que duró por lo menos tres años, Daniel comenzó su largo ministerio en el exilio, sirviendo bajo tres gobiernos distintos. Hacia el final de su carrera, tal vez por el año 535 a.C., Daniel escribió la profecía que lleva su nombre.

LA LITERATURA APOCALÍPTICA Y EL LIBRO DE DANIEL

La palabra «apocalíptica» se usa para clasificar ese cuerpo de literatura que posee las siguientes características: (1) origen o trasfondo exílico; (2) una forma literaria caracterizada por el uso de símbolos y visiones; (3) un guía o intérprete divino; (4) un contenido escatológico por el cual Dios estimula a aquellos que sufren a causa del exilio y 5) una manifiesta esperanza en la venida del Mesías-libertador.

LITERATURA APOCALÍPTICA SEUDOEPIGRÁFICA

Durante el período intertestamentario y principalmente en los años 200 al 100 a.C., surgió una cantidad considerable de literatura anónima con características apocalípticas pero sin autoridad canónica. La mejor parte de dichos libros procedía de la ciudad de Alejandría.

Los libros apocalípticos no canónicos son denominados seudoepígrafa porque fueron escritos por seudónimos. Entre ellos se cuentan:

1. Enoc (c. 164 a.C.).
2. El testamento de los doce patriarcas (fines del siglo II a.C.).
3. Los oráculos sibelinos (150 a.C.–200 d.C.).
4. La asunción de Moisés (30–6 a.C.).
5. Enoc o Libro de los secretos de Enoc (siglo I a.C.).
6. Baruc o Apocalipsis sirio de Baruc (fines del siglo I a.C.).
7. Baruc o Apocalipsis griego de Baruc (siglo II a.C.).

Estos libros son espurios y reflejan peculiaridades religiosas populares durante el período intertestamentario. Todos los estudiosos del tema reconocen la inmensa diferencia entre estos libros y los genuinamente canónicos.

DEFINICIÓN DE LITERATURA APOCALÍPTICA

Para llegar a una definición correcta de la «literatura apocalíptica», es necesario tomar como punto de partida la palabra griega apokalypsis que da nombre al último libro de la Biblia, es decir, el Apocalipsis. En realidad, el título *literatura apocalíptica* originalmente fue tomado de Apocalipsis 1:1.

Apocalipsis 1:19 proporciona la división natural de dicho libro. La primera parte, «las cosas que has visto», era la visión que Juan tuvo del Señor en el capítulo 1. La segunda parte, «las [cosas] que son», es decir, las cartas a las siete iglesias en los capítulos 2 y 3. Por último, «las [cosas] que han de ser después de éstas», abarca la presentación escatológica de la tribulación, la segunda venida de Cristo, el reino mesiánico y el estado eterno en los capítulos 4 al 22. Es esta última sección la que proporciona la clave para una definición de la *literatura apocalíptica*.

Las siguientes características pueden ser observadas en esta última y gran sección del libro del Apocalipsis:

1. *El contenido profético*: No en el sentido de la proclamación de verdades de Dios y sucesos que van más allá del tiempo histórico presente y se extiende hasta el final de la historia y el tiempo. Puede decirse, por lo tanto, que toda literatura apocalíptica es profética, aunque no toda literatura profética es apocalíptica.

2. *El fondo exílico*: Una segunda característica de la literatura apocalíptica es su trasfondo exílico. Los escritores de este género literario vivieron bajo la opresión de pueblos gentiles y generalmente confinados al exilio.

3. *Revelación por medio de visiones*: La literatura apocalíptica se caracteriza, además, por el contenido de visiones como medio de revelación. Dichas visiones están repletas de símbolos, al igual que de acciones simbólicas y hechos familiares al recipiente. Este aspecto literario se destaca sobremanera en la tercera sección del libro del Apocalipsis.

4. *Las visiones pueden contener simbolismo*: Un cuarto aspecto que sobresale en la literatura apocalíptica es el simbolismo. Las visiones registradas por el vidente están saturadas de símbolos y acciones simbólicas (Ap. 6:11ss; 8:2ss; 12:1ss; 17:1- 8). Es más, dichas visiones necesitan la intervención de un intérprete para su comprensión.

5. *Dirección divina e intérprete*: Otra característica predominante es un personaje celestial o mensajero divino, un ángel, que guía al vidente a través de las visiones e interpreta aquellas porciones que resultan incomprensibles al escritor. En el caso de Juan en el Apocalipsis, éste reconoce que el mensaje de Dios le fue enviado por mediación de un ángel (Ap. 1:1; 22:6, 16). Normalmente la interpretación es provista por un ángel (Ap. 4:1; 10:9, 11; 11:1-12; 21:9, 10, 15; 22:1, 6, 8-10), aunque a veces Dios mismo da la interpretación (Ap. 1:19-20; 21:38; 22:12-20), o uno de los veinticuatro ancianos (Ap. 5:5; 7:13).

6. *Contenido escatológico*: La tercera sección del libro del Apocalipsis es primordialmente escatológica. El contenido de los capítulos 4 al 22 de dicho libro concierne a la tribulación, a la segunda venida del Señor, al reinado milenial de Cristo y al estado eterno.

En base a lo que se ha mostrado, es posible ofrecer la siguiente definición:

La literatura apocalíptica es un género literario simbólico-visionario-profético, escrito durante un tiempo de opresión y que consiste de visiones que fueron registradas tal y como fueron vistas por el autor y explicadas por un intérprete celestial y cuyo contenido teológico es primordialmente escatológico.[29]

LITERATURA APOCALÍPTICA CANÓNICA

Aunque existen diferencias de opinión entre los expertos en esta materia en cuanto a qué libros canónicos deben ser clasificados como *literatura apocalíptica*, no cabe duda que los libros de Ezequiel, Zacarías, Daniel y Apocalipsis poseen los requisitos indispensables que permite clasificarlos como apocalípticos canónicos.

Es importante, sin embargo, someter estos libros al criterio de la definición de *literatura apocalíptica* que se ha ofrecido anteriormente para comprobar si es correcto clasificar dichos libros como tal.

LA SECCIÓN APOCALÍPTICA DEL LIBRO DE DANIEL

El libro de Daniel se compone de dos partes principales. La primera abarca los seis primeros capítulos, y es esencialmente histórica. La segunda, abarca los seis últimos capítulos y es esencialmente profética. Además de ser profética, esa segunda parte pertenece al grupo literario llamado *literatura apocalíptica* que hemos definido anteriormente. En cada uno de los capítulos con contenido apocalíptico puede observarse las seis características apuntadas con anterioridad. Es decir, contenido profético, fondo exílico, revelación por medio de visiones, uso de símbolos, y el intérprete celestial que descubre el significado y contenido escatológico. De modo que la sección profética del libro de Daniel encaja perfectamente en la clasificación de literatura apocalíptica.

La literatura apocalíptica debe ser interpretada con sumo cuidado, siguiendo la hermenéutica normal o natural, teniendo en cuente la gramática, la historia, la cultura y la naturaleza propia del género literario que se interpreta. Por encima de todo, el intérprete debe recordar su necesidad de depender del ministerio del Espíritu Santo.

NOTAS

1. Bruce K. Waltke, «The Date of the Book of Daniel». *Bibliotheca Sacra*, Vol. 133 (octubre-diciembre, 1976), p. 319.
2. Edward J. Young, *Una introducción al Antiguo Testamento* (Grand Rapids: TELL, 1970), p. 231.
3. Philip Schaff, *History of the Christian Church*, Vol. II (Grand Rapids: Eerdmans, 1970), p. 101.
4. Helmer Ringgren, *Israelite Religion*, trad. David E. Green (Filadelfia: Fortress Press, 1966), p. 333.
5. Gleason L. Archer Jr., *Reseña crítica de una introducción al Antiguo Testamento* (Grand Rapids: Editorial Portavoz, 1981), pp. 418-443.
6. Los eruditos que niegan la autoridad de la Biblia han formulado la teoría de que el canon del Antiguo Testamento se constituyó en etapas. La primera etapa fue la Ley o *Torah* (400 a.C.), la segunda fue la de los Profetas o *Nabiim* (200 a.C.). Y la tercera la de los libros de Sabiduría o *Kethubim* (100 d.C.). La realidad es que esa presuposición de la crítica carece de base histórica ya que una triple división del Antiguo Testamento existía mucho antes de los tiempos de Cristo. Pero lo que no existió nunca fue *tres cánones*. Véase Norman L. Geisler y William E. Nix, *A General Introduction to the Bible* (Chicago: Moody, 1971), p. 151.
7. Merrill Unger, *Introductory Guide to the Old Testament* (Grand Rapids: Zondervan, 1956), p. 393.
8. Se han formulado otras objeciones tocante a datos históricos que aparecen en el libro de Daniel que no es posible mencionar por falta de espacio. Una de las más interesantes es la referencia a Darío de Media (Dn. 5:31). Para una buena respuesta, véase el trabajo de John C. Whitcomb, Jr., *Darius the Mede* (The Presbyterian and Reformed Publishing Co., 1975).
9. Edwin Thiele, *The Mysterious Numbers of the Hebrew Kings* (Grand Rapids: Kregel, 1994), p. 185.
10. Los babilonios habían estado involucrados en una serie de conquistas que les habían colocado en una posición prominente en el Oriente Medio. En el año 605 a.C. Nabucodonosor, general y príncipe heredero de Babilonia, se enfrentó a los egipcios en la batalla de Carquemis (primavera del año 605 a.C.). El 8 de agosto del 605 a.C., Nabopolasar, el

padre de Nabucodonosor, murió. El 6 de septiembre del mismo año Nabucodonosor fue coronado rey de Babilonia, comenzando así el año de su inauguración. Josías, rey de Judá, murió en la batalla de Meguido en el año 609 y fue sustituido en el trono por su hijo Joacim quien comenzó a reinar a fines del año 609 o a principios del 608 a.C. Para más información, véase Edward J. Young, *Una introducción al Antiguo Testamento*, pp. 423-424.

11. Para una respuesta a la objeción del uso del término «caldeo», véase Archer, *Reseña crítica*, p. 420 y Robert Dick Wilson, *Studies in the Book of Daniel*, Vol. I (Grand Rapids: Baker, 1972), pp. 319-389.

12. Para una discusión interesante de este tema, véase la obra de Robert Dick Wilson, *Studies in the Book of Daniel*, Vol. I (Grand Rapids: Baker, 1972), p. 319-366.

13. Waltke, «The Date of the Book of Daniel», p. 328.

14. R.K. Harrison, *Introduction to the Old Testament* (Grand Rapids: Eerdmans, 1973), p. 1114).

15. Citado por Bruce K. Waltke, «The Date of the Book of Daniel», p. 322.

16. El arameo es un idioma que pertenece a la rama noroccidental de la lengua semítica. Tiene un vocabulario distinto al hebreo y también sus propias peculiaridades gramaticales. Pero el arameo usado por Daniel es reconocido como «arameo imperial», o sea, una especie de *lingua franca* usada en todo el Oriente Medio en transacciones comerciales y en cuestiones diplomáticas. Para más detalles, véase *The Zondervan Pictorial Encyclopedia of the Bible*, Vol. I, pp. 249-255.

    La explicación más pertinente en cuanto al porqué esos seis capítulos fueron escritos en lengua aramea es porque su contenido está primordialmente relacionado con el plan de Dios para con los gentiles. De modo que, providencialmente, la porción que tiene que ver con los gentiles está escrita en la lengua de los gentiles.

17. K.A. Kitchen, et. al., *Notes on Some Problems in the Book of Daniel* (Londres: The Tyndale Press, 1970), p. 32.

18. *Ibíd.*, p. 37.

19. Archer, *Reseña crítica de una Introducción al Antiguo Testamento*, p. 427.

20. W.A. Criswell, *Expository Sermons on the Book of Daniel*, vol. I (Grand Rapids: Zondervan, 1968), pp. 32-34.

21. Para una excelente discusión tocante a la identificación del cuarto imperio, véase Edward J. Young, *The Prophecy of Daniel* (Grand Rapids: Eerdmans, 1949), pp. 275-294.

22 Archer, *Reseña crítica de una introducción al Antiguo Testamento*, p. 437. Véase también, Harrison, *Introduction to the Old Testament*, p. 1129.

23. Un excelente estudio tocante al testimonio de Jesús acerca del libro de Daniel puede verse en Charles Boutflower, *In and Around the Book of Daniel* (Grand Rapids: Kregel, 1977), pp. 286-293.

24. Menahen Mansoor, *The Dead Sea Scrolls* (Grand Rapids: Eerdmans, 1964), p. 7.

25. La fecha exacta del nacimiento de Daniel no es sabida con exactitud, pero

el consenso general de los escritores conservadores es que nació antes de las reformas de Josías, que tuvieron lugar en el año 621 a.c. Véase *The Zondervan Pictorial Encyclopedia of the Bible*, Vol. II, p. 21.

26. Boutflower, *In and Around the Book of Daniel*, pp. 90-91.

27. Véase *The McMillan Bible Atlas* (Nueva York: McMillan, 1968), pp. 102-105.

28. Nabucodonosor hizo otras dos incursiones en Palestina. En el año 597 a.c. volvió a llevar más cautivos entre los que se contaba al profeta Ezequiel. Finalmente, en el año 586 a.c. destruyó la ciudad de Jerusalén y el templo salomónico.

29. Ralph Alexander, *Hermeneutics of Old Testament Apocalyptic Literature*, (Dallas: Tesis doctoral inédita, 1968), pp. 3-5. Véase además, D. S. Rusell, *The Method and Message of Jewish Apocalyptic* (Londres: S.C.M., 1968).

DOS

El argumento del libro de Daniel

La profecía de Daniel presenta el plan divino tanto para las naciones gentiles como para Israel. El libro abarca grandes períodos históricos, pero al mismo tiempo provee un sorprendente número de detalles relacionados con el futuro de la nación de Israel y con la consumación de «los tiempos de los gentiles». El desarrollo temático del libro, por lo tanto, no está basado en una cronología cansina de principio a fin, sino que proporcionase un énfasis inicial tocante a los gentiles (2:1–7:28) seguido de otro acerca de Israel (8:1–12:13).

El profeta comienza con un breve bosquejo de su propia vida. Hace saber que había sido llevado cautivo a Babilonia por Nabucodonosor. En Babilonia, conjuntamente con otros jóvenes, fue separado para una preparación especial según los deseos de Nabucodonosor. Como parte de esa preparación, Daniel habría tenido que comer alimentos considerados ritualmente inmundos según las leyes judías. Por lo tanto, propuso en su corazón que no se contaminaría comiendo lo que era inmundo. Dios bendijo la determinación de Daniel de modo que fue relevado de la obligación de comer aquellos alimentos babilónicos. Además, Dios hizo que prosperase en aquel medio ambiente pagano. Por consiguiente, en el primer capítulo del libro, Daniel establece su carácter y cualidades personales con miras al ministerio profético al que Dios le ha llamado. Debido a que Daniel no era un profeta en sentido oficial sino un hombre de gobierno, era vitalmente importante que expusiese sus cualidades personales y el hecho de que había sido dotado por Dios para realizar la función de profeta en tierra extranjera.

Los capítulos del 2 al 7 tratan del plan profético para con los gentiles. Primeramente, Daniel relata lo que ha de suceder y seguidamente indica algunos detalles tocantes a la realización histórica del programa profético al que hace referencia. De modo que en el capítulo 2, Daniel registra el plan de Dios para con las naciones gentiles. Dios dio a conocer dicho plan a través del sueño que tuvo Nabucodonosor. Evidentemente dicho sueño había causado tal impacto en Nabucodonosor que éste deseaba asegurarse de que obtendría la interpretación correcta. Para ello demandó que los sabios consultados fuesen capaces de decirle el sueño en sí y la interpretación del mismo. Debido a que nadie era capaz de cosa semejante, Nabucodonosor promulgó un edicto que hubiese resultado en la muerte de Daniel. Entonces el profeta pidió que el rey le diese tiempo y seguidamente invocó el favor del Dios del cielo, pidiéndole sabiduría. Dios respondió y Daniel solicitó una entrevista con el rey para revelarle el sueño. Fue así como Daniel descubrió el sueño a Nabucodonosor y, además, interpretó su significado (2:31-45). En remuneración, el rey colocó a Daniel en un lugar prominente dentro del reino.

La historia de la humanidad, sin embargo, revela que los actos de Dios no transcurren sin recibir el reto de hombres malvados. Por esa razón, Daniel registra los planes del hombre, que son diametralmente opuestos a los de Dios. En lugar de esperar el establecimiento del reino del «gran monte», los hombres, controlados por el orgullo, procuran su propia gloria. En el capítulo 3, Daniel presenta un ejemplo de cómo el hombre ha desafiado a Dios. Nabucodonosor establece un sistema falso de adoración cuando ordena la construcción de una gran imagen y decreta que todos deben adorarla o sufrir la pena capital. Cuando el remanente fiel a Dios rehúsa tomar parte en aquella idolatría, es acusado delante del rey y sentenciado a morir quemado dentro de un gran horno. La liberación milagrosa de aquellos judíos resultó en un testimonio para quienes habían rechazado al Dios verdadero. De manera que Daniel demuestra que los planes del hombre no frustran ni coartan los planes de Dios.

En los capítulos 4 al 7, Daniel presenta algunos de los acontecimientos y situaciones que ocurrirán en la realización del plan de Dios para con los gentiles. Primero, menciona que Dios juzgará la arrogancia de los gentiles (4:1–5:31). El profeta usa la vida de Nabucodonosor para ilustrar cómo Dios contenderá con el orgullo de los hombres. Después que Nabucodonosor relata un sueño que tuvo, Daniel interpreta el significado de dicho sueño, indicando que Nabucodonosor sería humillado hasta el día que reconociese que sólo *Yahveh* es Señor. El juicio anunciado mediante aquel sueño sería anulado sólo si Nabucodonosor se arrepentía de su iniquidad (4:27). Aproximadamente después de un año de su encuentro con Daniel, el orgullo de Nabucodonosor (4:30) provocó el cumplimiento del sueño (4:31). Cuando el rey reconoció la soberana majestad de Dios, fue restaurado a su posición como líder de su pueblo.

Seguidamente Daniel procede a relatar el trato de Dios hacia las acciones desafiantes de los gentiles (5:1-31). En un desatino de rebeldía y depravación, Belsasar ordenó que se trajesen los vasos sagrados que

Nabucodonosor había sustraído del templo de Jerusalén para beber de ellos durante la fiesta que había organizado donde se adoraban dioses falsos. Dicha acción era un desafío a Dios y una afrenta al carácter sagrado de dichos vasos. Dios responde al reto pronunciando juicio inmediato sobre Belsasar. Tan pronto Belsasar hubo profanado los vasos santos del templo, apareció una mano que escribía la sentencia del juicio divino sobre el depravado rey. Una vez más, los falsos profetas demostraron su impotencia, pues no pudieron descifrar lo escrito. Y una vez más fue llamado Daniel a dar la interpretación del extraño escrito que había aparecido en la pared. La interpretación fue una sentencia de juicio para Belsasar. El factor que había precipitado dicho juicio era la irreverente arrogancia de Belsasar al usar los vasos consagrados a *Yahveh* en una fiesta pagana. En aquella misma noche, Belsasar murió a manos de los conquistadores medo-persas (5:3).

Daniel entra en detalles respecto de la certeza del juicio que ha de venir sobre los gentiles. A pesar de las maquinaciones humanas y de la insensatez de sus líderes, el plan de Dios se cumplirá. La certeza del cumplimiento del plan de Dios, a pesar de las tramas diabólicas de los gentiles, es atestiguada por la propia experiencia de Daniel en el foso de los leones. El hecho de que Daniel fue designado por Darío para ocupar una elevada posición provocó profunda consternación y envidia entre sus subalternos de origen gentil (6:1-3). De modo que procuraban por todos los medios deshacerse de Daniel. Por un lado, la pureza moral de Daniel y, por el otro, su fidelidad a Dios causaron que hombres malvados buscasen su destrucción. Daniel era una luz que revelaba la pecaminosidad de aquellos hombres. Pero el profeta no fue intimidado por sus amenazas ni por la sentencia que el rey se vio obligado a promulgar. De manera soberana, Dios protegió a Daniel y trajo juicio sobre aquellos que querían destruirlo (6:24).

En el último capítulo (cap. 7) de esta sección acerca del plan profético para con los gentiles, Daniel escribió la visión relacionada con los poderes mundiales de los gentiles. En la visión Daniel contempló los poderes gentiles que se sucederán y que tendrán el control durante los tiempos de los gentiles. A su debido tiempo la forma final del dominio universal de los gentiles será destruida y será inaugurado (7:17-18) el reino mesiánico. De modo que, a pesar del maligno poder de la bestia, Dios juzgará definitivamente a las naciones e instaurará su reino. Daniel concluye la sección del libro relacionada con el plan profético para con los gentiles, mostrando que el único Dios vivo y verdadero a la postre, manifestará que sólo Él es el Soberano del universo. El resto del libro tiene que ver con al plan profético para la nación de Israel (8:1–12:13).

En la segunda parte de su libro, Daniel registra la revelación profética tocante a Israel en forma semejante a como lo había hecho en la sección relacionada con los gentiles. Esta segunda parte de la revelación está adornada con abundancia de detalles que clarifican lo tocante a la realización del plan divino con Israel. Daniel tuvo una visión (8:1) que revelaba la caída del imperio medo-persa bajo el poder del rey de Grecia. Después de la muerte del rey de Grecia quien había derrotado a los medo-persas, el imperio griego sería dividido en cuatro partes. Por medio de esta visión se revelaba quién controlaría a Israel durante una porción del período llamado «los tiempos de los gentiles».

Una segunda visión le sigue (9:23) en la que se revela el futuro de Israel en relación con la forma final del poderío gentil mundial. Esta visión tuvo lugar en respuesta a la oración de Daniel, quien al leer la profecía de Jeremías se percató de que el tiempo de la cautividad babilónica estaba a punto de concluir. Dios envió a Gabriel para que revelase a Daniel el futuro de Israel bajo el poder romano, el último aspecto del predominio gentil mundial. Finalmente, Dios establecerá su reino en el que Israel como nación jugará un importantísimo papel.

Daniel 9 contiene la asombrosa profecía de las *setenta semanas* que Dios ha determinado sobre la nación de Israel y la ciudad de Jerusalén. En un período de 490 años, Dios cumplirá su plan con el pueblo que ha escogido. Las promesas hechas por Dios a Abraham, Isaac, Jacob y David tendrán su cumplimiento cabal.

En los tres capítulos finales, el profeta considera los detalles tocantes a la revelación de su plan profético para Israel. La revelación de dicho plan, como ha se ha indicado, muestra que habrá serios conflictos. De modo que es natural y pertinente que Daniel haga referencia a los medios que asegurarán la victoria de Israel sobre las fuerzas gentiles que han sojuzgado la nación (10:1–12:2). Es así como Daniel deja ver que el Mesías traerá victoria cuando regrese en poder y gloria.

Entonces Daniel da atención a los sucesos principales que ocurrirán en el conflicto que forma parte del plan profético para Israel (11:2-45). Los líderes claves de los imperios persa, griego y romano son mencionados, así como los sucesos importantes relacionados con el programa de Dios para Israel. Al final, sin embargo, todos los líderes y sus planes serán reducidos a la nada y el reino del Mesías será inaugurado. Daniel revela la promesa de Dios que librará a Israel del conflicto (12:1-13). Los justos serán bendecidos y participarán de los beneficios del reino del Mesías. Esto ocurrirá después que Dios haya dispuesto de aquellos que perseguían a Israel (12:7). El resultado de la cesación del conflicto es que los justos entrarán a gozar de las bendiciones del Señor. De ese modo se realizará el plan profético para la nación de Israel.

Los capítulos 11:36–12:13 ponen de manifiesto que la nación de Israel sufrirá días de terrible persecución y tribulaciones. El «príncipe que ha de venir», mencionado en Daniel 9:26 perseguirá a los hijos de Israel quienes, por el tiempo que durará la semana 70 de Daniel 9:27, sufrirán la más insólita crisis. El libro de Daniel pone de manifiesto cómo el Dios Soberano se propone establecer su soberanía sobre la tierra. Se demostrará que *Yaveh* es tanto Señor sobre Israel como sobre los gentiles.

TRES

Daniel ante la cautividad babilónica (1:1-21)

Después de su notable victoria sobre los ejércitos asirio-egipcios, Nabucodonosor recibe la noticia de la muerte de su padre. En su marcha a Babilonia para tomar posesión del trono, el futuro rey pasa por Jerusalén, recibe tributos y lleva consigo cautivos, entre los que se encontraban Daniel y algunos de los más sobresalientes jóvenes judíos. Estos constituían el remanente fiel que daría testimonio de la gracia de Dios entre los gentiles.

LA DEPORTACIÓN DE DANIEL A BABILONIA (1:1-2)

Con lenguaje terso, Daniel resume lo acontecido durante la primera incursión de Nabucodonosor en la tierra de Judá y particularmente en la ciudad de Jerusalén:

> En el año tercero del reinado de Joacim rey de Judá, vino Nabucodonosor rey de Babilonia a Jerusalén, y la sitió. Y el Señor entregó en sus manos a Joacim rey de Judá, y parte de los utensilios de la casa de Dios; y los trajo a la tierra de Sinar, a la casa del tesoro de su dios, y colocó los utensilios en la casa del tesoro de su dios (1:1-2).

La expresión «en el tercer año del reinado de Joacim...», como se ha indicado anteriormente, no es una contradicción de lo dicho por el profeta Jeremías (46:2). Daniel, quien había vivido en Babilonia la mayor parte de su vida, en el momento de escribir su libro usa la cronología babilónica que consideraba el primer año del reinado de un rey como «el año de su inauguración». Jeremías, por otro lado, vivía en Jerusalén y usa el sistema judío que pasaba por alto el año de inauguración y comenzaba a contar el tiempo del reinado desde el momento del acceso de un rey. De modo que lo que Daniel llama «el tercer año» es exactamente igual cronológicamente a lo que Jeremías llama «el cuarto año».[1]

JOACIM REY DE JUDÁ (1:1a).

Joacim era el hijo mayor de Josías, quien vino a ocupar el trono de Judá en el año 608 a.C., después que el faraón Necao había depuesto a Joacaz. Joacim era un hombre perverso e inepto para reinar. Fue él quien ordenó que el rollo del libro de Jeremías fuese quemado, desafiando así a la Palabra de Jehová (Jer. 36). Los once años de su reinado no pudieron haber sido más turbulentos. Sin duda, fue a causa de su rebelión por lo que, en el año 597 a.C., Nabucodonosor sitió a Jerusalén por segunda vez llevándose más cautivos, entre los que posiblemente se encontraba el profeta Ezequiel.

El reino de Judá había sido preservado algo más de un siglo después del cese del reino del norte. Pero evidentemente ni los reyes ni el pueblo de Judá habían escuchado las palabras de los profetas que anunciaban el juicio de Dios sobre la nación. El escritor del segundo libro de Crónicas explícitamente afirma que el rey «obstinó su corazón para no volverse a Jehová el Dios de Israel» (2º Cr. 36:13). También declara que «todos los principales sacerdotes y el pueblo aumentaron la iniquidad, siguiendo todas las abominaciones de las naciones y contaminando la casa de Jehová, la cual él había santificado en Jerusalén» (2º Cr. 36:14). En resumen, el pueblo de Judá había violado el pacto mosaico, cometiendo pecados de idolatría, menospreciando la Palabra de Jehová, proclamada a través de sus profetas, y había quebrantado la ley del año sabático (2º Cr. 36:21).[2] Fue a causa de la continuada rebelión, la idolatría y la violación de la ley del año sabático por parte de los israelitas por lo que la intervención judicial de Dios tuvo lugar.

Como resumen de los acontecimientos, dice Daniel que «vino Nabucodonosor rey de Babilonia a Jerusalén y la sitió» (1:16). La referencia es, indudablemente, a la incursión hecha por Nabucodonosor contra Jerusalén después de la batalla de Carquemis. En dicha ocasión Nabucodonosor hizo al rey de Judá un vasallo y llevó consigo parte de los utensilios sagrados del templo de Jerusalén. Tal ocasión ponía de manifiesto el carácter ascendente del poderío neo-babilónico.

Daniel se refiere a Nabucodonosor como «el rey de Babilonia», aunque en realidad todavía no había ocupado el trono vacante a causa de la muerte de su padre.[3] El consenso general de los historiadores es que Nabucodonosor fue uno de los reyes más sobresalientes de la antigüedad.[4] Era el hijo mayor de Nabopolasar, fundador del imperio neo-babilónico. Se cree que tuvo dos esposas y, según datos arqueológicos existentes, fue padre de tres hijos.[5] Su reinado abarcó un período de 43 años. Durante su reinado, la ciudad de Babilonia fue embellecida. Entre las obras más prominentes figuran los famosos jardines colgantes[6] y más de treinta templos que dan testimonio del politeísmo de Nabucodonosor.[7]

Y EL SEÑOR ENTREGÓ EN SUS MANOS A JOACIM REY DE JUDÁ... (V. 2a)

Ciertamente Nabucodonosor pensaba que su poderío militar y su impecable estrategia eran los causantes de su triunfo sobre Jerusalén, pero en realidad era la soberanía de Dios que actuaba en cumplimiento de su perfecto plan. La palabra «Señor» no es *Yahveh* (el Dios guardador del pacto), sino *Adonai,* que enfatiza la soberanía de Dios como Supremo Señor de todas las cosas.[8] En un acto soberano de su voluntad, Dios usa el poderío babilónico para castigar la maldad de la nación de Israel.

La expresión «entregó en sus manos» es una figura del lenguaje que describe la impotencia de Joacim para hacer frente al ejército de Nabucodonosor. El verbo «entregó» (*natan*), se usa en el versículo 9, donde se traduce «puso» («y puso Dios a Daniel en gracia...»). Es decir, Dios dio a Daniel gracia y buena voluntad frente al jefe de los eunucos. Aquí vemos una gran paradoja: ¡El Dios que soberanamente entregó a Joacim y parte de los utensilios del templo en manos de Nabucodonosor del mismo modo otorgó gracia y buena voluntad a Daniel!

El hecho de que Nabucodonosor tomase solamente «parte» (*miqsat*) de los vasos sagrados del templo explica el hecho de que en incursiones subsiguientes el emperador babilónico se llevó el resto de dichos objetos (2 R. 24:11-17).

La tierra de Sinar es, sin duda, Babilonia,[9] que en su uso bíblico «denota la completa llanura aluvial de Babilonia entre el Tigris y el Éufrates, abarcando aproximadamente los últimos 320 kilómetros del curso de estos dos grandes ríos según el cauce que tenían en la antigüedad»,[10] Evidentemente, la tierra de Sinar estaba dividida en regiones o reinos (Gn. 10:10). Fue allí donde Nimrod fundó el reino de Babilonia, típico de la corrupción moral, política y religiosa.[11]

Y colocó los utensilios en la casa del tesoro de su dios (1:2b)

Nabucodonosor seguramente adoraba al dios Marduc, quien según el poema épico babilónico *Enuma Elish*, había logrado la supremacía sobre las demás deidades babilónicas después de haberlas vencido en batalla.[12] Marduc era considerado como el más sabio y más fuerte de todos los dioses. También, según la mitología babilónica, fue él quien creó el presente sistema cósmico, incluyendo al hombre a quien formó no del polvo de la tierra sino de la sangre que había creado. En realidad, la adoración de Marduc tenía una profunda connotación política. Babilonia era la ciudad de Marduc. Al reclamar que Marduc era el dios supremo, los sacerdotes afirmaban la supremacía de Babilonia sobre las demás ciudades y territorios del Oriente Medio.[13] Es posible que los babilonios considerasen la victoria sobre los judíos en su carácter tanto político como religioso.[14] Pensaban que Nabucodonosor había vencido a Joacim del mismo modo que Marduc había vencido a *Yahveh* sin saber que el Soberano (*Adonai*) era el victorioso.

La tierra de Sinar, Babilonia, era sin duda un centro religioso. Las excavaciones arqueológicas han producido suficiente información para afirmar que tanto los babilonios como sus parientes, los asirios, imitaron y hasta adoptaron los conceptos religiosos de los sumerios,[15] quienes habían ocupado la parte baja de Mesopotamia antes que los acadios. Al igual que los sumerios, los babilonios adoraban los tres dioses cósmicos: cielo, aire y tierra, a quienes llamaban *Anu, Enlil y Ea.* También rendían culto a una trinidad astral compuesta por la Luna, el Sol y Venus (*Sin, Shamash e Ishtar*).[16] Los babilonios poseían un panteón de divinidades clasificadas jerárquicamente, en el que Marduc ocupaba la autoridad máxima.[17] A esa tierra saturada de idolatría fue llevada cautiva la nación de Israel. El Dios soberano castigaba a un pueblo rebelde que había violado las estipulaciones del pacto (Dt. 28). Israel permanecería en Babilonia por setenta largos años, según lo había profetizado Jeremías (25:11; 29:10). Durante muchos años había practicado la idolatría en la tierra prometida a Abraham. Ahora la nación había sido llevada cautiva a la cuna misma de la idolatría.

DANIEL Y SUS COMPAÑEROS SON ENTRENADOS EN LA CORTE BABILÓNICA (1:3-7)

Nabucodonosor pretendía organizar un imperio que abarcase todo el mundo conocido en aquellos tiempos. Era su propósito usar lo mejor en cuanto a material humano para el funcionamiento de su corte cosmopolita. De modo que el rey ordenó que se hiciera una selección cuidadosa de entre todos los jóvenes que habían sido traídos cautivos. Esas circunstancias, aparentemente adversas, fueron usadas por Dios para colocar a Daniel en un lugar prominente en la corte babilónica.

> Y dijo el rey a Aspenaz, jefe de sus eunucos, que trajese de los hijos de Israel, del linaje real de los príncipes, muchachos en quienes no hubiese tacha alguna, de buen parecer, enseñados en toda sabiduría, sabios en ciencia y de buen entendimiento, e idóneos para estar en el palacio del rey; y que les enseñase las letras y la lengua de los caldeos (1:3-4).

El verbo «dijo» (heb. '*amar*) tiene aquí la fuerza de «mandar» u «ordenar».[18] El rey no hizo una petición, sino que dio una orden a su siervo. El nombre «Aspenaz» es de origen incierto,[19] aunque algunos expertos sugieren la posibilidad de que tenga una derivación del persa antiguo[20] o del arameo.[21] El título de Aspenaz era «jefe de los eunucos» (heb. *rab*) y se usa aquí en referencia al encargado de la casa real. Podría llamársele «jefe del personal del palacio».[22] Aunque se le llama «jefe de los eunucos», la palabra «eunuco» (heb. *saris*), podría referirse a un oficial del palacio (como en el caso de Potifar en Gn. 37:36, quien era casado) o a un verdadero eunuco.[23] Aunque la palabra «eunuco» podía usarse metafóricamente, lo más probable es que tanto Daniel como sus amigos hubiesen sido castrados con la finalidad de que pudiesen hacer un mejor trabajo en el palacio real.[24] Lo cierto es que no se conoce si Daniel contrajo matrimonio en Babilonia. Por lo que se puede deducir, no lo hizo.

De los hijos de Israel, del linaje real de los príncipes... (1:3)

La expresión «hijos de Israel» es el nombre teocrático del pueblo escogido por Dios.[25] La orden de Nabucodonosor fue que se escogiesen «de entre los hijos de Israel». Es decir, que hubiese una rígida selección de personas que reunieran ciertos requisitos. Primeramente tenían que ser de «la simiente del reino» (*mizzera hammluca*) y, además, de «los príncipes» (heb. *partmim*). La palabra «príncipes» literalmente significa «nobles» o gente de la nobleza sin ser de la familia real.[26] La selección debía ser realizada de manera meticulosa. Evidentemente, en la opinión de Nabucodonosor, los miembros de la nobleza y de la familia real debían de estar mejor calificados para llenar los requisitos que él demandaba. O sea, que el rey babilónico había fijado ciertos criterios sociales para los miembros del personal de su palacio.

Además de poseer excelentes cualidades sociales, Nabucodonosor exigía que los miembros del personal real fuesen poseedores de cualidades físicas superiores. «Muchachos en quienes no hubiese tacha alguna». La palabra «muchachos» (heb. *y*e*ladîm*) no especifica la edad de la persona, pero es de suponer que Daniel tendría aproximadamente unos quince años de edad. La expresión «no hubiese tacha alguna» (heb. *v*e*tôbê mar'eh*), quiere decir «bien parecidos» o «hermosos». Puede notarse que había un énfasis marcado en el aspecto físico, tal vez por el hecho de que «la belleza era considerada casi como una virtud.»[27]

También se requerían cualidades intelectuales elevadas como lo indica la frase «y capaces de emprender un programa de estudios como los que pretendía Nabucodonosor». Además de la capacidad para estudiar y entender, debían tener discernimiento y habilidad para hacer decisiones correctas. Finalmente, debían ser «sabios en ciencia y de buen entendimiento». Debe notarse el énfasis que el rey Nabucodonosor da a los requisitos intelectuales de sus servidores. Cada una de las frases usadas es como el *crescendo* en una composición musical. El rey deseaba tener en su corte lo mejor de lo mejor. Los jóvenes seleccionados debían ser superiores en lo social, lo físico y lo intelectual.[28] Una vez seleccionados, dichos jóvenes permanecerían en el palacio real y serían enseñados en «las letras y la lengua de los caldeos». En otras palabras, serían «culturizados», o tal vez (usando un vocablo contemporáneo), «contextualizados». La literatura de los babilonios era abundante y estaba escrita en tablillas de barro. Se han descubierto bibliotecas completas de la literatura de los caldeos.[29]

El significado de la expresión «lengua de los caldeos» no ha sido determinada con precisión, ya que la palabra «caldeo» (heb. *kasdîm*) era usada con diferentes connotaciones:[30] (1) Se usaba para designar a los habitantes del reino babilónico fundado por Nabopolasar y Nabucodonosor; (2) también se usaba para designar la clase sacerdotal babilónica con sus sabios y magos. Algunos escritores opinan que la referencia en Daniel 1:4 tiene que ver con el uso étnico.[31] Otros, por su parte, creen que tiene que ver con una designación especial de la clase sacerdotal y sabios babilónicos.[32] También hay quienes piensan que la referencia abarca ambos significados.[33] Lo cierto es que, aunque la palabra «caldeo» se usa en el resto de la Biblia en un sentido étnico (p.ej. Gn. 11:28, 31; 15:7; 2 R. 24:2; 25:4, 5, 10, 13, 24, 25, 26; Job 1:17; etc.), en Daniel 1:4 y 2:2, 4 se usa en el sentido estricto con referencia a hombres sabios o casta sacerdotal, mientras que en Daniel 5:30 y 9:1 se hace referencia a una raza o nación. De modo que puede concluirse que Daniel conocía ambos usos de dicho vocablo.[34]

> Y les señaló el rey ración para cada día, de la provisión de la comida del rey, y del vino que él bebía; y que los criase tres años, para que al fin de ellos se presentasen delante del rey (1:5).

El rey Nabucodonosor, siguiendo la costumbre del Oriente Medio, asignó la alimentación de Daniel y sus compañeros, además de estipular las comidas que debían comer. De manera meticulosa el rey señaló la ración o porción que cada uno de aquellos jóvenes debía comer cada día.[35] La expresión «de la comida del rey» (*mippatbag hammelek*) se refiere al hecho de que los participantes disfrutarían de la misma clase de comida que el rey. Ciertamente, el texto hebreo no sugiere la existencia de algo dañino ni en lo moral ni en lo físico en la dieta asignada por Nabucodonosor a los jóvenes judíos.[36] Pero, como señala un escritor: «Sin duda, el rey creía que hacía un favor a aquellos jóvenes. Podemos notar razones para dicho favor: primero, para solicitar la buena voluntad de los jóvenes; y, segundo, para asegurar una dieta completa (o equilibrada) para que los jóvenes mantuviesen y desarrollasen cuerpos saludables.»[37] Aquellos jóvenes judíos, además, debían beber del vino que se servía en la mesa del rey. El vino es una bebida común en el Oriente Medio y se clasifica según edad y grados. El hecho de que Daniel y sus amigos bebiesen del vino que el rey bebía enfatiza una vez más la calidad de la dieta a la que se les sometía.

La frase «y que los criase tres años» literalmente significa «y que los hiciese grandes por tres años». La referencia es, sin duda, a la duración del período de entrenamiento y al hecho de que se esperaba que en tres años la preparación recibida capacitase a aquellos jóvenes tanto en lo físico como en lo intelectual para servir al rey. La expresión «se presentasen delante del rey» connota la idea de ministrar o servir en la presencia del rey. El verbo «presentasen» (*'amad*), significa literalmente «estar de pie» y «delante de» (*lipnei*) significa «ante el rostro de». De modo que al final de los tres años, los jóvenes judíos «estarían de pie ante el rostro del rey», que equivale a decir sirviendo delante de la presencia de Nabucodonosor no como siervos domésticos, sino como administradores gubernamentales con responsabilidades de alta envergadura.[38]

> Entre éstos estaban Daniel, Ananías, Misael y Azarías, de los hijos de Judá. A éstos el jefe de los eunucos puso nombres: puso a Daniel, Beltsasar; a Ananías, Sadrac; a Misael, Mesac; y a Azarías, Abed-nego (1:6-7).

No se menciona el total de jóvenes seleccionados para el entrenamiento; sólo se hace constar que el número era mayor que los cuatro judíos mencionados. Tampoco debe pensarse que el grupo estaba compuesto sólo de judíos. Lo más probable es que hubiese varias nacionalidades representadas entre los futuros cortesanos. El nombre Daniel encabeza la lista de los cuatro judíos mencionados.[39] Dicho nombre puede significar «Dios es mi juez», o «mi juez es Dios», o «Dios ha juzgado».[40] Su nombre fue cambiado al de Beltsasar seguramente con el propósito de dar un sabor netamente babilónico al palacio real. Algunos opinan que *Beltsasar* procede del babilónico *balatsu-usur* que quiere decir «protege su vida». Es más probable, sin embargo, que la raíz de dicho nombre sea *Belti-shar-usur* (Dn. 4:8) que significa, «Belti, protege al rey».[41] «Ananías, cuyo nombre significa «*Yahveh* ha mostrado su gracia», recibió el nombre de Sadrac, posiblemente una combinación de *sudur* (manda) y *aku* (dios a la luna).[42] También podía ser una perversión del nombre

Marduc (el dios principal de los babilonios).[43] Misael significa «¿quién es como Dios?» y recibe el nombre babilónico Mesac que posiblemente signifique «¿quién es lo que Aku es?». Por último, a Azarías, que significa «Jehová ha ayudado», se le da el nombre Abed-nego, o sea, «siervo de Nebo».[44]

En cuanto al porqué del cambio de los nombres, un escritor sugiere lo siguiente:

> Los nombres paganos dados a Daniel y a sus compatriotas no son tan fácilmente interpretados como sus nombres hebreos, pero probablemente, se les dieron como un gesto para acreditarle a los dioses paganos de Babilonia la victoria sobre Israel y divorciar aún más a aquellos jóvenes de su trasfondo hebraico.[45]

Pero a pesar de todos los esfuerzos de Nabucodonosor y sus vasallos por conseguir una completa identificación de Daniel y sus compañeros con la cultura y la religión babilónicas, éstos muestran una firmeza absoluta en sus principios y una fidelidad inamovible a *Yahveh*, su Dios.

EL DECORO DE DANIEL Y SUS COMPAÑEROS FRENTE AL RETO DE LA VIDA EN BABILONIA (1:8-16)

> Y Daniel propuso en su corazón no contaminarse con la porción de la comida del rey, ni con el vino que él bebía; pidió, por tanto, al jefe de los eunucos que no se le obligase a contaminarse. Y puso Dios a Daniel en gracia y en buena voluntad con el jefe de los eunucos (1:8-9).

La fe de aquellos jóvenes judíos fue sometida a prueba. Ante ellos tenían la oportunidad de renunciar a los principios religiosos que habían aprendido durante la niñez o mantenerse firmes en dichos principios. Daniel y sus amigos no se dejaron controlar por las circunstancias.

> Y Daniel propuso en su corazón no contaminarse... él bebía... (1:8).

Parece ser que la decisión de Daniel incluía también a sus tres compañeros. Es decir, los cuatro estaban plenamente identificados en el mismo propósito. El verbo «propuso» (forma *qal* de *sûm*) significa «poner» o «colocar», pero la fuerza de la expresión es «determinó o resolvió solemnemente».[46] Tal determinación era una demostración palpable de madurez espiritual en aquellos jóvenes. La decisión fue de «no contaminarse» (forma *hitpael* del verbo *ga'al*). La forma *hitpael* expresa una acción verbal reflexiva. De modo que la determinación solemne de Daniel era no contaminarse a sí mismo participando de la dieta que se le había asignado. Un comentarista lo explica del modo siguiente:

> El participar de la comida traída de la mesa de rey era para ellos contaminador, porque estaba prohibido por la ley; no tanto porque la comida no hubiese sido preparada según la ordenanza levítica, sino que tal vez consistía en animales que para los israelitas eran inmundos, ya que en dicho caso los jóvenes no estaban bajo la necesidad de abstenerse del vino. Pero la razón de su abstención era que los paganos en sus fiestas ofrecían en sacrificio a sus dioses parte de la comida y la bebida y de este modo consagraban sus comidas mediante un rito religioso; por lo tanto, no sólo aquel que participaba en tal comida participaba en la adoración a ídolos, sino que la comida y el vino como en todo eran la comida y el vino del sacrificio a un ídolo y participar de éste, según lo escrito por el apóstol (1 Co. 10:20) es lo mismo que sacrificar a los demonios. El abstenerse de tal comida y bebida no manifiesta ningún rigorismo que exceda la ley mosaica, tendencia que se manifestó en tiempos de los macabeos.[47]

La determinación de Daniel y sus compañeros de no participar de la comida y la bebida del rey era una demostración de valor y lealtad dignos del más alto reconocimiento. Negarse a cumplir una orden promulgada por el rey ponía en peligro sus vidas. Ciertamente la comida era atractiva y, de seguro, agradable al paladar. La lejanía de la tierra de sus padres y las circunstancias del momento facilitaban que aquellos jóvenes hubiesen pasado por alto sus principios con cierta justificación. Pero aquellos cuatro jóvenes judíos habían determinado en sus corazones honrar a Dios por encima de todo, aún al precio de sus propias vidas.

> Pidió, por lo tanto, al jefe de los eunucos que no se les obligase a contaminarse (v. 8).

El verbo «pidió» (heb. *ybaqqesh*) es una forma activa intensiva (*piel*) que se usa para indicar la fuerza de la acción. Es la misma palabra que se usa en 2 Samuel 12:16 en que David ruega a Dios que salve la vida de su hijo. Daniel se dirigió directamente al jefe de los eunucos (Aspenaz)[48] para formular su petición. Este hecho demuestra también integridad de carácter por parte de aquellos jóvenes al hacer la solicitud a la persona indicada.

La palabra traducida «puso» en 1:9 en realidad es el verbo «dar» (*nâtan*). Dios dio gracia a Daniel en aquel momento de decisión.[49] Daniel y sus amigos habían determinado honrar a Dios. Dios a su vez provee la gracia y el favor para que se cumpla dicho propósito (1° S. 2:30; Stg. 4:6). El vocablo «gracia» (*hesed*) se usa en el Antiguo Testamento tanto en referencia al hombre como a Dios. A veces se traduce «misericordia» (Gn. 24:12; 1 S. 20:15) y otras veces «bondad» (Gn. 21:23). En conexión con Dios se usa para indicar su amor inalterable hacia su pueblo (Sal. 5:7; 36:5). La expresión «buena voluntad» (*rahamim*) es un plural intensivo que significa literalmente «hermandad», «sentimiento fraternal», «amor entrañable» o algo así como lo que se siente hacia un hermano salido del mismo vientre.[50] Dios dotó a Daniel y a sus compañeros de una gracia y simpatía especial delante del Aspenaz quien manifestaba su cuidado providencial hacia aquellos jóvenes.

Y dijo el jefe de los eunucos a Daniel: Temo a mi señor el rey, que señaló vuestra comida y vuestra bebida... (1:10*a*).

Debe notarse que el Aspenaz no denegó la petición hecha por Daniel. Su argumento es más bien un acto de autoprotección. No era cuestión liviana desobedecer o alterar una orden dada por el rey. En verdad, Nabucodonosor poseía derecho absoluto de la vida o muerte sobre sus súbditos.[51] El jefe de los eunucos en realidad no se atrevía a dar permiso a Daniel por temor a perder su propia vida. Seguidamente ofrece una explicación completa de su situación: al abandonar el uso de la dieta asignada por el rey, la constitución física de ellos se debilitaría, sus rostros se verían más pálidos, menos saludables y eso, a su vez, provocaría la ira del rey que condenaría a muerte al jefe de los eunucos. El Aspenaz, en efecto, dice: «Quisiera, pero no puedo».

Daniel no se dio por vencido ante la falta de éxito de su primera gestión, sino que fue al mayordomo (*hammaelsar*)[52] y presentó su caso.[53] La nueva estrategia de Daniel es que tanto él como sus compañeros fuesen sometidos a una prueba de diez días durante los cuales él y sus compañeros comerían legumbres (heb. *zeroîm*) y beberían agua. Diez días parecía un tiempo demasiado corto para probar los resultados de una dieta netamente vegetariana. Pero, una vez más, aquello era un acto de fe de aquellos jóvenes judíos.

Al cabo de los diez días de prueba el mayordomo compararía los rostros (heb. *Marêh*), es decir, las apariencias físicas de los cuatro jóvenes con las de aquellos que comían la comida del rey. Sobre los resultados el meltsar, o mayordomo, actuaría. La propuesta de Daniel, evidentemente, agradó al mayordomo (1:14) quien consintió en la ejecución de la prueba.

Y al cabo de los diez días pareció el rostro de ellos mejor y más robusto que el de los otros muchachos... (1:15).

Al final de la prueba de diez días durante la que Daniel y sus amigos estuvieron comiendo vegetales y cereales y bebiendo agua, sus rostros se veían mejores (heb. *tôb*) y más robustos (literalmente, «grueso de carne») que el de los otros muchachos. La descripción de la condición física de los jóvenes judíos indica que estaban más saludables que aquellos que se habían alimentado con la comida de la mesa del rey. Ciertamente Dios había intervenido providencialmente y había honrado la determinación de sus siervos.

La evidencia de la condición física y mental de los cuatro jóvenes judíos hizo que el meltsar dispusiese de la ración de comida y bebida que les había sido asignada. Es posible que la decisión del mayordomo dependiese de la condición diaria de los jóvenes judíos en lugar de haber sido una decisión final. De todos modos, la importancia de la victoria moral de Daniel y sus amigos quedó establecida. Sin duda, el nombre de Dios fue glorificado.

LA DISTINCIÓN DE DANIEL Y SUS COMPAÑEROS FRENTE AL RETO DE LA CAUTIVIDAD EN BABILONIA (1:17-21)

Daniel y sus compañeros habían demostrado verdadero decoro y dignidad al enfrentarse al desafío de la vida en Babilonia. La decisión que habían tomado era no permitir que las circunstancias controlasen su comportamiento ni afectasen su compromiso con Dios. Con la firmeza, producto de una fe bien cimentada, aquellos jóvenes salieron victoriosos de la prueba. Dios honró la fidelidad de aquellos cuatro jóvenes, dándoles habilidades sobrenaturales. Daniel y sus tres compañeros constituyen, sin duda, un ejemplo para todo aquel que ha puesto su fe en el Mesías.

A estos cuatro muchachos Dios les dio conocimiento e inteligencia en todas las letras y ciencias; y Daniel tuvo entendimiento en toda visión y sueños (1:17).

La palabra «muchachos» (heb. *yeladîm*), literalmente significa *jóvenes*. Daniel y sus compañeros tendrían entre 15 y 17 años cuando comenzaron el entrenamiento. De modo que al cabo de los tres años sus edades oscilaban entre los 18 y los 20. Aunque ciertamente aquellos jóvenes se entregaron de lleno al estudio, preparándose con esmero para la tarea a que habían sido seleccionados, debe notarse que el crédito es dado a Dios.[54] Fue Dios quien dio a Daniel y a sus amigos «conocimiento» (*maddâ*), es decir, una mente con la capacidad para discernir con claridad y precisión la materia que estudiaban.[55] También les fue dada «inteligencia!» (heb. *haskel*), o sea, «conocimiento intuitivo». Las palabras «conocimiento e inteligencia» sugieren que aquellos jóvenes «no solamente estaban completamente familiarizados con el saber de los caldeos, sino que, además, podían discernir su verdadero significado».[56]

La frase «y Daniel tuvo entendimiento en toda visión y sueños» sugiere que había recibido una capacidad especial, a saber, la habilidad de entender e interpretar revelaciones sobrenaturales que otros no tenían en aquel momento. El hecho de que esa frase aparezca aquí es, sin duda, una anticipación al ministerio de Daniel en los capítulos sucesivos.[57] Los sueños y las visiones en los que Daniel tuvo entendimiento se relacionan con la manera en que Dios da a conocer su plan a través del libro escrito por el profeta. El hecho es que Dios ha de usar al profeta Daniel de modo singular revelándole verdades proféticas maravillosas. A pesar de trabajar para un rey pagano, Daniel era un genuino profeta de Dios.

> Pasados, pues, los días al fin de los cuales había dicho el rey que los trajesen, el jefe de los eunucos los trajo delante de Nabucodonosor. Y el rey habló con ellos, y no fueron hallados entre todos ellos otros como Daniel, Ananías, Misael y Azarías; así, pues, estuvieron delante del rey. En todo asunto de sabiduría e inteligencia que el rey les consultó, los halló diez veces mejor que todos los magos y astrólogos que había en todo su reino (1:18-20).

La expresión «pasados, pues, los días» se refiere al período de tiempo de tres años de entrenamiento fijado por el rey Nabucodonosor. El Aspenaz, jefe de los eunucos, es el encargado de traerlos a la presencia del rey y Nabucodonosor personalmente realiza un examen oral de todos los que habían pasado por el período de aprendizaje. La declaración «y el rey habló con ellos» sugiere el carácter personal que este asunto tenía para Nabucodonosor. Aunque no se mencionan los asuntos tratados en aquel examen oral, es fácil suponer que el rey estaba interesado en saber la capacidad de aquellos jóvenes en comunicarse en los distintos idiomas del Oriente Medio, sus conocimientos de la cultura y religión de los babilonios, pero sobre todo la habilidad de saber desenvolverse en situaciones difíciles. El resultado de aquella prueba, cualquiera que hubiese sido su naturaleza, fue que Daniel y sus compañeros se destacaron por encima de todos los demás y, consecuentemente, fueron seleccionados para servir en el palacio real.

Pero no tan solamente sobresalieron en comparación con sus condiscípulos, sino que una vez asignados al trabajo en el palacio, fueron hallados superiores a los sabios de Babilonia. «En todo asunto de sabiduría e inteligencia que el rey les consultó, los halló diez veces mejor que todos los magos y astrólogos que había en todo su reino». Debe notarse el énfasis dado a la superioridad de aquellos jóvenes: (1) En *«todo»* asunto que el rey les consultó; (2) los halló diez veces *«mejor que todos»* los magos y astrólogos (sabios del reino); y (3) en *«todo»* su reino. La expresión «diez veces» literalmente significa «diez manos», o sea, «diez personas». Es posible que dicha expresión fuese usada aquí metafóricamente con el propósito de enfatizar la eficiencia de Daniel y sus amigos en comparación con sus colegas.[58]

Y continuó Daniel hasta el año primero del rey Ciro (1:21).

Este versículo que concluye el primer capítulo de la profecía de Daniel ha sido motivo de controversia entre los eruditos, particularmente los pertenecientes a la escuela racionalista. Se ha pretendido demostrar que Daniel 1:21 es una contradicción con Daniel 10:1, ya que el primer texto dice que «Daniel continuó hasta el año primero del rey Ciro», mientras que el segundo dice que cierta revelación fue dada a Daniel en el «año tercero del rey Ciro». Al comparar ambos versículos, la crítica llega a la conclusión de que existe una contradicción en el libro.[59]

La aparente contradicción desaparece si, como señala Keil, lo que desea subrayarse en 1:21 es que «Daniel vivió y actuó durante la totalidad del exilio en Babilonia, sin hacer referencia al hecho de que su trabajo continúa después de la terminación del exilio».[60] La crítica toma cualquier ocasión para negar la historicidad del libro de Daniel. Todos esos esfuerzos, sin embargo, no han logrado el objetivo pretendido. Tanto la historia como la lingüística, la arqueología y el consenso general de las Escrituras apoyan de manera indiscutible la autenticidad e historicidad del libro de Daniel. El canon de las Sagradas Escrituras estaría incompleto sin el libro del profeta Daniel.

RESUMEN Y CONCLUSIÓN

El capítulo primero del libro de Daniel podría denominarse autobiográfico. Daniel no era un personaje conocido en la comunidad judía cuando fue llevado cautivo a Babilonia. Tampoco era un profeta de profesión como lo fueron Isaías y Jeremías. Era, más bien, un hombre de gobierno. De modo que era necesario que explicase sus circunstancias, su origen, su llegada a Babilonia y, sobre todo, cómo llegó a ocupar un cargo tan elevado en la corte de Nabucodonosor.

Dios, evidentemente, le dio el don de profeta, como lo corrobora el hecho de que en Mateo 24:15, Cristo lo llama «profeta». El Soberano Dios usó a Daniel como instrumento para registrar en el Canon Sagrado su plan profético tanto para los judíos como para los gentiles. Las profecías de Daniel conciernen la destrucción del poderío gentil en el mundo y el posterior establecimiento del reino glorioso del Mesías. Es importante destacar que sin una compresión adecuada del libro de Daniel resulta difícil comprender el mensaje del Apocalipsis.

NOTAS

1. Véase John Whitcomb, *Daniel* (Grand Rapids: Editorial Portavoz, 1985), pp. 23-25.
2. John F. Walvoord, *Daniel: The Key to Prophetic Revelation*, p. 30.
3. Daniel usa una prolepsis, es decir, proporciona una información en un conocimiento anticipado de los acontecimientos ocurridos. Véase *Diccionario de la lengua española*, XIX edición, (Madrid: Espasa-Calpe, 1970), p. 1071.
4. Véase *The International Standard Bible Encyclopedia*, vol. IV, pp. 2127-2129.
5. *Ibíd.*, p. 2127.
6. Boutflower, *In and Around the Book of Daniel*, p. 66-69.
7. El hecho de que Nabucodonosor tomase parte de los utensilios del templo de Jerusalén para llevarlos «a la casa de su dios» (heb. *'elohayv*, «dioses»), en parte sugiere el interés que tenía en asuntos religiosos. El dios principal de los babilonios era Marduc, pero se adoraban otras deidades inferiores.
8. Edward J. Young, *The Prophecy of Daniel* (Grand Rapids: Eerdmans, 1972), p. 37.
9. Herbert Carl Leupold, *Exposition of Daniel* (Grand Rapids: Baker Book House, 1969), p 57. Véase también, D.J. Wiseman, "Babylon", *The Zondervan Pictorial Encyclopedia of the Bible*, Vol. I, pp. 439-448.
10. Merrill F. Unger, *Archeology and the Old Testament* (Grand Rapids: Zondervan, 1960), pp. 87-88.
11. *Ibíd.* p. 86.
12. Alexander Heidel, *The Babylonian Genesis*, (Chicago: The University of Chicago Press, 1963), p. 1-60.
13. *Ibíd.*, p. 11.
14. Sabatino Moscati, *The Face of the Ancient Orient* (Garden City, N.Y.: Doubleday, 1962), p. 70.
15. *Ibíd.*, p. 59.
16. *Ibíd.*, pp. 69-70.
17. Gerald A. Larue, *Ancient Myths and Modern Man*, (Englewood Cliffs, N.J.: Prentice Hall, 1975), pp. 35-44.
18. Francis Brown, S.R. Driver, C.A. Briggs, *Hebrew and English Lexicon of the Old Testament* (Oxford: Clarendon, 1962), pp. 56-57.
19. Leupold, *Exposition of Daniel*, p. 58.

20. C.F. Keil, «Ezekiel XXV to Malachi», *Old Testament Commentaries*, (Grand Rapids: Eerdmans), p. 447.
21. Siegfried H. Horne, citado por John F. Walvoord, *Daniel*, p. 33.
22. Keil, p. 447.
23. Wood, *A Commentary on Daniel*, p. 32.
24. Young sugiere que Daniel y sus amigos eran considerados eunucos sólo en un sentido general o metafórico y no en un sentido real. Véase Young, *The Prophecy of Daniel*, p. 39.
25. Keil, p. 447.
26. Se ha objetado en sentido a que la palabra *part e mim* es de origen persa y, por lo tanto, favorece una composición tardía del libro de Daniel. Dicha objeción, sin embargo, carece de fundamento ya que la etimología de dicha palabra no ha sido totalmente establecida.
27. Leupold, *Exposition of Daniel*, p. 59.
28. Walvoord, *Daniel*, p. 34.
29. Véase James B. Pritchard, ed., *Ancient Near Eastern Texts Relating to the Old Testament* (Princeton: University Press, 1955); Alexander Heidel, *The Babylonian Genesis* (Chicago: The University of Chicago Press, 1963); Alexander Heidel, *The Gilgamesh Epic and Old Testament Parallels* (Chicago: The University of Chicago Press, 1963).
30. Keil, «Ezekiel XXV to Malachi», p. 447.
31. Young, *The Prophecy of Daniel*, p. 41. También, Leon Wood, *A Commentary on Daniel*, p. 33.
32. Robert Dick Wilson, *Studies in the Book of Daniel*, Vol. I, p. 329. También, Leupold, *Exposition of Daniel*, p. 61.
33. Walvoord, *Daniel*, p. 35.
34. Aquellos que impugnan el uso que Daniel hace de la palabra "caldeo" para afirmar una composición tardía del libro, pasan por alto que Herodoto, historiador griego del siglo v a.C., usa dicho vocablo para referirse a una casta sacerdotal, tal como lo hace Daniel. Véase, Wilson, *Studies in the Book of Daniel*, Vol. I, p. 330.
35. Wood, *A Commentary on Daniel*, p. 34.
36. Robert D. Culver, «Daniel», *Comentano bíblico Moody: AntiguoTestamento* a ed. Charles F. Pfeiffer (Grand Rapids: Editorial Portavoz), p. 761.
37. Wood, *A Commentary on Daniel*, p. 34.
38. El tiempo y los gastos requeridos para una preparación como la que Nabucodonosor había programado ciertamente sugieren que aquellos jóvenes serían usados para tareas elevadas dentro de la estructura del imperio babilónico. Véase G. H. Lang, *The Histories and Prophecies of Daniel*, (Grand Rapids: Kregel, 1973), pp. 11-12.
39. El hecho de que Daniel mencione su nombre primero no debe tomarse como señal de egoísmo de su parte. Daniel siempre pone cuidado en dar la gloria a Dios por todo lo que pasa en su vida.
40. Young señala acertadamente que no debe dogmatizarse respecto al significado de nombres propios (*The Prophecy of Daniel*, p. 43).
41. *Belti* es una forma del dios babilónico *Bel*.

42. Leupold, *Exposition of Daniel*, p. 65.

43. Young, *The Prophecy of Daniel*, p. 43.

44. Para una explicación del cambio de «Nebo» por «Nego», véase Keil, «Ezequiel XXV to Malachi», p. 452.

45. Walvoord, *Daniel*, p. 36.

46. Leupold, *Exposition of Daniel*, p. 67.

47. Keil, «Ezekiel XXV to Malachi», p. 452.

48. Probablemente Aspenaz no era un nombre propio sino un título, «el Aspena».

49. La versión católica Nácar-Colunga ofrece la siguiente traducción: «Hizo Dios que hallase Daniel gracia y favor ante el jefe de los eunucos.»

50. Brown, Driver y Briggs, *A Hebrew and English Lexicon of the Old Testament*, p. 933. Para un estudio profundo del tema de la gracia, véase Francisco Lacueva, *Las doctrinas de la gracia*, «Curso de Formación Teológica», (Terrassa: Clie, 1975). También Charles C. Ryrie, *La gracia de Dios* (Grand Rapids: Editorial Portavoz, 1979).

51. Aspenaz usa la misma palabra (*Adonai*) para referirse a Nabucodonosor que Daniel usa para referirse a Dios en 2:1.

52. La versión castellana Reina-Valera usa Melsar como si fuese un nombre propio. Pero el uso del artículo indica que más bien se refiere al título u ocupación de dicho individuo.

53. Debe notarse que Daniel usa los nombres judíos y no los babilónicos que habían recibido.

54. Leupold, *Exposition of Daniel*, p. 72.

55. Keil sugiere acertadamente que Daniel y sus amigos aprendieron solamente la sabiduría de los caldeos sin adoptar el elemento pagano con que estaba mezclada. Véase p. 454.

56. Walvoord, *Daniel*, p. 41.

57. Young, *The Prophecy of Daniel*, p. 49.

58. Aunque algunos han considerado dicha expresión como una exageración, lo cierto es que a la luz de lo relatado en el capítulo 2 tocante a la interpretación del sueño de Nabucodonosor dicha frase se ajusta completamente a la realidad. Véase, J. E. H. Thomson, «Daniel, Hosea and Joel"», *The Pulpit Commentary* (Grand Rapids: Eerdmans, 1950), pp. 27-28.

59. Para una extensa discusión de este asunto, véase el *Pulpit Commentary*, Vol. XIII, p. 28-29, y Young, *The Prophecy of Daniel*, pp. 51-53.

60. Keil, «Ezekiel XXV to Malachi», p. 555.

El plan profético tocante a las naciones gentiles (2:1–7:28)

El libro de Daniel puede dividirse en tres partes principales. La primera comprende una sección introductoria (1:1–21). La segunda tiene que ver con el plan de Dios con respecto a las naciones gentiles (2:1–7:28) y la tercera concierne al plan de Dios tocante a la nación de Israel (8:1–12:13). Las siguientes páginas serán dedicadas al estudio de la segunda parte, es decir, el plan de Dios con respecto a las naciones gentiles. Esta sección comienza con el sueño de Nabucodonosor y el desafío planteado a los sabios de Babilonia (2:1-13). Seguidamente Dios concede a Daniel la revelación del sueño del rey (2:14-23) y la interpretación de dicho sueño (2:24-45). Nabucodonosor a su vez premia al intérprete, colocándolo en una posición superior. La segunda etapa de esta sección describe el acontecimiento relacionado con la gran imagen de oro erigida por Nabucodonosor y la orden de que todos adorasen dicha imagen (3:1-7). Los jóvenes judíos son acusador de rehusar la adoración a la imagen (3:8-18), siendo condenados a muerte (3:19-23), pero milagrosamente rescatados por el Señor (3:24-30).

El capítulo 4 registra otro sueño de Nabucodonosor (4:1-7) que también es interpretado por Daniel (4:8-27). El sueño se cumple tal como lo interpretó el profeta (4:28-33) y el rey es humillado hasta que reconoce la soberanía de Dios. El capítulo 5 relata el suceso histórico de la caída del imperio babilónico y el ascenso a la supremacía mundial de los medo-persas.

El capítulo 6 presenta otro ejemplo de la fidelidad de Daniel. El profeta sufre a causa de hombres malignos quienes, movidos por la envidia y los celos, pretenden destruirlo (6:1-9). Daniel es hallado orando (6:10-17) y echado en el foso de los leones (6:18-24) de donde es librado por el poder de Dios. Esta sección termina con la visión de las cuatro terribles bestias que, en armonía con el capítulo 2, presenta los cuatro grandes imperios mundiales de los gentiles (7:1-8). A continuación, el profeta contempla el reino del Anciano de Días (7:9-12). Luego, ve al Hijo del Hombre, el Mesías (7:13-14) que viene rodeado de nubes como señal de gloria y majestad, preparado para establecer su reino de paz y justicia. Finalmente, el profeta recibe la interpretación de la visión (7:15-18).

En resumen, esta segunda parte del libro de Daniel enfoca el espacio de tiempo referido por el Señor Jesucristo en Lucas 21:24, llamado «los tiempos de los gentiles». Un estudio detallado de los pasajes aludidos revelará la imprescindible intervención divina en la historia de la humanidad. Esta sección pone de manifiesto que Dios pondrá fin al dominio gentil en el mundo. Habrá una nueva etapa de la historia en la que Jesucristo, el Mesías, reinará como Rey de reyes y Señor de señores.

El sueño de Nabucodonosor: Dios revela su plan para con los gentiles (2:1-49)

El capítulo 2 del libro de Daniel es, sin duda, uno de los más sobresalientes de la literatura profética. Su contenido es tan sorprendente que la mayoría de los eruditos de la escuela crítica lo consideran *vaticinia post eventum*.[1] Los comentaristas conservadores, por su parte, mantienen que este capítulo 2, juntamente con el resto del libro, fue escrito en el siglo VI (c. 535 a.C.) por el profeta Daniel.[2] A través de este capítulo Dios revela de manera maravillosa su plan para con los gentiles, su soberanía sobre los gobiernos mundiales y el establecimiento del reino mesiánico.

EL SUEÑO DE NABUCODONOSOR (2:1-13)

En el segundo año del reinado de Nabucodonosor, tuvo Nabucodonosor sueños y se perturbó su espíritu, y se le fue el sueño (2:1).

La narrativa de este versículo está ligada a la conclusión del capítulo 1 mediante el uso de la conjunción «y» (heb. *vav*).[3] De modo que literalmente debe leerse «y en el año segundo...». Se ha objetado el hecho de que en Daniel 1:18, él y sus compañeros han pasado los tres años de entrenamiento. En 2:1, sin embargo, se hace referencia al «segundo año del reinado de Nabucodonosor». Nuevamente la crítica sugiere la existencia de una contradicción en el texto e impugna la cronología de Daniel.[4]

Pero como se ha señalado anteriormente, la costumbre babilónica era considerar el primer año del reinado de un monarca como el año de la inauguración. La cuenta del reinado comenzaba al año siguiente. De modo que, contando el año de su acceso al trono, en el año segundo de su reinado Nabucodonosor ya había estado reinando un total de tres años.[5]

Cuando el texto habla del segundo año del reinado de Nabucodonosor, en realidad quiere decir que el monarca ya ha ocupado el trono durante tres años. El escritor John F. Walvoord, rector del Seminario Teológico de Dallas, apoyado en las investigaciones de eruditos de la talla de J.D. Wiseman, Edwin R. Thiele y Jack Finegan, ofrece la siguiente cronología:[6]

> Mayo-junio, 605 a.C.: Los babilonios triunfan sobre los egipcios en Carquemis.

> Junio-agosto, 605 a.C.: Jerusalén cae en manos de Nabucodonosor, y Daniel y sus compañeros son llevados cautivos.

> 7 de septiembre, 605 a.C.: Nabucodonosor, el general del ejército, es constituido rey de los babilonios después de la muerte de su padre, Nabopolasar.

> 7 de septiembre, 605 a.C. a Nisán (marzo-abril) 604 a.C.: Año del acceso de Nabucodonosor, como rey, y primer año del entrenamiento de Daniel.

> Nisán (marzo-abril) 604 a.C. a Nisán (marzo-abril) 603 a.C.: Primer año del reinado de Nabucodonosor, segundo año del entrenamiento de Daniel.

> Nisán (marzo-abril) 603 a.C. a Nisán (marzo-abril) 602 a.C.: Segundo año del reinado de Nabucodonosor, tercer año del entrenamiento de Daniel, también el año del sueño de Nabucodonosor.

De modo que, según los datos históricos mencionados, no existe una razón bien fundamentada para apuntar discrepancias históricas entre la narrativa del capítulo 1 y la del 2. El escritor del libro de Daniel está totalmente consciente de la nomenclatura que debe usar al referirse a hechos históricos o de otra naturaleza.

La expresión «tuvo Nabucodonosor sueños» literalmente significa «soñó sueños». Esa expresión sugiere que el rey tuvo una serie de sueños o tal vez una repetición del mismo sueño o aspectos de éste durante un período de tiempo. Dichos sueños afectaron profundamente al rey Nabucodonosor de modo que «se perturbó su espíritu». En el idioma hebreo el verbo «perturbó» (*pa'am*) significa golpear y se encuentra en la forma *hitpael* (reflexivo). Es decir, que literalmente, según el original, el espíritu de Nabucodonosor *se golpeó a sí mismo*. La interpretación de dicha metáfora es, sin duda, que como resultado de la serie de sueños, reconociendo que debía de ser algo de gran importancia, se llenó de ansiedad por saber el significado de lo que había visto. Edward J. Young, famoso erudito y ex-rector del Seminario Teológico de Westminster, ha escrito:

> Este sueño, por su contenido y viveza, afectó profundamente el espíritu del rey. Tal vez, porque no era un sueño ordinario, sino causado por el Espíritu de Dios para que el rey lo viese, su viveza era particularmente intensa, de modo que el espíritu del rey era constantemente azotado de terror.[7]

«Y se le fue el sueño» es una frase usada para expresar el resultado traumático de los sueños que Nabucodonosor había tenido. Tanto le había inquietado lo que había visto y tanto se había turbado su corazón que no podía dormir. Evidentemente, el contenido de los sueños y las circunstancias históricas del momento hicieron que Nabucodonosor reconociera que se trataba de algo sumamente importante.

> Hizo llamar el rey a los magos, astrólogos, encantadores y caldeos, para que le explicasen sus sueños... (2:2).

Buscando una solución a su inquietante condición, el rey Nabucodonosor ordenó la presencia de los hombres que, en su opinión, debían resolver la situación. La palabra «*magos*» (heb. *hartummîm*) es usada en referencia a hombres considerados como poseedores de conocimientos de los misterios sagrados y las ciencias ocultas. «Tanto en Egipto como en Babilonia, los magos eran considerados como hombres sabios, eminentes en conocimiento y ciencia».[8] Los «*astrólogos*» (heb. *ashshâpîm*) se refiere a los que se dedicaban a contemplar los cielos y buscar señales en las estrellas con el propósito de predecir sucesos (Is. 47:13). También se menciona a los, «*encantadores*» (heb. *mekashshepîm*) quienes se caracterizaban por el uso de la magia y el exorcismo, invocando el nombre de espíritus malignos.[9] Por último, Nabucodonosor solicita la intervención de los «*caldeos*» (heb. *kasdîm*) y, como se ha indicado ya,[10] la palabra caldeo se usa en el libro de Daniel con un doble significado. Por una parte se usa para indicar una raza o descendencia étnica,[11] mientras que por otra se usa para designar a una casta sacerdotal o clase de hombres sabios en Babilonia. Sin duda, en este contexto, se refiere a un testamento de hombres sabios.

El connotado expositor y maestro bíblico, Leon Wood, ex-profesor de Antiguo Testamento del Seminario Bautista de Grand Rapids, hace la acertada observación siguiente:

> Ni ésta [la palabra caldeos] ni las otras tres expresiones, sin embargo, deben forzarse en cuanto a sus distinciones técnicas... En realidad, el libro de Daniel hace referencia a clases de hombres sabios en numerosas ocasiones (véanse 2:10, 27; 4:7; 5:7, 11, 15), usando para ello un total de seis expresiones diferentes, y en ninguno de los casos deben forzarse las distinciones.[12]

La orden del rey fue cumplida sin dilación; los hombres sabios del reino comparecieron ante él. Nabucodonosor les hizo saber que había tenido un sueño que había turbado su espíritu y deseaba saber el significado de dicho sueño. Es evidente que hasta ese momento los sabios babilónicos no eran conscientes de la gravedad de la situación ni del peligro que sus vidas corrían.[13]

> Entonces hablaron los caldeos al rey en lengua aramea: Rey, para siempre vive; dí el sueño a tus siervos, y te mostraremos la interpretación (2:4).

Con este versículo comienza la sección del libro de Daniel escrita en arameo, considerada el trozo más importante de la Biblia escrito en dicho idioma.[14] La lengua aramea era de origen semítico y estaba relacionada con el hebreo y el fenicio. Posiblemente su lugar de origen fue la Mesopotamia, extendiéndose luego hacia el norte y el oeste. En tiempos de Daniel el arameo era la *lingua franca* del Oriente Medio, siendo adoptada posteriormente por los israelitas.[15] Lo que Daniel desea hacer resaltar aquí no es únicamente el hecho de que está escribiendo esta sección en esa lengua sino que, además, el contenido de lo que escribe concierne especialmente el trato de Dios con los gentiles.[16] Como quiera que el asunto tratado en esta sección está directamente relacionado con los gentiles, es propio que haya sido escrita en la lengua de los gentiles y no en hebreo.[17]

Los sabios de Babilonia seguramente poseían escritos y fórmulas diseñadas para la interpretación de sueños. De ahí la petición que hicieron al rey: «Di el sueño a tus siervos, y te mostraremos la interpretación». La respuesta del rey ciertamente presentó un serio problema a los sabios de Babilonia. Desafortunadamente nuestra versión castellana dice: «El asunto lo olvidé», dando a entender que Nabucodonosor había olvidado el contenido del sueño (2:5). Un número considerable de eruditos[18] concuerda en que la palabra hebrea traducida en la versión Reina-Valera «lo olvidé» es un vocablo tomado prestado del persa antiguo y significa «seguro», «cierto» o «firme».[19] De modo que Nabucodonosor en realidad dijo: «El asunto [la orden] es segura o cierta».

Es posible que Nabucodonosor estuviese sometiendo a los sabios de Babilonia a una prueba decisiva. Tal vez al razón de ello era la desconfianza que el rey tenía de aquellos hombres. Quizá Nabucodonosor sospechaba hacía algún tiempo que aquellos caldeos eran deshonestos e incapaces y planeaba sustituirlos por hombres más jóvenes y de su confianza. En esas circunstancias exigió que le proporcionasen el contenido de su sueño y la correspondiente interpretación. Si aquellos hombres hubiesen sido capaces de tal hazaña, Nabucodonosor hubiese quedado convencido de que eran eficientes y útiles para el reino. De todos modos, parece ser más lógico pensar que Nabucodonosor no había olvidado el sueño y por eso su corazón estaba turbado en gran manera, reconociendo la importancia de su contenido.

El rey demandaba que los sabios le mostrasen el sueño y la interpretación del mismo. De no ser así, tanto ellos como sus familiares serían destruidos. La sentencia era: (1) seréis hechos pedazos; y (2) vuestras casas serán convertidas en muladares (2:5). La expresión «seréis hechos pedazos» se refiere a la desmembración del cuerpo, una forma de castigo común entre los pueblos antiguos, particularmente entre los asirios.[20] Además del castigo personal que los caldeos sufrirían, también sus propiedades y familias, si las tuviesen, serían destruidas.

Ante la sorpresa y perplejidad de los sabios de Babilonia, el rey expresa lo que haría en caso de que tuviesen éxito en la tarea:

> Y [pero] si me mostrareis el sueño y su interpretación, recibiréis de mis dones y favores y gran honra. Decidme, pues, el sueño y su interpretación (2:6).

Las primeras cosas que Nabucodonosor promete dar a los caldeos tienen que ver con bienes materiales («dones y favores»).[21] Pero además, les ofrece «gran honra», es decir, colocarlos en una posición elevada dentro del reino.

> Respondieron por segunda vez, y dijeron: Diga el rey el sueño a sus siervos, y le mostraremos la interpretación. El rey respondió y dijo: Yo conozco ciertamente que vosotros ponéis dilaciones, porque veis que el asunto se me ha ido. Si no me mostráis el sueño, una sola sentencia hay para vosotros. Ciertamente preparáis respuesta mentirosa y perversa que decir delante de mí,

entre tanto que pasa el tiempo. Decidme, pues, el sueño, para que yo sepa que me podéis dar su interpretación (2:7-9).

La segunda respuesta de los sabios fue idéntica a la primera. Querían escuchar de labios del rey el contenido del sueño y seguidamente proveerían la interpretación.[22] De ese modo revelaban su incapacidad para resolver el problema que preocupaba a Nabucodonosor. Los sabios son acusados de «poner dilación» (literalmente, «comprar tiempo»). Es decir, los sabios pretendían dar largas al asunto y extender tanto como fuese posible el momento en que su incapacidad fuese revelada. También es posible que deseasen esperar el momento específico, según sus creencias, cuando los signos del zodíaco serían propicios para resolver el enigma.[23] La expresión «porque veis que el asunto se me ha ido», como se ha sugerido al comentar el versículo 5 donde se traduce «el asunto lo olvidé», no se refiere al hecho de que Nabucodonosor hubiese olvidado el sueño, sino más bien a que el asunto era algo cierto y el rey demandaba una solución de parte de los sabios.

El famoso exégeta C.F. Keil subraya lo siguiente:

> Las mentiras de los sabios a los que Nabucodonosor acusa consistían en la explicación que prometieron si él les decía el sueño, en tanto que el deseo de ellos en oír el sueño contenía una prueba de que no tenían la facultad de revelar secretos. Las palabras del rey muestran claramente que sabía el contenido del sueño, ya que de otro modo no hubiese podido saber si los sabios hablaban la verdad al decirles el sueño.[24]

El rey Nabucodonosor había determinado que aceptaría la interpretación de los sabios únicamente cuando fuesen capaces de decirle el contenido del sueño. Por su parte los sabios solamente se arriesgaban a dar una interpretación del sueño si el rey les comunicaba el contenido de éste.

> Los caldeos respondieron delante del rey, y dijeron: No hay hombre sobre la tierra que pueda declarar el asunto del rey; además de esto, ningún rey, príncipe ni señor preguntó cosa semejante a ningún mago ni astrólogo ni caldeo. Porque el asunto que el rey demanda es difícil, y no hay quien lo pueda declarar al rey, salvo los dioses cuya morada no es con la carne (2:10-11).

La respuesta de los caldeos al rey Nabucodonosor estaba formulada en los siguientes argumentos: (1) No hay hombre sobre la tierra capaz de declarar el asunto del rey. Es decir, aquellos sabios admitieron que ningún ser humano, incluso ellos, era capaz de decir al rey el contenido del sueño y proveer la interpretación del mismo. (2) Era un asunto sin precedentes en la historia de la humanidad (jamás rey, príncipe o señor había hecho petición semejante). (3) El asunto demandado por el rey era extremadamente difícil. (4) La solución al problema yacía en las manos de alguien más poderoso que los hombres. En resumen, los caldeos tienen que confesar que definitivamente carecen del poder para cumplir la petición del rey.

El profesor Wood hace la siguiente observación:

> Eran correctos al decir que «no hay hombre sobre la tierra» que pudiese hacer aquello, pero lo que no sabían era que había allí un hombre que podía recibir aquella información del cielo.[25]

La palabra *yaqquirâ* traducida «difícil» (2:11) procede del verbo caldeo *yâqar* y significa «pesado», «precioso», «costoso».[26] Los sabios babilónicos apelan al carácter insólito de la demanda del rey como último recurso para confesar que no pueden hacer el trabajo.

Los caldeos reconocen que sólo un poder sobrenatural podía solucionar el asunto. Por supuesto, había suficientes «dioses» en Babilonia a los que apelar en circunstancias como aquellas.[27] A pesar de que tanto los babilonios como los asirios creían que el futuro podía controlarse y predecirse,[28] esta vez el asunto era demasiado pesado o difícil para aquellos hombres. Según los caldeos, la solución del asunto estaba en las manos de «los dioses cuya morada no es con la carne».[29] Ninguna nación en la tierra superaba a Babilonia en religiosidad. «Uno de los factores más importantes en la vida diaria de los babilonios era el temor a los demonios y a los espíritus malignos, y en menos grado el temor a dioses ofendidos».[30]

> Por esto el rey con ira y con gran enojo mandó que buscasen a todos los sabios de Babilonia. Y se publicó el edicto de que los sabios fueran llevados a la muerte; y buscaron a Daniel y a sus compañeros para matarlos (2:12-13).

La respuesta de los sabios causó la ira de Nabucodonosor. Ambas expresiones, *«ira»* y *«enojo»*, son verbos en formas enfáticas («el rey estaba enfurecido y grandemente enojado»). La furia y profundo enojo del rey se ven en la orden drástica que «matasen a todos los sabios de Babilonia».[31] El profesor Wood señala que «Nabucodonosor tenía muchas virtudes, pero el autocontrol no era una de ellas (cp. 3:19-22)».[32]

La publicación del edicto (2:13) hacía firme la orden de ejecución dada por el rey. Como sugiere Montgomery:

> No iban a ser unas «vísperas sicilianas», sino una ejecución formal bajo la dirección de los oficiales correspondientes y en el lugar designado, de modo que el propósito principal de los oficiales era reunir a los condenados.[33]

Cuando la noticia del edicto llegó a oídos de Daniel, ya las ejecuciones de los sabios habían comenzado.[34] El hecho de que se buscase a Daniel y a sus compañeros para matarlos, no significa que formasen parte de los sacerdotes paganos de Babilonia, sino más bien evidencia que eran reconocidos como consejeros de la corte de Nabucodonosor. Debe añadirse que Dios estaba protegiendo providencialmente a Daniel y a sus compañeros. Esa es, sin duda, la razón más poderosa en cuanto al porqué no fueron ejecutados conjuntamente con los sabios de Babilonia.

DIOS REVELA A DANIEL EL SUEÑO DEL REY Y LE DA LA INTERPRETACIÓN (2:14-24)

Entonces Daniel habló sabia y prudentemente a Arioc, capitán de la guardia del rey que había salido para matar a los sabios de Babilonia. Habló y dijo a Arioc capitán del rey: ¿Cuál es la causa de que este edicto se publique de parte del rey tan apresuradamente? Entonces Arioc hizo saber a Daniel lo que había (2:14-15).

Las cualidades morales y espirituales de Daniel sobresalen en la manera en que se enfrentó a la difícil situación. La versión castellana Reina-Valera dice que habló «sabia y prudentemente». La palabra traducida «sabia» (ara. *êtâ*) procede de la raíz *ye'at* y significa «consejo», «prudencia».[35] La expresión «prudentemente», literalmente significa «sabor», algo agradable al paladar.[36] De modo que Daniel habló palabras prudentes, sabias, apropiadas y agradables al capitán de la guardia del rey. En realidad Arioc había sido nombrado jefe de los verdugos, como lo indica la expresión aramea *rab tabbâhayyâ*. La palabra *rab* significa «jefe» y *tâbah* «matar». Fue ciertamente por intervención divina que Daniel pudo hablar con el más importante de los oficiales babilónicos en aquel momento y preparar así el camino para su comparecencia ante Nabucodonosor.[37]

Es evidente que Daniel y sus compañeros no formaban parte del grupo de los caldeos, pues de otro modo, hubiesen sabido lo concerniente al edicto y a la ejecución de los sabios. Lo más sensato es pensar que los cuatro jóvenes judíos se habían mantenido separados del paganismo babilónico durante aquellos tres años de cautiverio.

> Y Daniel entró y pidió al rey que le diese tiempo y que él mostraría la interpretación al rey (2:16).

Lo más probable es que Arioc hiciese los arreglos pertinentes para que Daniel compareciese ante el monarca. Las palabras de buen juicio y llenas de sabiduría que Daniel pronunció delante de Arioc seguramente le impresionaron de tal modo que se convenció de la sinceridad y seguridad del joven judío. Dios había dotado a Daniel de gracia y sabiduría para aquel momento crítico.

La entrada de Daniel en la presencia del rey por fuerza tuvo que causar una buena impresión. La sencillez de la frase sugiere que el joven judío mostraba calma, seguridad, humildad, fe y otras virtudes espirituales inherentes a su carácter. La petición de Daniel al rey fue «que le diese tiempo». Ese tiempo sería empleado en oración delante de Dios. Daniel, en cambio, promete al rey mostrarle la interpretación del sueño.

> Luego fue Daniel a su casa e hizo saber lo que había a Ananías, Misael y Azarías, sus compañeros, para que pidiesen misericordias al Dios del cielo sobre este misterio, a fin de que Daniel y sus compañeros no pereciesen con los otros sabios de Babilonia (2:17-18).

Una vez que Nabucodonosor consistió en dar tiempo a Daniel, éste fue a reunirse con sus compañeros y les informó de lo sucedido. Aquí tenemos un ejemplo hermoso de la unidad espiritual existente entre aquellos cuatro jóvenes. Daniel hizo saber lo ocurrido a sus amigos «para que pidiesen misericordias del Dios del cielo sobre este misterio». La palabra «misericordias» (cal. *ra'min*) tiene un significado parecido a la expresión «buena voluntad» que aparece en 1:9. Dicha expresión literalmente significa «entrañas» y se usa metafóricamente para indicar *compasión, favor, amor* (Zac. 7:9; Neh. 9:28; Dn. 9:9).

La frase «Dios del cielo» más estrictamente es «Dios de los cielos». Dicha designación de Dios aparece con frecuencia en tiempos del exilio babilónico (véanse Dn. 2:19, 44; Esd. 1:2; 6:10; 7:12, 21; Neh. 1:5; 2:24).[38] Como señala Young: «Es el Dios que está por encima de los cielos, es decir, sobre el sol, la luna y las estrellas que los babilónicos adoraban».[39] O como ha escrito John Walvoord: «La referencia al "Dios del cielo" o literalmente "de los cielos" es un contraste obvio con las supersticiones religiosas de los babilónicos quienes adoraban al ejército de los cielos. El Dios de Daniel era el Dios de los cielos, y no el cielo en sí».[40] La expresión «*Dios del cielo*» sugiere la soberanía de Dios. El Dios del cielo, lo es también de la tierra y de todo el universo. La palabra traducida «misterio» en el versículo 18 (ara. *râzâ*) era la misma que en el versículo 19 es traducida «secreto». La referencia, por supuesto, es al sueño del rey y a la interpretación del mismo.

> Entonces el secreto fue revelado a Daniel en visión de noche, por lo cual bendijo Daniel al Dios del cielo (2:19).

En respuesta a la oración de Daniel y sus compañeros, Dios reveló el secreto (el contenido del sueño y su interpretación). La revelación fue dada en visión de noche.[41] La palabra «visión» (*hezvâ*) no significa sueño, sino una manifestación sobrenatural de Dios por la que da a conocer el secreto a Daniel mientras estaba despierto. La reacción de Daniel, como hombre de Dios que era, fue bendecir al Dios del cielo. La palabra «bendijo» (*bari'k*) procede de una raíz que significa «arrodillarse» o «adorar de rodillas». La expresión de gratitud por parte de Daniel se mostró en un acto de adoración a Dios. Como hombres de fe, Daniel y sus compañeros reaccionaron positivamente al ver que habían sido hechos receptores de la misericordia de Dios.

> Y Daniel habló y dijo: Sea bendito el nombre de Dios de siglos en siglos, porque suyos son el poder y la sabiduría. Él muda los tiempos y las edades; quita reyes y pone reyes; da la sabiduría a los sabios, y la ciencia a los entendidos. Él revela lo profundo y lo escondido; conoce lo que está en tinieblas y con él mora la luz. A ti, oh Dios de mis padres, te doy gracias y te alabo, porque me has dado sabiduría y fuerza, y ahora me has revelado lo que te pedimos; pues nos has dado a conocer el asunto del rey (2:20-23).

Estos versículos son considerados como un salmo de Daniel.[42] Esta doxología de manera sucinta expresa una de las más bellas alabanzas al nombre de Dios encontradas en cualquier parte de la Biblia. Primeramente, Daniel alaba «el nombre de Dios». El nombre de Dios representa la misma Persona del Señor. El profeta da seis razones en cuanto a por qué alabar el nombre de Dios: (1) «Porque suyos son el poder y la sabiduría».[43] La palabra «poder» (*gebûrta*) tiene que ver con la capacidad para ejecutar una decisión; mientras que «sabiduría» (*hokmetâ*) concierne al conocimiento o la capacidad para tomar la decisión correcta.[44] (2) «Él muda los tiempos y las edades». Esa expresión enfatiza el control providencial de Dios sobre el universo. (3) «Quita reyes y pone reyes». Dios controla también los sucesos históricos. El hombre cree que él controla los hechos políticos de las naciones, pero es Dios quien en realidad lo hace. (4) «Da la sabiduría a los sabios y la ciencia a los entendidos». Todo lo que el hombre posee le ha sido dado por Dios. Daniel podía testificar que el conocimiento y la ciencia que la capacitaban para conocer el contenido y dar la interpretación al sueño de Nabucodonosor procedían del mismo Dios. (5) «Él revela lo profundo y lo escondido». Aquello que ningún ser humano o ángel es capaz de conocer Dios lo sabe y puede revelarlo a sus profetas. (6) «Conoce lo que está en tinieblas y con él mora la luz». Las tinieblas no pueden esconder a Dios (Sal. 139:19). En Dios no hay tinieblas de ninguna clase (1ª Jn. 1:5). En Él no hay mudanza ni sombra de variación (Stg. 1:17). Obsérvese que la alabanza de Daniel se centra en un claro reconocimiento de la soberanía de Dios.

En su excelente trabajo sobre el libro de Daniel, aunque escrito desde el punto de vista de la crítica radical, James Montgomery expresa:

> El santo alaba el Nombre de Dios, i.e., Dios en su auto-revelación, por su omnisciencia y omnipotencia, atributos revelados en la historia humana, v. 21. Su poder es exhibido en su providencia sobre «los tiempos y edades», Moff.[att], «épocas y eras» y en su determinación soberana de todos los cambios políticos. En esta expresión descansa un desafío al fatalismo de la religión astral de Bab.[ilonia], una característica que en su influencia permaneció por largo tiempo en el mundo grecorromano.[45]

Habiendo recibido respuesta a sus oraciones, Daniel da gracias y alaba al Señor, llamándole «Dios de mis padres», una frase de profundo significado con la que Daniel se identifica con los patriarcas de la nación judía (Abraham, Isaac, Jacob, David, etc.). De esta manera enfática[46] Daniel da gracias a Dios, reconociendo que ha sido Él quien le ha revelado el secreto del sueño.

> Después de esto fue Daniel a Arioc, al cual el rey había puesto para matar a los sabios de Babilonia, y le dijo así: No mates a los sabios de Babilonia; llévame a la presencia del rey, y yo le mostraré la interpretación (2:24).

Con la seguridad del conocimiento recibido de Dios, Daniel se entrevista con Arioc y solicita que no mate a los sabios de Babilonia. Evidentemente, Daniel observa todas las normas protocolares en aquellos tiempos al ir primeramente a Arioc y solicitar por medio de él ser llevado a la presencia del rey.

DANIEL HACE SABER AL REY EL CONTENIDO DEL SUEÑO (2:25-35)

Los tensos y dramáticos momentos vividos al principio de la narración del capítulo 2 son sustituidos ahora por una calma que la mente humana no podría explicar por sí sola. Dios ha intervenido de manera decisiva y gloriosa.

> Entonces Arioc llevó prontamente a Daniel ante el rey, y le dijo así: He hallado un varón de los deportados de Judá, el cual dará al rey la interpretación (2:25).

Arioc respondió con prontitud a la petición de Daniel. Sin embargo, se acredita a sí mismo al afirmar: «he hallado a un varón de los deportados de Judá...». En realidad Arioc no había hallado a Daniel sino que éste se había ofrecido para el trabajo. Daniel es identificado como «de los deportados de Judá». Esto haría que Nabucodonosor lo reconociese como perteneciente al grupo de jóvenes que se había entrenado por el período de tres años. El monarca es informado, además, de que Daniel le daría la interpretación.

La ansiedad de Nabucodonosor se manifiesta inmediatamente en la pregunta del versículo 26: «¿Podrás tú hacerme conocer el sueño que vi y su interpretación?». Una vez más el rey está interesado en saber el contenido del sueño y su interpretación. Ninguna otra cosa satisfaría al soberbio monarca. La misma demanda hecha anteriormente a los caldeos es hecha a Daniel.

> Daniel respondió delante del rey, diciendo: El misterio que el rey demanda, ni sabios, ni astrólogos, ni magos, ni adivinos lo pueden revelar al rey. Pero hay un Dios en los cielos, el cual revela los misterios, y él ha hecho saber al rey Nabucodonosor lo que ha de acontecer en los postreros días. He aquí tu sueño y las visiones que has tenido en tu cama (2:27-28).

Una vez más la sobriedad y madurez del carácter de Daniel saltan a la vista. Con palabras tersas y firmes Daniel comienza dando la gloria a Dios. El profeta menciona los distintos grupos de sabios reconocidos en Babilonia y hace saber al rey que ninguno de ellos era capaz de resolver el misterio del sueño y su interpretación. El hecho de que los sabios de Babilonia fuesen incapaces de revelar el sueño al rey dejaba de manifiesto la inferioridad de la religión practicada por aquellos hombres. Daniel enfatiza que el Dios del cielo es quien ha hecho saber a Nabucodonosor lo que ha de acontecer en los postreros días. «Esto implica que el Dios da Daniel es vastamente superior al panteón de los babilonios y que Él es el Dios que es capaz de revelar secretos y de conocerlos».[47]

De gran interés en este estudio es la frase «lo que ha de acontecer en los postreros días». En relación con dicha frase, Edward J. Young reconoce que:

Esta tiene referencia primaria con ese período que comenzará a tener su curso con la aparición de Dios en la tierra, esto es, los días del Mesías. Aunque es verdad que el contenido completo del sueño no cae dentro de la era mesiánica, sin embargo, el punto principal, el establecimiento del reino del Mesías sí cae dentro de éste.[48]

El reconocido teólogo Robert D. Culver observa que:

«Los últimos días» en la literatura profética del Antiguo Testamento se refiere al futuro de los tratos de Dios con la humanidad que han de ser consumados y concluidos históricamente en los tiempos del Mesías.[49]

Otro teólogo de reputación, John F. Walvoord, ha escrito:

En el contexto de Daniel 2 [la expresión] «los últimos días» incluye todas las visiones que Nabucodonosor recibió y se extiende desde el 606 a.C. hasta la segunda venida de Cristo a la tierra. Se usa de manera similar en Daniel 10:14, incluyendo la extensa revelación tocante al resto del reino de los medopersas, muchos detalles acerca del imperio de Alejandro como en el capítulo 11, y la consumación llamada «el tiempo del fin» en Daniel 11:36-45. Estas profecías sirven para dar detalles adicionales que no están incluidos en la revelación dada a Nabucodonosor. Habiendo declarado el propósito general, Daniel puede ahora descubrir lo que ha de ocurrir «en los últimos días», es decir, la majestuosa procesión de los cuatro grandes imperios, y su destrucción y sustitución por el 5º imperio, el reino del cielo.[50]

Generalmente, los teólogos conservadores reconocen que la frase «los últimos días» o «los postreros días», aunque incluye acontecimientos que ya pertenecen a la historia, vislumbra el establecimiento del reino mesiánico.[51]

Estando tú, oh rey, en tu cama, te vinieron pensamientos por saber lo que había de ser en lo porvenir; y el que revela los misterios te mostró lo que ha de ser. Y a mí me ha sido revelado este misterio, no porque en mí haya más sabiduría que en todos los vivientes, sino para que se dé a conocer al rey la interpretación, y para que entiendas los pensamientos de tu corazón (2:29-30).

Nabucodonosor había escalado la cima de la gloria en relativamente corto tiempo. El imperio neo-babilónico contaba solamente dos décadas cuando ocurrió la muerte de Nabopolasar (605 a.C.) y el súbito acceso al trono de Nabucodonosor. Una familia que procedía de la baja nobleza de pronto se ve en una posición por encima de todos los caldeos. Todo esto ciertamente pesaba en la mente de Nabucodonosor cuando se puso a meditar en su lecho. La pregunta que evidentemente golpeaba su mente era: ¿Cuál será mi futuro?, o, tal vez, ¿hasta qué límite llegará mi grandeza? Fue entonces cuando Dios dio al monarca la sorprendente revelación contenida en aquel sueño. Quizá lo que más preocupaba a Nabucodonosor era saber lo que ocurriría con el imperio de Babilonia después de su muerte.

El rey deseaba saber lo que había de ocurrir en «lo por venir» (ara. *'aharê denâ*), es decir, lo concerniente al futuro de su imperio.[52] Sabía cómo había comenzado y cómo se estaba desarrollando, pero deseaba saber qué iba a ocurrir en el curso de los años y particularmente durante su reinado e incluso más allá de este.

La expresión «el que revela los misterios [secretos]» es una referencia a Dios. Sólo el Dios eterno, quien conoce el fin desde el principio y es el Autor de un plan perfecto, tiene poder para revelar los secretos, pues nada se esconde a su conocimiento. Debe notarse el uso del singular (cal. participio activo *gâlê'*) que sugiere que Dios es el único capaz de hacer tal cosa. También debe notarse el acto providencial de Dios al usar un instrumento humano para realizar su propósito. Daniel, como en ocasiones anteriores, reconoce que lo que va a hacer (decir al rey el contenido del sueño y su interpretación) no es producto de su ingeniosidad, sino que es obra del Dios Todopoderoso.

Tú, oh rey, veías, y he aquí una gran imagen. Esta imagen, que era muy grande y cuya gloria era muy sublime, estaba en pie delante de ti, y su aspecto era terrible (2:31).

En su sueño Nabucodonosor había contemplado una gran imagen, es decir, una estatua gigantesca, que es descrita como «muy grande» y «cuya gloria era muy sublime». La palabra «grande» (*rab*) describe un carácter masivo de la estatua, aunque se omiten las dimensiones exactas de la misma. Además, se menciona «la gloria sublime» (*zîveh yattîr*) de la estatua. Esa expresión literalmente significa «y el esplendor [brillo] era excelente [muy intenso]», «... y su aspecto era terrible». La palabra «terrible» (*dehil*) es un participio pasivo del verbo *dehal*, que significa «tener miedo», «temer». De modo que Daniel describe la estatua como algo que al ser contemplado infundía temor. Su apariencia era tan colosal que infundía miedo al que la miraba.

> La cabeza de esta imagen era de oro fino. Su pecho y sus brazos, de plata; su vientre y sus muslos, de bronce; sus piernas, de hierro. Sus pies en parte de hierro y en parte de barro cocido (2:32-33).

La descripción de la imagen (estatua) se extiende de la cabeza a los pies. Montgomery observa que:

> ...las sustancias que la componen están colocadas en orden de su valor, desde el oro hasta el barro, en paralelismo con la jerarquía de los miembros del cuerpo, desde la cabeza, el centro de la dignidad, hasta los miembros más humildes, las piernas y pies.[53]

Otro escritor observa que también hay un correspondiente descenso en la gravedad específica de los metales, siendo el oro el más pesado y el barro el más liviano.[54] Keil, citando a otro escritor, nota correctamente que sólo la cabeza forma una unidad ya que el resto de los miembros se menciona en plural (brazos, muslos, piernas, pies, etc.).[55]

> Estabas mirando, hasta que una piedra fue cortada, no con mano, e hirió a la imagen en sus pies de hierro y de barro cocido y los desmenuzó. Entonces fueron desmenuzados también el hierro, el barro cocido, el bronce, la plata y el oro y fueron como tamo de las eras del verano, y se las llevó el viento sin que de ellos quedara rastro alguno. Mas la piedra que hirió a la imagen fue hecha un gran monte que llenó toda la tierra (2:34-35).

En su sueño Nabucodonosor vio caer «una piedra cortada no con mano». Es decir, la piedra fue cortada de modo sobrenatural e hirió o golpeó a la estatua en los pies, provocando así la desintegración de aquel coloso de metal. La palabra traducida «desmenuzó» (*hadêqet*) es un derivado del verbo *deqaq,* que significa «triturar», «golpear algo hasta quebrarlo en pequeños pedazos», «moler» (véanse Is. 41:15 y Éx. 9:21). El cuadro que se presenta es ilustrado por la costumbre judía de trillar los granos, lanzándolos en el aire para que el viento hiciese volar la paja. Así el viento hizo desaparecer los metales que fueron triturados por la piedra al golpear la estatua con fuerza sobrenatural.

Hasta el momento de la caída de la piedra, la estatua ocupaba el centro de interés. Ahora es la piedra que fue hecha un gran monte y llena toda la tierra la que se convierte en prominente. Como afirma Montgomery: «No queda el más leve rastro de las sustancias que componían la orgullosa creación, mientras que la Piedra se expande en un monte que llena toda la tierra».[56]

DANIEL COMUNICA A NABUCODONOSOR LA INTERPRETACIÓN DEL SUEÑO (2:36-45)

Es de suponerse que el rey escuchaba un tanto atónito, mientras Daniel le explicaba el contenido del sueño. Pero el joven judío añade que también diría al rey la interpretación (2:36).

Los sabios de Babilonia eran incapaces de hacer ninguna de las dos cosas. Daniel, el profeta de Dios, por el contrario, afirma que haría ambas cosas.

> Tú, oh rey, eres rey de reyes; porque el Dios del cielo te ha dado reino, poder, fuerza y majestad. Y dondequiera que habitan hijos de hombres, bestias del campo y aves del cielo, él los ha entregado en tu mano, y te ha dado dominio sobre todo; tú eres aquella cabeza de oro (2:37-38).

Ningún otro soberano de origen gentil ha recibido más atención en la Biblia que Nabucodonosor.[57] De modo que no es de sorprenderse que Daniel lo llame «rey de reyes». Aunque había estado en el trono por sólo un corto tiempo, su fama se había extendido por todo el Oriente Medio, incluyendo Egipto, Siria, Palestina y Asiria.[58] Daniel hace saber a Nabucodonosor que debe su fama y fortuna al Dios del cielo quien le ha dado «reino, poder, fuerza y majestad». A causa de su origen social, no se esperaba que un hombre como Nabucodonosor llegase a una posición tan prominente.[59] Todo lo que el monarca tenía, por lo tanto, procedía de la mano providencial de Dios.

El alcance del poder de Nabucodonosor queda de manifiesto en el hecho de que su control abarca todo el mundo conocido en aquellos tiempos. Hubiese sido un acto temerario haber resistido su voluntad. Su palabra era ley y sus deseos eran cumplidos sin vacilación. Él (personalmente) es identificado como la cabeza de oro de la estatua. No obstante, hay una referencia al imperio. Sólo que éste es visto en la persona del emperador.[60] Nabucodonosor era el rey y Babilonia era su reino.

> Y después de ti se levantará otro reino inferior al tuyo; y luego un tercer reino de bronce, el cual dominará sobre toda la tierra (2:39).

Daniel da una breve consideración a los reinos segundo y tercero en esta ocasión, ya que, como observa Young, éstos son considerados más extensamente en los capítulos 7, 8 y 10.[61] El segundo reino no puede ser otro que el medo-persa que, como se sabe, históricamente sucedió al imperio babilónico. Algunos exégetas han tratado de separar a los medos de los persas, concluyendo que el cuarto imperio fue el griego y no el romano.[62] En relación a esta cuestión Walvoord ha escrito:

> El esfuerzo por dividir el segundo y tercer reino como si el segundo fuese el de los medos y el tercero el de los persas seguido por el cuarto imperio identificado como Grecia, lo que Farrar apoya con entusiasmo, es obviamente motivado por el deseo de reducir el elemento profético al mínimo. Aún un Daniel espurio viviendo en el siglo II, según estos críticos, no hubiese podido predecir correctamente un futuro imperio romano, pero pudo haber informado acerca de los imperios babilónico, medo y griego.[63]

Tanto la evidencia bíblica como la historia secular confirman que el pecho y los brazos de plata simbolizan el imperio medo-persa, que en el año 539 a.C. reemplazó al babilónico (Dn. 5:28 y 6:8). El vientre y la cadera de bronce representan el imperio griego establecido por Alejandro Magno por el año 333 a.C. después de su brillante victoria sobre Darío III.[64]

> Y el cuarto reino será fuerte como hierro; y como el hierro desmenuza y rompe todas las cosas, desmenuzará y quebrantará todo (2:40).

Tocante a la identificación del cuarto reino, la gran mayoría de exégetas conservadores concuerdan que es el Imperio Romano.[65] Los teólogos modernistas, por su parte, consideran que es el Imperio Griego.[66] Muchos exégetas de la escuela liberal insisten en negar el carácter sobrenatural de la profecía. Creen que el autor del libro de Daniel escribió cosas que ya habían ocurrido y no acontecimientos proféticos.

El cuarto reino es descrito «fuerte como el hierro» que, como es universalmente reconocido, fue una de las características del Imperio Romano. Esa fortaleza es demostrada en el hecho de que «desmenuza» (*haddêq*) y «rompe» (*hoshêl*) todas las cosas. El hierro es el más duro de los cuatro metales mencionados y, sin duda, es la sustancia que mejor describe al Imperio Romano.

> Y lo que viste de los pies y los dedos, en parte de barro cocido de alfarero y en parte de hierro, será un reino dividido; mas ha-

brá en él algo de la fuerza del hierro, así como viste hierro mezclado con barro cocido (2:41).

El hecho de que los pies y los dedos[67] sean parte de barro cocido y parte de hierro, según la interpretación dada por Daniel, significa que será un reino dividido. La palabra «dividido» (*pelîgâ*) sugiere la idea de diversidad interna, una de las características del Imperio Romano. El Imperio Romano era fuerte (como el hierro) por su ejército, sus leyes y su organización política. Pero, por otra parte, era débil (como el barro) por la diversidad étnica de sus súbditos y, por encima de todo, a causa de sus conceptos morales.

Y por ser los dedos de los pies en parte de hierro y en parte de barro cocido, el reino será en parte fuerte, y en parte frágil. Así como viste el hierro mezclado con el barro, se mezclarán por medio de alianzas humanas; pero no se unirán el uno con el otro, como el hierro no se mezcla con el barro (2:42-43).

Aquella estatua colosal tenía su debilidad en que sus pies eran en parte de hierro y en parte de barro cocido. Debe notarse que esa debilidad se encuentra principalmente en los dedos de los pies, según las palabras del *intérprete inspirado*.[68]

El Imperio Romano llegó a ser lo que fue a causa de la diversidad de pueblos que lo integraban. Aun en la Península Itálica, además de los latinos, habían griegos, etruscos y celtas. A medida que se realizaban las conquistas de los territorios circunvecinos y aún lejanos, los romanos se mezclaban racial y culturalmente con otros pueblos. De modo que lo que engrandecía al Imperio Romano llevaba consigo la semilla de su propia destrucción.

Un serio problema interpretativo, que muchos comentaristas pasan por alto, es el relacionado con las dos piernas de la imagen. Walvoord sugiere que «el significado de las dos piernas, por lo tanto, es geográfico en lugar de ser un asunto de nacionalidades».[69] Según el mencionado expositor, las dos piernas representan las áreas geográfico-políticas que han de caracterizar la influencia del Imperio Romano en los días finales de la historia tal como la conocemos ahora. Los pies con sus dedos, constituidos por la mezcla de hierro y barro, representan la forma final de dicho imperio que estará vigente al final de la edad presente.

Y en los días de estos reyes el Dios del cielo levantará un reino que no será jamás destruido, ni será el reino dejado a otro pueblo; desmenuzará y consumirá a todos estos reinos pero él permanecerá para siempre (2:44).

Este versículo es, sin duda, de suma importancia en la interpretación total del capítulo 2. Este versículo ha sido el campo de batalla entre los intérpretes del libro de Daniel.[70] Hemos de considerar las diferencias entre las distintas escuelas de interpretación antes de prestar atención a la exégesis del versículo.

La expresión «y en los días de estos reyes» ha causado no pocos desacuerdos. Por ejemplo, Young (de la escuela amilenarista) cree que la expresión se refiere a los reyes o reinos representados por la imagen.[71] Por otra parte, Leupold (también de la escuela amilenarista) es de la opinión que dicha frase se refiere «a algún tiempo durante el cuarto imperio, ya sea que a los gobernantes se les llame reyes, emperadores, triunviros, o lo que sea».[72] Un interesante comentario de otro amilenarista, C.F. Keil, es de gran interés. Dice Keil, refiriéndose a la mencionada frase:

> De los reyes de los reinos mundiales descritos al final; en el tiempo de los reinos denominados por los *diez dedos de los pies* de la imagen en los que la cuarta monarquía se extiende.[73]

Una opinión muy significativa es la de James Montgomery, un erudito de la escuela crítica que se inclina por la posición amilenarista. Montgomery dice que la expresión «estos reyes» «difícilmente se refiere a una sucesión de monarcas o reinos, sino más bien a un número de regímenes contemporáneos».[74] Intérpretes como Walvoord,[75] Wood,[76] Culver,[77] Criswell,[78] Ironside,[79] y Whitcomb,[80] pertenecientes a la escuela premilenarista, opinan que dicha frase («estos reyes») se refiere a diez personajes que han de regir simultáneamente en un tiempo escatológico y que dicha forma de gobierno constituirá la fase final del cuarto imperio (véase Ap. 17:12-14). Generalmente estos intérpretes apelan al hecho de que Daniel 7:24-27 es un pasaje paralelo a Daniel 2:36-45. De modo que los diez cuernos en la cabeza de la cuarta bestia equivalen a los dedos de los pies de la imagen y, a su vez, a los reyes mencionados en 2:44 y en 7:24.

La segunda frase importante en este versículo es la afirmación de que «el Dios del cielo levantará un reino que no será jamás destruido». Esta es, sin duda, una verdad gloriosa y, a la vez, conmovedora. En contraste con todos los reinos humanos representados por la estatua, el reino que Dios levantará no será jamás destruido, permanecerá para siempre.[81] Debe notarse, sin embargo, que aunque se habla de «un reino que no será jamás destruido», dicho reino será establecido («el Dios del cielo levantará...») en un momento dado de la historia. De modo que, aunque se habla de un reino que permanecerá para siempre, paradójicamente, ese reino se levantará o se establecerá dentro del armazón de la historia. La referencia es, sin duda, al reino glorioso del Mesías, descrito en muchos pasajes del Antiguo Testamento (véanse Is. 35; 60-66; Miq. 4; Ap. 20:1-6). El Mesías reinará el la tierra después de destruir a los reinos gentiles.

Es evidente que el *crux interpretum* del pasaje tiene que ver con el cuándo del establecimiento del reino y también es evidente que dicho acontecimiento está estrechamente relacionado con la piedra que muele o tritura a la imagen (2:34-35). La opinión de Edward Young es que la piedra que destruye a la imagen representa lo ocurrido en la primera venida de Cristo, particularmente en el establecimiento de la Iglesia.[82] De modo que según ese punto de vista el reino y la Iglesia son equivalentes. Dicha posición necesariamente requiere la creencia de que la Iglesia (el cristianismo o cualquier otro nombre que se le quiera dar) fue el instrumento principal en la destrucción del cuarto imperio, a saber, Roma.[83]

La opinión de los intérpretes de la escuela premilenarista es que la piedra que derriba y destruye a la estatua simboliza o representa la segunda venida de Cristo, quien vendrá a la tierra y establecerá su reino mesiánico, mediado o histórico.[84] Ese reino no será jamás destruido y, una vez completado su aspecto histórico, continuará para siempre más allá de las barreras del tiempo.

Aquellos que sostienen que la piedra hiere a la estatua en la primera venida de Cristo ofrecen las siguientes razones:

1. El cuarto reino (Roma) existía cuando Cristo vino a la tierra.
2. El cristianismo comenzó a raíz de la primera venida de Cristo, a crecer, extenderse y llenar la tierra.
3. Cristo es ahora la piedra angular de la Iglesia.
4. La primera venida de Cristo tuvo lugar «en los días de estos reyes» (2:44), es decir, en los días de los cuatro reyes o reinos descritos en la estatua.

Por otra parte, los que mantienen que el acontecimiento es aún futuro, es decir, que se refiere a la segunda venida de Cristo cuando la piedra herirá la estatua, basan su posición en los siguientes argumentos:

1. Cristo no destruyó el Imperio Romano en su primera venida. Más bien el Imperio Romano lo crucificó. Por lo tanto, la destrucción es aún futura.
2. La piedra se convertirá en una montaña de pronto y catastróficamente, y no de modo gradual, comenzando en la primera venida de Cristo.
3. Durante el primer advenimiento de Cristo, el Imperio Romano no estaba dividido y no tuvo diez reyes reinando simultáneamente.
4. La presente edad de la Iglesia no constituye un reino como tal.[85]
5. La montaña (el reino de Cristo) no llenará la tierra sino hasta después que los reinos gentiles sean destruídos (Sal. 2:8-9; Ap. 11:15).

6. El cristianismo no «llenó la tierra» de súbito en tiempos del primer advenimiento de Cristo.
7. Daniel dice que el sueño de Nabucodonosor concierne a aquello que será «en los postreros días».[86]
8. La Iglesia no es un monte.
9. Cristo es ahora la principal piedra del ángulo para los creyentes (Ef. 2:20) y una piedra de tropiezo para los incrédulos (1 P. 1:28); pero en esta edad no es una piedra *que hiere o destruye* a los reinos de los hombres.

Del estudio de estas dos líneas de pensamiento se desprende la siguiente conclusión: si la piedra (Cristo) hirió a la estatua (los reinos gentiles) en su primera venida, la posición amilenarista es la correcta. Pero si, por el contrario, la piedra (Cristo) herirá en un futuro a la imagen (los reinos gentiles) en su segunda venida, entonces el premilenarismo es la posición correcta. El problema debe resolverse mediante una hermenéutica coherente que interprete el pasaje dentro de su ambiente histórico-gramatical. El intérprete no debe dejarse gobernar por sus prejuicios teológicos sino que debe hacer una exégesis sobria y consonante del texto antes de verter sus conclusiones. Sólo así logrará desentrañar el mensaje que el autor original quiso comunicar a sus lectores.

Otro aspecto al que es necesario prestar consideración es la relación estrecha existente entre el capítulo 2 y el 7 del libro de Daniel.[87] Si se acepta que estos dos pasajes son paralelos y se admite, como lo hace Young,[88] que Daniel 7:24-27 tiene que ver con la etapa final del poderío gentil, se hace necesario contestar algunas preguntas cruciales afines a este tema:

1. ¿Es la aparición del «cuerno pequeño» de Daniel 7, pasada o futura?
2. ¿Cuándo en el Imperio Romano hubieron diez reyes gobernando simultáneamente, seguido de un rey que derrocó a tres de los diez (Dn. 7:8, 20, 24)?
3. ¿Cuándo en la historia del Imperio Romano Dios se opuso a un undécimo rey (que reinó tres años y medio) y reinó sobrenaturalmente sobre todas las naciones (Dn. 7:13, 14, 26, 27)?
4. ¿Cuándo es que el Anciano de días ha abierto los libros del juicio (7:10)?
5. ¿Cuándo ha venido el Hijo del Hombre en las nubes del cielo (7:13)?
6. ¿Cuándo recibió el Hijo del Hombre los reinos del mundo y cuándo ha sido obedecido por *todos* los dominios (Dn. 7:14, 27)?
7. ¿Cuándo recibieron los santos un reino (Dn. 7:22, 27)?
8. ¿Cuándo ha ocurrido la destrucción del anticristo (Dn. 7:11, 26)?

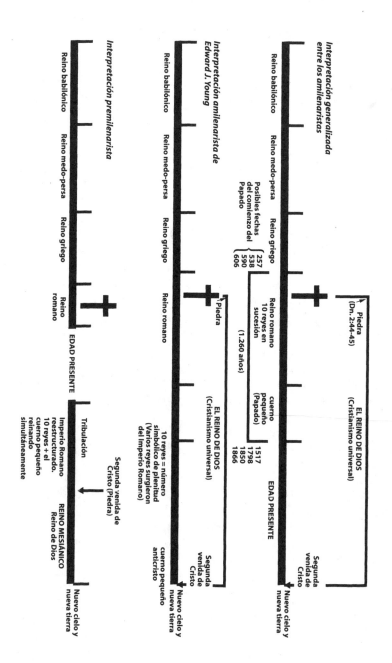

LAS INTERPRETACIONES DE DANIEL 2 Y 7

Si esas preguntas se responden a la luz del texto bíblico y con sensatez histórica, la conclusión más natural será que el establecimiento del reino mesiánico es un acontecimiento todavía futuro que coincidirá con el regreso físico, visible, literal y judicial de Cristo a la tierra.[89]

Las distintas interpretaciones de los pasajes de Daniel 2 y 7 pueden apreciarse mejor en el esquema de la página 78.

Una conclusión a la que puede llegarse por medio del estudio del texto es que el Dios del cielo establecerá su reino que tendrá un carácter universal. Los reinos humanos con su corrupción, injusticia, materialismo, idolatría y carnalidad pasarán para siempre y no quedará vestigio alguno de ellos. Dios establecerá su justicia sempiterna y todo el universo será lleno del conocimiento de *Yahveh* (véanse Hab. 2:14; Is. 11:9). ¡Jesucristo reinará como Rey de reyes y Señor de señores! (Ap. 11:15; 19:11-16).

DANIEL ES HONRADO POR NABUCODONOSOR (2:46-49)

Entonces el rey Nabucodonosor se postró sobre su rostro y se humilló ante Daniel, y mandó que le ofreciesen presentes e incienso. El rey habló a Daniel, y dijo: Ciertamente el Dios vuestro es Dios de dioses, y Señor de los reyes, y el que revela los misterios, pues pudiste revelar este misterio (2:46-47).

La escena descrita en estos dos versículos tuvo que haber sido en verdad conmovedora. Nabucodonosor, a quien el mismo Daniel había llamado «rey de reyes», cae rostro en tierra y se humilla ante Daniel. El profesor Wood describe elocuentemente lo ocurrido cuando dice:

Los reyes no se postran ante simples cautivos, no importa la situación o lo que pueda esperarse... Que Nabucodonosor se haya postrado ante Daniel indica su completa aceptación de todo lo que Daniel dijo; su gran aprecio por una interpretación en que podía confiarse, mostrando además cuánto la deseaba; y su deseo de humillarse ante el Dios de Daniel.[90]

Daniel, como profeta, representaba al mismo Dios. Así que el monarca babilónico estaba reconociendo de aquel modo la grandeza del Dios de Daniel.[91]

En el versículo 47, Nabucodonosor reconoce plenamente la superioridad del Dios de Israel por encima de todos los dioses de Babilonia, llamándolo «Dios de dioses», «Señor de reyes» y «revelador de misterios». Reconoce también que Daniel había sido usado como instrumento de ese gran Dios.

Entonces el rey engrandeció a Daniel, y le dio muchos honores y grandes dones, y le hizo gobernador de toda la provincia de Babilonia, y jefe supremo de todos los sabios de Babilonia. Y Daniel solicitó del rey, y obtuvo que pusiera sobre los negocios de la provincia de Babilonia a Sadrac, Mesac y Abed-nego; y Daniel estaba en la corte del rey (2:48-49).

La expresión «el rey engrandeció a Daniel» es explicada por el resto del versículo 48. Lo engrandeció dándole muchos honores y regalos y, al mismo tiempo, responsabilidades civiles (gobernador de la provincia de Babilonia) y judiciales (jefe supremo de todos los sabios de Babilonia). Ciertamente, todos esos honores fueron usados por Daniel para la gloria de Dios. Una vez más, Daniel demuestra su integridad de carácter y fidelidad al pedir al rey que sus amigos Sadrac, Mesac y Abed-nego fuesen colocados en posiciones de responsabilidad en la provincia de Babilonia. Daniel permaneció en la misma corte real, seguramente a petición del mismo Nabucodonosor.

RESUMEN Y CONCLUSIÓN

El estudio del capítulo 2 de Daniel no puede por menos que dejar al estudiante serio de las Escrituras con hambre y sed por las cosas de Dios. Al mismo tiempo, constituye un estímulo a implorar al Espíritu Santo de Dios que ilumine la mente y corazón de todo intérprete para comprender con claridad sus propósitos y, como Daniel, adquiera el valor para hacer su voluntad. Daniel capítulo 2 proporciona uno de los trozos de revelación bíblica más importante respecto de «*los tiempos de los gentiles*». La enseñanza central radica en el hecho de que el Dios soberano pondrá fin al gobierno humano y lo reemplazará con el reino glorioso del Mesías.

A través del sueño de Nabucodonosor, Dios reveló a Daniel el curso del gobierno gentil en el mundo. Además, le reveló que la destrucción del dominio gentil tendrá lugar mediante un acto sobrenatural. La piedra cortada «no con mano» caerá con plena fuerza sobre los pies de la imagen, la derribará y pulverizará los metales que la componen. Así describe el texto bíblico la manera cómo desaparecerá el reino de los hombres. La piedra que se convierte en un gran monte que llena toda la tierra describe el reino universal del Mesías. El capítulo 2 de Daniel es, por lo tanto, uno de los pasajes más contundentes tocante al tema del *reino mesiánico*.

NOTAS

1. Ejemplos de la escuela crítica son: S.R. Driver, *The Book of Daniel*, (Cambridge: University Press, 1900); James A. Montgomery, *A Critical and*

Exegetical Commentary on the Book of Daniel (Edimburgo: T.&T. Clarke, 1964); Frederick W. Farrar, *The Book of Daniel*, «The Expositors Bible», Vol. IV (Grand Rapids: Eerdmans, 1946); Norman W. Porteous, *Daniel: A Commentary* (Filadelfia: Westminister, 1965).

2. La escuela conservadora está representada por hombres como Robert D. Wilson, Edward J. Young, Herbert C. Leupold, D.J. Wiseman, John F. Walvoord, Leon Wood, Robert D. Culver y otros notables expositores.

3. Como sugiere Walvoord, el uso de la conjunción implica información consecutiva, pero no necesariamente «sucesión cronológica». Walvoord, *Daniel*, p. 45.

4. James A. Montgomery, *A Critical and Exegetical Commentary on the Book of Daniel*, pp. 140-141.

5. Para una aclaración interesante del asunto, véase Leupold, *Exposition of Daniel*, pp. 81-82.

6. Walvoord, *Daniel*, p. 46.

7. Young, *The Prophecy of Daniel*, p. 56.

8. J.L. Kelso, «Magician», *The Zondervan Pictorial Encyclopedia of the Bible*, vol. 4 (Grand Rapids: Zondervan, 1975), pp. 37-38.

9. *Unger's Bible Dictionary* (Chicago: Moody Press, 1957), p. 682.

10. Véase p. 16.

11. El rey Nabucodonosor era racialmente un caldeo.

12. Wood, *A Commentary on Daniel*, pp. 50-51.

13. Con el versículo 3 del capítulo 2 termina la primera sección escrita en *hebreo*. A partir de 2:4 hasta 7:28 el libro está escrito en el idioma *arameo*. Luego, comenzando en 8:1 y hasta el final del libro vuelve otra vez el idioma *hebreo*.

14. *The International Standard Bible Encyclopedia*, Vol. I, p. 222.

15. *Ibíd.*

16. Robert D. Culver, «Daniel», *Comentario bíblico Moody: Antiguo Testamento*, p. 765.

17. Robert D. Culver, *Daniel and the Latter Days* (Westwood, N.J.: Revell, 1954), p. 99.

18. Entre los eruditos que así piensan están Edward Young, Robert Culver, Leon Wood, Herbert Leupold, C.F. Keil y otros. Estos escritores opinan que Nabucodonosor no había olvidado el contenido del sueño.

19. La palabra en cuestión es *zada*, generalmente tomada por los expertos como un adjetivo y no un verbo.

20. O.R. Gurney, *The Hitties* (Middlesex, Inglaterra: Penguin Books, Ltd., 1976), p. 95.

21. La palabra "favores" en el original es singular (*ne bizbâ*). Se cree que dicha palabra procede del persa y que es el nombre de un objeto en particular que, aunque conocido entonces, es desconocido hoy. Véase Young, *The Prophecy of Daniel*, p. 61.

22. Tal vez ésta sea la mejor prueba de que Nabucodonosor no había olvidado el sueño. Es de suponer que los sabios hubiesen podido inventar su propio contenido y ofrecer una respuesta al rey.

23. Culver, «Daniel», *Comentario bíblico Moody: Antiguo Testamento*, p. 765.

24. Keil, «Ezekiel XXV to Malachi», p. 461-462.
25. Wood, *A Commentary on Daniel*, p. 54.
26. Brown, Driver, Briggs, *A Hebrew and English Lexicon of Old Testament*, p. 429.
27. S.H. Hook, *Babylonian and Assyrian Religion* (Norman, Oklahoma: University of Oklahoma Press, 1975), pp. 14-39.
28. *Ibíd.*
29. Es interesante notar que la versión católica Nácar-Colunga inserta una coma después de «dioses» haciendo que la cláusula siguiente no sea restrictiva. Como si dijese que todos los dioses tienen sus moradas aparte de los hombres. La ausencia de la coma hace que la cláusula siguiente sea restrictiva, es decir, hay sólo una clase de dios o dioses que no habita entre los hombres.
30. Hook, *Babylonian and Assyrian Religion*, p. 73.
31. Es posible que la expresión «todos los sabios de Babilonia» tuviese que ver con los que vivían en la capital del imperio en aquel tiempo.
32. Wood, *A Commentary on Daniel*, p. 55.
33. Montgomery, *A Critical and Exegetical Commentary on the Book of Daniel*, pp. 149-150.
34. Esto es evidente por el uso del participio *mitgagg e lîn*.
35. *Gesenius Hebrew and Chaldee Lexicon* (Grand Rapids: Eerdmans), p. 620.
36. *Ibíd.*, p. 323.
37. En el versículo 15, a Arioc se le llama Ahallita «capitán del rey», que significa «tener control o dominio», «regir o gobernar algo». Dicha palabra parece usarse para enfatizar la elevada posición de Arioc. Véase Brown, Driver and Briggs, *A Hebrew and English Lexicon of the Old Testament*, p. 1020.
38. Young, *The Prophecy of Daniel*, p. 65.
39. *Ibíd.*, p. 66.
40. Walvoord, *Daniel*, p. 55.
41. El uso de visiones es una de las características de la «literatura apocalíptica». Véanse páginas correspondientes de este libro.
42. Véase Leupold, *Exposition of Daniel*, p. 99.
43. En el texto original «sabiduría» aparece antes de «poder».
44. Wood, *A Commentary on Daniel*, p. 60.
45. Montgomery, *A Critical and Exegetical Commentary on the Book of Daniel*, p. 157.
46. El pronombre personal acusativo «a ti» aparece al principio de la oración para dar énfasis a Dios.
47. Walvoord, *Daniel*, p. 59.
48. Young, *The Prophecy of Daniel*, p. 70.
49. Culver, *Daniel and the Latter Days*, p. 107.
50. Walvoord, *Daniel*, p. 61.
51. Se reconoce que existen varias interpretaciones en cuanto a detalles. Éstas se señalarán más adelante.
52. Véase Young, *The Prophecy of Daniel*, p. 71.
53. Montgomery, *A Critical and Exegetical Commentary on the Book of Daniel*, p. 166.

54. Walvoord, *Daniel*, p. 63.
55. Keil, «Ezekiel XXV to Malachi», p. 470.
56. Montgomery, *A Critical and Exegetical Commentary on the Book of Daniel*, p. 169.
57. Jack P. Lewis, *Historical Backgrounds of Bible History* (Grand Rapids: Baker, 1971), p. 76.
58. Debe notarse que Ezequiel 26:7 también usa el título «rey de reyes» en referencia a Nabucodonosor.
59. L.L. Walker, «Nabopolasar», *The Zondervan Pictorial Encyclopedia of the Bible*, Vol. IV, pp. 352-353.
60. Young, *The Prophecy of Daniel*, p. 74.
61. *Ibíd.*
62. *Ibíd.*
63. Walvoord, *Daniel*, p. 66.
64. George W. Botsford y Charles A. Robinson, *Hellenic History* (Nueva York: McMillan, 1962), pp. 308-315. Véase también Daniel, capítulos 8 y 11.
65. Esa es la opinión de hombres como Young, Boutflower, Keil, Ironside, Walvoord, Wood, Culver, Unger, Leupold, Pentecost, para mencionar algunos.
66. Así opinan Driver, Charles, Hitzing, entre otros.
67. Algunos escritores afirman que los dedos de los pies de la imagen no se mencionan explícitamente. Sin embargo, la palabra *'esbe'ata'* (dedos) se menciona en 2:41-42.
68. El hecho de que Daniel repita tanto la debilidad de los pies y los dedos de los pies de la estatua ha hecho que algunos comentaristas lo acusen de usar «repeticiones insípidas». Véase Montgomery, p. 176.
69. Walvoord, *Daniel*, p. 73.
70. Las interpretaciones de este texto varían según la escuela que el intérprete siga, a saber, postmilenarista, amilenarista o premilenarista.
71. Young, *The Prophecy of Daniel*, p. 78.
72. Leupold, *Exposition of Daniel*, p. 123.
73. Keil, p. 476. Es interesante que Keil reconoce la presencia de *los diez dedos de los pies de la imagen*, algo que Young y otros rehúsan considerar.
74. Montgomery, *A Critical and Exegetical Commentary on the Book of Daniel*, p. 177.
75. Walvoord, *Daniel*, pp. 74-76.
76. Wood, *A Commentary on Daniel*, pp. 71-72.
77. Culver, «Daniel», *Comentario bíblico Moody: Antiguo Testamento*, pp. 780-781.
78. W.A. Criswell, *Expository Sermons on the Book of Daniel*, Vol. IV, pp. 47-58.
79. Harry A. Ironside, *Lectures on Daniel the Prophet* (Nueva York: Loizeaux Brothers, 1946), p. 38.
80. John C. Whitcomb, *The Kingdom and the Church*, notas inéditas, Grace Theological Seminary.
81. Es una verdad sostenida por teólogos conservadores de todas las escuelas (amilenaristas, postmilenaristas y premilenaristas).

82. Young, *The Prophecy of Daniel*, pp. 76-78. La opinión de Young es compartida con algunas ligeras variaciones por la escuela amilenarista.
83. Leupold, *Exposition of Daniel*, p. 121. Es digno de notarse que los historiadores serios no consideran que el cristianismo o la iglesia fue una fuerza significativa en la caída del Imperio Romano. Más bien consideran que el deterioro moral, la falta de material humano, los problemas económicos y cosas semejantes fueron los factores principales que provocaron el desmembramiento del Imperio.
84. Esta es la opinión de expositores como John Walvoord, J.D. Pentecost, J. Alva McClain, Eric Sauer, Robert Culver y otros. Debe notarse que estos expositores no enseñan que el reino de Cristo durará solamente mil años. Por el contrario, enseñan que el reino será eterno. Véase Walvoord, p. 74.
85. Se reconoce que la Iglesia es una forma del reino de Dios pero no es equivalente al reino mesiánico o mediado prometido en el Antiguo Testamento y anunciado en Lucas 1:30-33.
86. Young escoge hacer referir dicha frase al tiempo de la primera venida de Cristo, pero la expresión *aharît yômayyâ* significa «el final de los días». La palabra *harît* se usa en el Salmo 139:9 y se traduce «extremo», en Dt. 11:12 se traduce «fin», en Job 8:7 se traduce «postrer» (cp. 42:12). En sentido profético se usa en Génesis 49:1; Números 24:14; Isaías 2:2; Miqueas 4:1; Daniel 2:28 y 10:4. C. F. Keil afirma que en Daniel 2:28 la frase se refiere al «futuro en su conclusión o al futuro mesiánico del tiempo del mundo». Keil, p. 468.
87. Young, *The Prophecy of Daniel*, p. 141, y Leupold, *Exposition of Daniel*, p. 276, reconocen que estos dos capítulos tratan el mismo asunto.
88. Young, *op. cit.*, pp. 141-164.
89. Robert Anderson, *El príncipe que ha de venir* (Grand Rapids: Editorial Portavoz, 1981), p. 89.
90. Wood, *A Commentary on Daniel*, p. 74.
91. Montgomery opina que Nabucodonosor pretendió ofrecer a Daniel honores divinos en armonía con el espíritu de los paganos, *A Critical and Exegetical Commentary on the Book of Daniel*, p. 180 (véase también Hch. 14:11-14). Y Wood observa que la palabra «humilló» (*segid*) se emplea en el libro de Daniel sólo en referencia a la adoración de una deidad (Dn. 3:5, 6, 7, 10, 11, 12, 14, 28); Wood, *A Commentary on Daniel*, p. 74.

El hombre muestra su rebeldía hacia Dios mediante su soberbia (3:1—5:31)

LA PRUEBA DE FUEGO NO HACE
CLAUDICAR A LOS HOMBRES DE FE (3:1-30)

Desde su caída en el jardín del Edén, el hombre ha desafiado la autoridad de Dios. La rebeldía del ser humano hacia su Creador se pone de manifiesto en todas las esferas de la vida humana. En los órdenes religioso y moral, sin embargo, esa rebeldía alcanza su grado máximo. Los capítulos del libro de Daniel que consideraremos seguidamente demuestran la insensatez del ser humano en su desafío a Dios.

El capítulo 3 del libro de Daniel relata la dramática prueba a la que fueron sometidos los jóvenes judíos por rehusar adorar a la imagen que Nabucodonosor hizo levantar en el campo o explanada de Dura. Este capítulo relata la prueba (3:1-7), la acusación (3:8-12), la firmeza (3:13-18), la liberación (3:19-25) y la promoción (3:26-30) de Sadrac, Mesac y Abed-nego. Una vez más quedó demostrado el cuidado providencial de Dios hacia sus hijos y el hecho de que Dios sabe recompensar la fidelidad de quienes le sirven.

LA ORDEN DE NABUCODONOSOR (3:1-7)

El rey Nabucodonosor hizo una estatua de oro cuya altura era de sesenta codos, y su anchura de seis codos; la levantó en el campo de Dura, en la provincia de Babilonia (3:1).

El texto no da ningún indicio de cuánto tiempo transcurrió entre los capítulos 2 y 3. Lo que sí es evidente es que Nabucodonosor había quedado profundamente impresionado con la interpretación del capítulo 2. Uno no puede evitar suponer que hubo una relación directa entre lo sucedido en el capítulo tres y el sueño del capítulo dos. La estatua de oro de tamaño impresionante erigida por orden de Nabucodonosor, muy posiblemente, representaba su propia persona. El pueblo debía de acercarse y adorar la estatua al escuchar el sonido de ciertos instrumentos musicales. El que no lo hiciese sería condenado a muerte.

La cuestión de la estatua y sus dimensiones ha sido ampliamente discutida por comentaristas y eruditos. Muchos opinan, y con buenas razones, que el texto no implica que la estatua en sí era de 60 codos de altura por 6 de ancho, ni que era de oro macizo.[1] Lo más prudente es pensar que era una especie de obelisco[2] o tal vez estaba alzada en una plataforma de modo que sólo la parte superior de la imagen tenía figura humana.[3] También es lógico pensar que la estatua en sí era de oro enchapado.[4] La construcción de imágenes o estatuas como esa no era algo sin precedentes.[5]

La estatua fue levantada «en el campo de Dura, en la provincia de Babilonia» (3:1). El nombre *«Dura»* ha sido identificado con varios sitios en Babilonia. Algunos creen que «estaba situada al sureste de Babilonia en las cercanías de un arroyo y colinas llamadas *«Douair»* donde también se ha encontrado lo que parece ser la base de una gran estatua».[6] Otros, por su parte, creen que era un sitio dentro de la misma ciudad de Babilonia[7]. Edward Young señala que «la mención de la palabra [Dura] es en realidad una evidencia de autenticidad ya que presupone algún conocimiento de la geografía babilónica».[8]

> Y envió el rey Nabucodonosor a que se reuniesen los sátrapas, los magistrados y capitanes, oidores, tesoreros, consejeros, jueces, y todos los gobernadores de las provincias, para que viniesen a la dedicación de la estatua que el rey Nabucodonosor había levantado (3:2).

De gran interés ha sido la lista de oficiales del gobierno babilónico que aparece en este versículo y que se repite en los versículos 3 y 27. Se ha observado que algunas de las expresiones usadas son de origen persa. Ese problema aparente ha causado que algunos expertos hayan concluido que el libro fue escrito con posterioridad al período exílico.[9] La crítica pasa por alto el hecho de que Daniel vivió durante el período persa y muy posiblemente escribió su libro durante ese tiempo. De modo que lo más lógico es que usase la terminología común en la época en que se escribió su composición. H.C. Leupold ofrece la relación de los nombres usados y su posible origen en la siguiente lista:

«Sátrapa» = (*achashdarpenayya*): persa: Protector de los dominios.
«Prefecto» (magistrado) = (*sighnayya*): arameo: Líder militar.
«Gobernador» (capitán) = (*pach walha*): babilonio o persa: Gobernador civil.

«Consejero» (oidor) = (*dhargoz rayya*): persa: Consejero del gobierno.

«Tesorero» = (*g tabar*): (dudoso): Superintendente del tesoro público.

«Juez» = (*d tabar*): persa: Guardador de la ley.

«Magistrado» = (thiphtaye): (dudoso).[10]

Si el libro hubiese sido escrito, como sugiera la crítica racionalista, en el siglo II a.C., es decir, durante el período helenístico, lo más lógico es que todos los nombres de los oficiales mencionados procediesen del griego y no del persa o del arameo, como evidentemente ocurre.

> Y el pregonero anunciaba en alta voz: Mándase a vosotros, oh pueblos, naciones y lenguas, que al oír el son de la bocina, de la flauta, del tamboril, del arpa, del salterio, de la zampoña y de todo instrumento de música, os postréis y adoréis la estatua de oro que el rey Nabucodonosor ha levantado; y cualquiera que no se postre y adore, inmediatamente será echado dentro de un horno de fuego ardiendo (3:4-6).

La palabra «pregonero», aunque similar al vocablo griego *keryx*, parece más bien derivarse del persa antiguo *khrausa*, que significa un «vocero» o «anunciador».[11] Este pasaje también ha sido usado como blanco por aquellos que niegan la autenticidad de Daniel. La presencia de tres palabras griegas (*gaytrôs, psanterîn* y *sumponyah*) ha hecho que la crítica afirme que Daniel fue escrito en el siglo II a.C.[12] Las tres palabras griegas son nombres de instrumentos musicales: arpa (*gaytrôs*), salterio (*psanterîn*) y la zampoña (*sûmponyâ*). Sin embargo, se sabe que mucho antes del siglo IV a.C. la influencia griega a través del Oriente Medio era notoria.[13] John Walvoord observa que:

> No hay nada de extraño tocante a cierta cantidad de influencia griega en la cultura babilónica si se toman en cuenta los contactos entre éstos y los griegos. Los mercaderes griegos hacían visitas frecuentes a Egipto y al oeste de Asia a partir del siglo VII a.C. Los mercenarios griegos, quienes servían como soldados en varios países, aparecen un siglo antes de Daniel, como, por ejemplo, en el ejército asirio de Esar-hadón (682 a.C.) y aún en el ejército babilónico de Nabucodonosor.[14]

Al sonido de los instrumentos musicales, todos los presentes estaban en la obligación de postrarse en adoración ante la monumental estatua. Es muy posible que más que un acto religioso, todo aquello fuera un acto político. Postrarse ante la estatua era un reconocimiento público de la autoridad del estado, particularmente de la persona del rey Nabucodonosor. En realidad, la adoración de aquella estatua simbolizaba adoración al mismo Nabucodonosor.[15] El monarca, por supuesto, podía imponer su voluntad. Después de todo, había conquistado aquel imperio por la fuerza. En cierto sentido, Nabucodonosor fue un precursor del anticristo de los postreros días. Tenía *patria potestad* sobre todos sus súbditos y exigía adoración de todos los que estaban dentro de sus dominios. Además, poseía control político, social y económico sobre muchas naciones y pueblos.

LOS JÓVENES JUDÍOS SON ACUSADOS DE INSUBORDINACIÓN (3:8-12)

La orden dada por el rey requería un cumplimiento inmediato. Cualquiera que desobedeciese el decreto sería lanzado a un horno de fuego ardiendo sin dilación alguna. En medio de aquella difícil situación los jóvenes judíos demostraron el coraje y la dedicación que emana de una fe viva y verdadera.

Por esto en aquel tiempo algunos varones caldeos vinieron y acusaron maliciosamente a los judíos. Hablaron y dijeron al rey Nabucodonosor: Rey, para siempre vive. Tú, oh rey, has dado una ley que todo hombre, al oír el son de la bocina, de la flauta, del tamboril, del arpa, del salterio, de la zampoña, y de todo instrumento de música, se postre y adore la estatua de oro; y el que no se postre y adore, sea echado dentro de un horno de fuego ardiendo. Hay unos varones judíos, los cuales pusiste sobre los negocios de la provincia de Babilonia: Sadrac, Mesac y Abed-nego; estos varones, oh rey, no te han respetado; no adoran tus dioses, ni adoran la estatua de oro que has levantado (3:8-12).

La expresión «por esto» (*kol-gobêl denâ*) debe referirse al hecho de que aquellos jóvenes judíos rehusaron reverenciar la estatua de oro. Debe recordarse que Sadrac, Mesac y Abed-nego habían sido colocados en altas posiciones en el gobierno. Negarse a adorar la imagen significaba que perderían la oportunidad de ser elevados aún más. Pero aquellos jóvenes seguían viviendo según la pauta que los había distinguido en el capítulo 1. La acusación fue hecho por «varones caldeos». Aquí la palabra «caldeos» parece referirse no a la casta de sabios, sino al aspecto étnico de los acusadores. Dice el texto que la acusación fue hecha «maliciosamente». La frase usada aquí (*'akalû garsêhôn dî*), literalmente significa, «comer la carne de alguien». El sentido metafórico de dicha expresión es «calumniar», «denunciar».[16] Es posible que los mencionados caldeos estuviesen celosos a causa de que aquellos judíos ocupaban posiciones importantes y aprovecharon aquella ocasión, haciendo uso de la calumnia para hacer daño a los siervos de Dios.

Los caldeos, echando mano de toda la sagacidad de que eran capaces, formularon sus acusaciones delante de Nabucodonosor, presentando tres aspectos de supuesta insubordinación por parte de los jóvenes judíos: (1) «No te han respetado»; (2) «no adoran tus dioses; y (3) «no adoran la estatua de oro que has levantado». Walvoord ha resumido bien la situación en las siguientes palabras:

> El concepto total de lealtad política, de lo que la adoración de la imagen era una expresión, está ligado a la idea de que los dioses de Nabucodonosor le han favorecido y dado la victoria. Retar a los dioses de Nabucodonosor, por lo tanto, equivalía a retar al mismo emperador, y ponía en tela de juicio la integridad política de los tres acusados. Como prueba de sus sospechas, acusaron a los tres compañeros de Daniel de no adorar la imagen de oro.[17]

Es evidente que los caldeos sentían envidia hacia los tres judíos. También parece existir prejuicio hacia los judíos. El tono en que aquellas acusaciones parece que fueron pronunciadas revela que los caldeos no consideraban a los tres jóvenes judíos dignos de ocupar los cargos para los que fueron escogidos.

LOS JÓVENES JUDÍOS MUESTRAN FIRMEZA, PRODUCTO DE LA FE EN DIOS Y REHÚSAN ADORAR LA IMAGEN (3:13-18)

Entonces Nabucodonosor dijo con ira y enojo que trajesen a Sadrac, Mesac y Abed-nego. Al instante fueron traídos estos varones delante del rey (3:13).

Las palabras «ira» (*regaz*) y «enojo» (*hamâ*) son casi sinónimas y se usan, sin duda, por razones de énfasis. «Al instante» (*be(')dayin*) sugiere la premura con que la orden fue cumplida.

Habló Nabucodonosor y les dijo: ¿Es verdad, Sadrac, Mesac y Abed-nego, que vosotros no honráis a mi dios, ni adoráis la estatua de oro que he levantado? Ahora, pues, ¿estáis dispuestos para que al oír el son de la bocina, de la flauta, del tamboril, del arpa, del salterio, de la zampoña y de todo instrumento de música, os postréis y adoréis la estatua que he hecho? Porque si no la adorareis, en la misma hora seréis echados en medio de un horno de fuego ardiendo; ¿y qué dios será aquel que os libre de mis manos? (3:14-15).

La interrogación por parte de Nabucodonosor («¿Es verdad...») tal como aparece en la versión castellana Reina-Valera deja la impresión de que el monarca dudaba de la acusación. Pero la palabra (*hasda'*) significa «propósito» o «designio».[18] De modo que lo que Nabucodonosor deseaba saber es si los judíos habían cometido el acto de desobediencia «deliberadamente», «a propósito», «a modo de plan premeditado».[19]

Parece ser que el rey está dispuesto a conceder a los tres judíos la oportunidad de postrarse en adoración ante la estatua. Esto es lo que sugiere la expresión: «Ahora, pues, ¿estáis dispuestos...?». Si los jóvenes judíos se negaban serían echados en medio de un horno de fuego ardiendo y, en la opinión de Nabucodonosor, «¿qué dios será aquel que os libre de mis manos?» Es evidente que el monarca había olvidado la obra realizada por el Dios de los judíos al revelar e interpretar el sueño del capítulo 2. Pero después de todo, el hombre natural no percibe ni entiende las cosas que son del Espíritu de Dios (1 Co. 2:14).

> Sadrac, Mesac y Abed-nego respondieron al rey Nabucodonosor, diciendo: No es necesario que te respondamos sobre este asunto. He aquí nuestro Dios a quien servimos puede librarnos del horno de fuego ardiendo; y de tu mano, oh rey, nos librará. Y si no, sepas, oh rey, que no serviremos a tus dioses, ni tampoco adoraremos la estatua que has levantado (3:16-18).

Los tres judíos rehúsan defenderse de la acusación que se les ha hecho. En realidad, admiten su culpabilidad. Dan a entender que estaban plenamente conscientes de la demanda que se les hacía. De igual manera ponen de manifiesto que no están dispuestos a cumplir la orden de arrodillarse delante de la estatua. Como ha expresado Montgomery:

> La acusación es confesada, no hay defensa que hacer. Los acusados descansan en su Dios, pero con el control de la fe, porque admiten que es posible que [Dios] no intervenga, pero, sin embargo, mantendrán la fe y retarán al rey. Si la historia hubiese querido indicar que estaban seguros de ser librados, su respuesta hubiese sido arrogancia espiritual.[20]

Aquellos tres jóvenes confiesan que su Dios *puede* librarlos del fuego del horno, pero no afirman que lo hará. Aquí tenemos un ejemplo hermoso de la verdadera fe. Ya fuesen librados o no de las llamas del horno, Sadrac, Mesac y Abed-nego confiarían en Dios.[21] Su fe no dependía de lo que les podría ocurrir. No dudaban de la capacidad de Dios para librarles, pero de no ser esa su voluntad, aceptarían con gozo la muerte pero no adorarían la estatua de oro. No todas las veces es la voluntad de Dios librar a los suyos de los padecimientos físicos o de la muerte. El salmista dice: «Estimada es a los ojos de Jehová la muerte de sus santos» (Sal. 116:15). El patriarca Job confesó: «He aquí, aunque él me matare, en él esperaré...» (Job 13:15).

Los tres jóvenes judíos fueron echados en el terrible horno, pero fueron librados del fuego por el poder de Dios (3:19-25). La ira de Nabucodonosor pretendía destruir a los siervos de Dios, pero el Señor Soberano los libró de aquella situación.

> Entonces Nabucodonosor se llenó de ira, y se demudó el aspecto de su rostro contra Sadrac, Mesac y Abed-nego, y ordenó que el horno se calentase siete veces más de lo acostumbrado. Y mandó a hombres muy vigorosos que tenía en su ejército, que atasen a Sadrac, Mesac y Abed-nego, para echarlos en el horno de fuego ardiendo (3:19-20).

La respuesta pausada, pero segura de los tres jóvenes judíos encendió la ira de Nabucodonosor aún más. La frase «se llenó de ira» (*hitmelî hemâ*) sugiere que el enojo del rey era tal que sus acciones eran irracionales. A tal grado había llegado la ira del monarca que el aspecto de su rostro se demudó y ordenó que el horno fuese calentado siete veces más de lo normal. Evidentemente, sin ofrecer resistencia alguna, Sadrac, Mesac y Abed-nego fueron atados con parte de sus propias vestimentas y echados en el horno de fuego (3:21). Seguramente Nabucodonosor imaginaba que una vez más su poder y autoridad habían quedado establecidas, que su victoria había sido total; pero no podía estar más lejos de la verdad.

Para que no hubiese duda de lo que estaba aconteciendo, dice el texto que como la orden era apremiante y el calor del horno era tan elevado, aún los hombres que echaron al fuego a los tres judíos murieron a causa del gran calor.

> Y estos tres varones, Sadrac, Mesac y Abed-nego, cayeron atados dentro del horno de fuego ardiendo. Entonces el rey Nabucodonosor se espantó, y se levantó apresuradamente y dijo a los de su consejo: ¿No echaron a tres varones atados dentro del fuego? Ellos respondieron al rey: Es verdad, oh rey. Y él dijo: He aquí yo veo cuatro varones sueltos, que se pasean en medio del fuego sin sufrir ningún daño; y el aspecto del cuarto es semejante a hijo de los dioses (3:23-25).

Estos versículos relatan el momento más dramático de todo el capítulo. Mientras que los hombres que habían echado a los tres judíos en el horno morían instantáneamente, éstos caían dentro del horno donde se produciría una de las escenas más gloriosas de todo el libro de Daniel. Dios interviene milagrosamente para librar del fuego a sus siervos. Dios había prometido: «Cuando pases por las aguas, yo estaré contigo; y si por los ríos, no te anegarán. Cuando pases por el fuego, no te quemarás, ni la llama arderá en ti» (Is. 43:2). Esa promesa se cumplió aquel día en las vidas de Sadrac, Mesac y Abed-nego.

El rey Nabucodonosor quedó perplejo (*tevah*), se maravilló de tal modo que se le hacía difícil creer lo que veía. ¿Cómo es posible, preguntaba, que si tres hombres fueron echador en el horno, ahora aparecen cuatro? La pregunta del monarca es confirmada por la respuesta de sus consejeros. Los jóvenes judíos y el personaje que con ellos estaba «se paseaban en medio del fuego sin sufrir ningún daño». John Walvoord describe elocuentemente la escena presenciada por Nabucodonosor:

> En lugar de tres hombres, vio cuatro; en vez de estar atados, estaban sueltos; en lugar de revolverse de dolor en la angustia de las llamas, se paseaban en medio del fuego sin hacer esfuerzo por salir. Además, era claro que no estaban lastimados; lo más sorprendente de todo, tenía la impresión de que el aspecto del cuarto personaje era como el hijo de Dios.[22]

La expresión «hijo de los dioses» (*bar-'elahîn*), es traducida en algunas ocasiones «el hijo de Dios». Pero la mayoría de los expertos prefieren la traducción que aparece en nuestra versión.[23] H.C. Leupold está, sin duda, correcto cuando dice:

> El rey habla como un típico pagano cuando asemeja la cuarta persona a «hijo de los dioses». La expresión *bar-'elahîn* también ha sido traducida «el hijo de Dios», pero esto implicaría un profundo y verdadero conocimiento al Dios por parte de este pagano y también provocaría la objeción que ya Jerónimo expresó en su día: «No sé cómo un rey inicuo se merezca ver al Hijo de Dios».[24]

Es muy posible que el cuarto personaje en el horno fuese el Ángel de Yahveh, es decir, una aparición del Cristo preencarnado. Algo que ocurrió varias veces en el Antiguo Testamento (Gn. 18; Jos. 5:13–6:5). De todos modos, en estos versículos que hemos considerado, tenemos un ejemplo patente del cuidado providencial de Dios por sus hijos y un cumplimiento de las promesas del Todopoderoso.

LOS TRES JÓVENES JUDÍOS SON RECOMPENSADOS Y DIOS ES HONRADO POR SUS TESTIMONIOS (3:26-30)

Entonces Nabucodonosor se acercó a la puerta del horno de fuego ardiendo, y dijo: Sadrac, Mesac y Abed-nego, siervos del Dios Altísimo, salid y venid. Entonces Sadrac, Mesac y Abed-nego salieron de en medio del fuego (3:26).

El rey Nabucodonosor, consciente de que los tres jóvenes judíos están vivos, se dirige a ellos llamándolos «siervos del Dios Altísimo» (*'elaha' hayyâ'*). Aunque tal referencia a Dios parece impresionante, en realidad, como señala Edward Young:

El rey no se alza por encima del paganismo. También los griegos llamaban a Zeus el Altísimo. Nabucodonosor no reconoce que sólo el Señor es Dios, sino solamente que el Dios de los confesores es el más alto de los dioses. Aún la realización de este poderoso milagro no hace que se convierta.[25]

La sorpresa cundía en medio de los presentes. Los oficiales del palacio y el mismo rey estaban maravillados al ver que el fuego no había dañado los cuerpos de aquellos jóvenes. Ni el cabello de sus cabezas se había quemado, sus ropas estaban intactas y no mostraban ni el más leve rastro de haber estado en el horno de fuego ardiendo. Aquello era un auténtico milagro. Sólo Dios podía haber obrado así. Uno no puede hacer menos que preguntarse: ¿Fue alguno de aquellos movido a rendir su vida al Dios Todopoderoso?

Entonces Nabucodonosor dijo: Bendito sea el Dios de ellos, de Sadrac, Mesac y Abed-nego, que envió su ángel y libró a sus siervos que confiaron en él, y que no cumplieron el edicto del rey, y entregaron sus cuerpos antes que servir y adorar a otro Dios que su Dios. Por lo tanto, decreto que todo pueblo, nación o lengua que dijere blasfemia contra el Dios de Sadrac, Mesac y Abed-nego, sea descuartizado, y su casa convertida en muladar; por cuanto no hay dios que pueda librar como éste. Entonces el rey engrandeció a Sadrac, Mesac y Abed-nego en la provincia de Babilonia (3:28-30).

Estos versículos son los que más se acercan a la posibilidad de que Nabucodonosor llegase a hacer una entrega de su vida a Dios. El monarca, en cierto modo, reconoce la grandeza de Dios y bendice su nombre. Pero, al mismo tiempo, puede notarse que su decreto no es del todo positivo. El edicto promulgado prohibía hablar blasfemia (*shâluh*) contra Dios, pero no se dice nada tocante a proclamar su nombre de manera positiva.

La historia relatada en este capítulo 3 concluye con una breve declaración en cuanto a que los tres jóvenes judíos fueron elevados a cargos de mayor importancia por el rey Nabucodonosor. Dios bendijo las vidas de aquellos siervos suyos que no estimaron sus vidas preciosas para sí mismos, sino que las entregaron completamente al Señor.

Sadrac, Mesac y Abed-nego pudieron haber racionalizado su situación pensando de este modo: (1) Todos están obedeciendo el decreto real de adorar la estatua de oro; ¿por qué llevar nosotros la contraria?; (2) si nos matan, ¿quién quedará para testificar de Dios?; (3) Dios no debe ser probado de esta manera; es posible que Él no nos libre y eso dañaría su reputación; y (4) después de todo, es solamente una estatua y Dios sabe que no pretendemos adorarla. Estas y otras excusas pudieron haber sido ofrecidas por aquellos tres jóvenes. Pero no fue así. Su inquebrantable fe y rotunda confianza en el Dios de la gloria les hizo actuar del modo que lo hicieron y Dios les dio la victoria. ¡Qué ejemplo de integridad moral y dedicación espiritual!

RESUMEN Y CONCLUSIÓN

El capítulo tres de la profecía de Daniel pone de manifiesto la terrible corrupción moral y espiritual del corazón humano. La actitud de Nabucodonosor es un claro ejemplo de ello. A pesar de haber experimentado el poder de Dios mediante la revelación del sueño del capítulo 2 e, incluso, de haberlo reconocido, la dureza del corazón del monarca se hace evidente. Su orgullo y fanatismo lo hacen ordenar la construcción de la gigantesca estatua y, a aún peor, decreta que todos sus súbditos adoren la mencionada imagen bajo la amenaza de la pena de muerte.

Por otro lado, el capítulo revela la actitud firme del remanente fiel. Los tres jóvenes judíos rehúsan arrodillarse y rendir culto a la imagen. Saben bien que su negativa les costaría la vida física, pero prefieren morir antes que negar al único Dios vivo y verdadero. El Señor premia la fe de los tres jóvenes judíos, librándolos de las llamas del horno de fuego. Nabucodonosor se ve obligado a reconocer otra vez la grandeza de Dios y promueve a Sadrac, Mesac y Abed Nego a posiciones más elevadas en el reino de Babilonia. La lección es clara: *La soberbia de hombres inicuos no puede coartar el propósito eterno de Dios.*

NOTAS

1. Las dimensiones de la estatua en el sistema métrico decimal serián 27m. de alto por 2.70 m. de ancho.
2. Young, *The Prophecy of Daniel*, p. 84.
3. Walvoord, *Daniel*, p. 80.
4. Young, *The Prophecy of Daniel*, p. 84 y Walvoord, *Ibíd.*
5. Leupold, *Exposition of Daniel*, pp. 134-136.
6. *International Standard Bible Encyclopedia*, Vol. II, p. 883.
7. *Ibíd.* La razón es que Babilonia era una ciudad lo suficientemente extensa para tal acto.
8. Young, *The Prophecy of Daniel*, p. 85.
9. Leupold, *Exposition of Daniel*, pp. 140-141.
10. *Ibíd.*, pp. 139-140.
11. Archer, Jr., *Reseña crítica de una introducción al Antiguo Testamento*, p. 426.
12. Véase K.A. Kitchen, «The Aramaic of Daniel», *Notes on Some Problems in the Book of Daniel*, pp. 44-50.
13. *Ibíd.*
14. Walvoord, p. 84.
15. Keil, «Ezekiel XXV to Malachi», p. 487.
16. Véase Gesenius, *Hebrew and Chaldee Lexicon*, p. 745.
17. Walvoord, *Daniel*, pp. 86-87.
18. Gesenius, *Hebrew and Chaldee Lexicon*, p. 701.
19. Keil, «Ezekiel XXV to Malachi», pp. 488-489.
20. Montgomery, *A Critical and Exegetical Commentary on the Book of Daniel*, p. 206.
21. El ejemplo de Sadrac, Mesac y Abed-nego ilustra las palabras de Pedro en Hechos 5:29: «Es necesario obedecer a Dios antes que a los hombres.»
22. Walvoord, *Daniel*, p. 91.
23. Young, *The Prophecy of Daniel*, p. 94.
24. H.C. Leupold, *Exposition of Daniel*, p. 158.
25. Young, *The Prophecy of Daniel*, p. 95.

El hombre muestra su rebeldía hacia Dios mediante su impenitencia (cont.)

EL SEGUNDO SUEÑO DE NABUCODONOSOR (4:1-39)

Ningún soberano de la antigüedad sobrepasó a Nabucodonosor en fama e influencia. La grandeza de su reino, su vasto dominio y fortaleza constan en las páginas de la historia.[1] Pero el glorioso reinado de Nabucodonosor fue interrumpido durante cierto tiempo a causa de una enfermedad sufrida por el monarca. Según el capítulo 4 del libro de Daniel, dicha enfermedad fue infligida a Nabucodonosor como juicio divino a causa de su soberbia. El orgullo y la vanidad de los poderes humanos tienen que ser humillados por Dios.

LA DECLARACIÓN DE NABUCODONOSOR (4:1-7)

Nabucodonosor rey, a todos los pueblos, naciones y lenguas que moran en toda la tierra: Paz os sea multiplicada. Conviene que yo declare las señales y milagros que el Dios Altísimo ha hecho conmigo. ¡Cuán grandes son sus señales, y cuán potentes sus maravillas! Su reino, reino sempiterno, y su señorío de generación en generación (4:1-3).

En realidad estos versículos constituyen una proclamación de parte del rey, reconociendo la grandeza del Altísimo, sus señales, milagros y el carácter imperecedero de su reino. Evidentemente, Nabucodonosor revela el contenido de la historia aquí relatada después de haberse recuperado de su enfermedad. El profeta Daniel usó el documento de la proclamación del rey y bajo la dirección del Espíritu Santo registró su contenido.

El monarca invoca sus poderes temporales al hacer su proclama y confesión del Dios Altísimo en forma tal que la crítica lo tilda de un edicto absurdo, sin paralelo en la historia antigua.[2] Lo que sorprende a la crítica es, sin duda, que un rey soberbio como lo era Nabucodonosor haya promulgado un edicto como el que aparece en este capítulo. Debe recordarse, sin embargo, que ésta era la tercera vez que el monarca tenía un encuentro con Dios. Parece ser que Dios tuvo que tocar judicialmente el cuerpo de Nabucodonosor y afligirlo físicamente para que pudiese reconocer su pequeñez en contraste con la grandeza del Dios del cielo:

> Yo Nabucodonosor estaba tranquilo en mi casa, y floreciente en mi palacio. Vi un sueño que me espantó, y tendido en cama, las imaginaciones y visiones de mi cabeza me turbaban. Por esto mandé que vinieran delante de mí todos los sabios de Babilonia, para que me mostrasen la interpretación del sueño. Y vinieron magos, astrólogos, caldeos y adivinos, y les dije el sueño, pero no me pudieron mostrar su interpretación (4:4-7).

Después de plantear el asunto en los tres primeros versículos, el rey pasa a explicar lo acaecido. El texto no dice la fecha del suceso, pero parece ser que tuvo lugar durante la segunda mitad del reinado de Nabucodonosor ya que, según 4:30, el monarca había completado su obra de edificación y embellecimiento de la ciudad.

El sueño ocurrió en una época en que el rey estaba más confiado que nunca en su trono, pues según 4:4, estaba «tranquilo» (*shelêh*), es decir, «libre de todo afán o temor» y «floreciente» (*ra'nan*), que literalmente quiere decir «crecer con verdor», pero que se usa metafóricamente para indicar que Nabucodonosor vivía *lujosamente*.[3] Paradójicamente, cuando mayor era la prosperidad de su reino y resplandeciente la gloria que había alcanzado, Nabucodonosor contempló en sueño el final de su supremacía.

Los dos verbos usados en 4:5 por el rey para describir su reacción ante el sueño que había tenido, expresan un profundo estado emocional. El primero es «espanto» (*behal*), que significa «alarmarse» o «asustarse» y el segundo es «turbaron» (*dehal*) que quiere decir «atemorizarse» o «llenarse de miedo».[4] No era para menos; Nabucodonosor estaba en el apogeo de su carrera. Todo parecía indicar que su reinado duraría aún por muchos años. Pero los planes de Dios eran otros y cuando menos lo esperaba el soberbio monarca, se vio humillado.

De nuevo Nabucodonosor apeló a los sabios de Babilonia para que le diesen la interpretación del sueño. Esta vez, sin embargo, les diría el contenido del sueño. Pero aún así aquellos «respetables» sabios no se atrevieron a decir al rey el significado de su sueño. Tal vez, como observa Wood:

> La razón por la que [los sabios] no habrían querido darla era debido a la naturaleza del sueño. Era un sueño que significaba humillación y tragedia para el rey, cosa que muy probablemen-

te sus fórmulas mágicas habrían indicado, y ellos sencillamente no hubiesen querido transmitir esa clase de información al gran Nabucodonosor.[5]

En otras palabras, el texto original sugiere que esta vez los sabios babilonios pudieran haber dicho al rey la interpretación del sueño, pero no se atrevieron a causa de la magnitud de su significado. Pensar que el poderoso soberano de Babilonia sería humillado a tal extremo los llenaba de pánico.

NABUCODONOSOR RELATA SU SUEÑO A DANIEL (4:8-18)

En medio de la perplejidad del rey a causa de su sueño y la renuencia de los sabios en interpretar el contenido al monarca, Daniel es recordado por su habilidad y sabiduría para resolver situaciones como aquella.

> Hasta que entró delante de mí Daniel, cuyo nombre es Beltsasar, como el nombre de mi dios, y en quien mora el espíritu de los dioses santos. Conté delante de él el sueño, diciendo: Beltsasar, jefe de los magos, ya que he entendido que hay en ti espíritu de los dioses santos y que ningún misterio se te esconde, declárame las visiones de mi sueño que he visto, y su interpretación (4:8-9).

Se han sugerido varias posibilidades en cuanto al porqué Daniel no había acompañado al grupo de sabios mencionados en los versículos anteriores.[6] Un autor sugiere como más probable el hecho de que Daniel había tardado en venir a causa de sus ocupaciones o tal vez porque esperaba a que los sabios de Babilonia agotasen sus recursos.[7] De todos modos, debe notarse que Daniel no fue obligado a comparecer ante el rey, sino que vino por su propia voluntad.

A través del relato se usa tanto el nombre babilónico «*Beltsasar*» como el hebreo «*Daniel*». La explicación que parece armonizar mejor con la situación es que el edicto del rey está dirigido a «todos los pueblos, naciones y lenguas que moran en toda la tierra» (4:1). De modo que era de esperarse que el nombre del intérprete fuese dado a conocer de la mejor manera posible.

El rey se refiere a Daniel como un hombre en quien mora «el espíritu de los dioses santos». Esta frase ha sido ampliamente discutida por los comentaristas.[8] Se ha observado que la expresión (*'elâhîn qaddîshîn*) puede traducirse «dioses santos» o «Dios Santo». Sólo el contexto puede determinar la alternativa a escoger. Algunos prefieren la forma singular, aludiendo que Nabucodonosor reconoce la superioridad del Dios de Daniel.[9] Sin embargo, otros prefieren el plural debido a que el monarca babilónico nunca abandonó su politeísmo y, por lo tanto, sólo hace referencia a un espíritu superior.[10] La evidencia del contexto en este capítulo parece inclinarse con más peso al uso del singular. No obstante, como indica acertadamente Edward J. Young: «El epíteto *santo* no se refiere aquí a pureza moral, sino más bien es un equivalente aproximado de la palabra "divino"».[11]

Daniel es reconocido como «jefe de los magos». Esta expresión debe entenderse en el sentido amplio de 2:48, donde el rey lo había nombrado «jefe supremo de todos los sabios de Babilonia». La palabra «mago», evidentemente, tenía una connotación distinta a la que tiene en nuestra cultura. Lo más probable es que el rey usase dicha expresión en el sentido de «erudito» o «sabio».[12] Ciertamente, Nabucodonosor recordaba la experiencia (posiblemente de unos treinta años atrás) cuando Daniel interpretó el significado del sueño de la gran estatua. No parece haber duda alguna en el vocabulario del monarca en cuanto a la habilidad de Daniel para interpretar este segundo sueño.

> Estas fueron las visiones de mi cabeza mientras estaba en mi cama: Me parecía ver en medio de la tierra un árbol, cuya altura era grande. Crecía este árbol y se hacía fuerte y su copa llegaba hasta el cielo, y se le alcanzaba a ver desde todos los confines de la tierra (4:10-11).

En su extraño sueño, Nabucodonosor contempló un árbol de majestuosa característica en medio de la tierra.[13] El mencionado árbol crecía hasta alcanzar tales proporciones que daba la impresión de llegar hasta el cielo y era visto desde lo más recóndito de la tierra. Sin duda, la descripción enfatiza el carácter conspicuo («en medio de la tierra») y el continuo e impresionante crecimiento del árbol.

También se enfatiza el hecho de la hermosura del follaje y la abundancia de fruto en el árbol («había en él alimento para todos»). Debajo de él se cobijaban las bestias del campo, en sus ramas habitaban las aves del cielo y de él se mantenía toda carne. Young observa, siguiendo a otros exégetas, que «el significado no es que el árbol tenía alimento para todos... sino, más bien, que había alimento para todos los que estaban en él».[14] Hay quienes pretenden alegorizar el pasaje, aplicándolo a Babilonia y no a Nabucodonosor.[15] El texto claramente habla de la grandeza y de la autoridad de Nabucodonosor durante el tiempo de su reinado. Ejercía autoridad sobre muchos pueblos y naciones que dependían de él, evidentemente, aun para la comida.

> Vi en las visiones de mi cabeza mientras estaba en mi cama, que he aquí un vigilante santo descendía del cielo. Y clamaba fuertemente y decía así: Derribad el árbol, y cortad sus ramas,

quitadle su follaje, y dispersad su fruto; váyanse las bestias que están debajo de él, y las aves de sus ramas (4:13-14).

La expresión «un vigilante santo descendía del cielo» ha dado origen a especulaciones por parte de algunos escritores.[16] Hay quienes han atribuido un origen pagano a la palabra «vigilante» (*'îrt*), afirmando que es tomada de las religiones sincretistas.[17] Sin embargo, es preferible pensar que:

> A la luz de la completa revelación de la Palabra de Dios, la conclusión más natural es que la persona descrita como «un vigilante santo» es un ángel enviado por Dios, aún cuando la palabra «ángel» no es usada. Que los ángeles son vigilantes, o mejor aún «vigilantes, guardando una vigilia», no es un concepto extraño tocante a los ángeles en las Escrituras.[18]

El vigilante o ángel proclamaba en voz alta, ordenando que el árbol fuese derribado y completamente destruido de modo que perdiese toda su gloria. Además, todos los beneficios derivados de aquel árbol cesarían con su destrucción.

> Mas la cepa de sus raíces dejaréis en la tierra, con atadura de hierro y de bronce entre la hierba del campo; sea mojado con el rocío del cielo, y con las bestias sea su parte entre la hierba de la tierra. Su corazón de hombre sea cambiado, y le sea dado corazón de bestia, y pasen sobre él siete tiempos (4:15-16).

La destrucción del árbol, sin embargo, no era una aniquilación del mismo ya que se dejaría en la tierra «la cepa de sus raíces», es decir, el tronco con la vida proporcionada por las raíces. La expresión «con atadura de hierro y de bronce» ha causado alguna dificultad de interpretación. El contexto parece sugerir una referencia a la condición en que quedaría el sujeto en cuestión (Nabucodonosor) al experimentar el juicio que vendría sobre él.

Los versículos que concluyen la descripción del sueño evidencian el carácter simbólico de la cuestión. La segunda parte del versículo 15 expresa un cambio de sujeto y el versículo 16 claramente indica que la referencia es a un ser humano. Su corazón, es decir, el centro de su razonamiento y su capacidad para pensar serían cambiados por los de un animal. La duración de esa condición es descrita como «siete tiempos». La expresión «siete tiempos» puede significar siete años.[19] Tanto Leupold como Young admiten la posibilidad de que signifique *siete años*. También reconocen que la referencia es a un tiempo específico, pero no le conceden importancia a la exacta duración de dicho tiempo.[20] Lo cierto es que no debe dogmatizarse en cuanto al significado de dicha frase, no es una imprudencia hermenéutica entender que se refiere a un período de siete años literales.[21]

> La sentencia es por decreto de los vigilantes, y por dicho de los santos la resolución, para que conozcan los vivientes que el Altísimo gobierna el reino de los hombres, y que a quien él quiere lo da, y constituye sobre él al más bajo de los hombres (4:17).

Algunos eruditos tildan el contenido de este versículo de pagano. Montgomery, por ejemplo, considera que es una fórmula astrológica que representa una forma posterior de determinismo ecléctico.[22] Sin embargo, el énfasis del versículo radica en el control que el Altísimo ejerce sobre el reino de los hombres. Los «vigilantes» y los «santos» representan ángeles que ejecutan la voluntad de Dios. Pero el «decreto» y la «resolución» no se originan en ellos, sino en el Dios Altísimo.

El propósito del decreto es triple: (1) para que conozcan los vivientes que el Altísimo gobierna el reino de los hombres; (2) el Altísimo da el gobierno a quien quiere; y (3) el Altísimo constituye sobre los gobiernos humanos al más insignificante de los hombres.

La idea es que Dios es soberano, no sólo sobre la administración de los asuntos de la humanidad, sino también sobre su origen social (1 Co. 1:26). Evidentemente, Nabucodonosor no procedía de las altas esferas sociales de Babilonia, sino que había sido exaltado al trono inesperadamente mediante la soberana voluntad de Dios. Los gobernantes de la tierra se autoatribuyen el poder y el control sobre las naciones de la tierra. Desafían la autoridad de Dios y, en muchos casos, niegan su existencia. Viene el día, sin embargo, cuando se manifestará plenamente quién de verdad es el Soberano del universo.

Después de concluir el relato del sueño, el rey pide a Daniel que le diga la interpretación, reconociendo una vez más que el profeta puede hacerlo por la capacidad sobrenatural que hay en él (4:18).

DANIEL INTERPRETA EL SUEÑO DE NABUCODONOSOR (4:19-27)

> Entonces Daniel, cuyo nombre era Beltsasar, quedó atónito casi una hora, y sus pensamientos lo turbaban. El rey habló y dijo: Beltsasar, no te turben ni el sueño ni su interpretación. Beltsasar respondió y dijo: Señor mío, el sueño sea para tus enemigos, y su interpretación para los que mal te quieren (4:19).

Daniel escuchó al rey relatar el sueño y su reacción es descrita por la frase: «quedó atónito casi una hora...». Dicha expresión significa que el profeta quedó perplejo; enmudeció ante la realidad de lo que sobrevendría a Nabucodonosor. Es el mismo Nabucodonosor quien estimula a Daniel y lo ayuda a recuperarse de su asombro. Seguidamente el profeta expresa su deseo de que el contenido de aquel sueño se vea cumplido no en el rey, sino en sus enemigos.

> El árbol que viste, que crecía y se hacía fuerte, y cuya copa llegaba hasta el cielo, y que se veía desde todos los confines de la tierra, cuyo follaje era hermoso, y su fruto abundante, y en que había alimento para todos, debajo del cual moraban las bestias del campo, y en cuyas ramas anidaban las aves del cielo, tú mismo eres, oh rey, que creciste y te hiciste fuerte, pues creció tu grandeza y ha llegado hasta el cielo, y tu dominio hasta los confines de la tierra (4:20-22).

Daniel repite la descripción del sueño dada por el rey anteriormente y luego da la interpretación: «Tú mismo eres, oh rey, que creciste y te hiciste fuerte». En el capítulo 2, Daniel había dicho a Nabucodonosor: «Tú eres aquella cabeza de oro». La cabeza de oro representaba al rey en toda su gloria y esplendor, pero el árbol que es cortado simbolizaba la humillación, producto de su soberbia y orgullo. El profeta hace resaltar el hecho de que el poder de Nabucodonosor había crecido, se había hecho fuerte, había adquirido grandeza (gloria, esplendor) y extensión territorial («hasta los confines de la tierra»). Pero Dios había pronunciado juicio sobre el monarca.

> Y en cuanto a lo que vio el rey, un vigilante y santo que descendía del cielo y decía: Cortad el árbol y destruidlo; mas la cepa de sus raíces dejaréis en la tierra, con atadura de hierro y de bronce en la hierba del campo; y sea mojado con el rocío del cielo, y con las bestias del campo sea su parte, hasta que pasen sobre él siete tiempos; esta es la interpretación, oh rey, y la sentencia del Altísimo, que ha venido sobre mi señor el rey: Que te echarán de entre los hombres, y con las bestias del campo será tu morada, y con hierba del campo te apacentarán como a los bueyes, y con el rocío del cielo serás bañado; y siete tiempos pasarán sobre ti, hasta que conozcas que el Altísimo tiene dominio en el reino de los hombres y lo da a quien él quiere. Y en cuanto a la orden de dejar en la tierra la cepa de las raíces del mismo árbol, significa que tu reino te quedará firme, luego que reconozcas que el cielo gobierna. Por tanto, oh rey, acepta mi consejo: tus pecados redime con justicia, y tus iniquidades haciendo misericordias para con los oprimidos, pues tal vez será eso una prolongación de tu tranquilidad (4:23-37).

De manera progresiva y sistemática, Daniel hace saber al rey que lo que vio ocurrir al árbol le ocurriría a él «por sentencia del Altísimo».[23] El rey sería echado de entre los hombres y viviría por el tiempo decretado por Dios comportándose como un animal hasta el día en que reconociese la sabiduría de Dios.

Nabucodonosor sería restaurado tan pronto reconociese que «el cielo gobierna». La palabra «cielo» se usa figuradamente (*metonimia*) en lugar de Dios, siendo, como observa Edward Young, la única vez que dicha expresión es usada así en el Antiguo Testamento.[24] En el Nuevo Testamento las expresiones *«reino de Dios»* y *«reino de los cielos»* se usan intercambiablemente y deben entenderse como sinónimos. La idea que dichas frases contienen es que Dios tiene autoridad soberana.[25] El Dios del cielo es el Soberano del universo que controla todos los movimientos de la historia.

Daniel exhorta el rey a «romper» (*peruq*) con sus pecados. Es decir, el monarca es aconsejado a abandonar o separarse de sus pecados. Como hombre y como rey, Nabucodonosor seguramente sufría de la vanidad, el orgullo, la impiedad, la soberbia y cosas semejantes. El mismo juicio que predecía el sueño era a causa de su orgullo. Además, el rey debía «actuar justamente» (*sidqâ*). En otras palabras, Nabucodonosor debía demostrar con frutos de justicia («mostrando misericordia a los afligidos») que se sometía a la voluntad de Dios.

Daniel está proclamando al monarca el principio bíblico de la salvación por la fe, el único que se conoce en la Palabra de Dios. La salvación por la fe, sin embargo, demanda que el hombre manifieste, mediante actos de justicia, el cambio que ha ocurrido en su corazón. A través de todas las edades, Dios ha justificado al pecador por medio de la fe. Como escribió el apóstol Pablo: «Mas al que no obra, sino cree en aquel que justifica al impío, su fe es contada por justicia» (Ro. 4:5). ¡El impío Nabucodonosor no estaba fuera del alcance de la gracia de Dios! El texto pone de manifiesto la enseñanza bíblica de que el peor de los hombres puede ser salvo si acude por medio de la fe al Dios vivo y verdadero. A través de las edades la salvación del pecador se basa exclusivamente sobre la gracia de Dios y sólo se recibe por medio de la fe.

EL CUMPLIMIENTO DEL SUEÑO DE NABUCODONOSOR (4:28-33)

Todas las promesas de Dios encuentran un cumplimiento seguro. Es posible que haya dilación en el cumplimiento, pero tarde o temprano tendrá lugar. Esto podemos verlo en el caso de Nabucodonosor. El rey soberbio fue humillado.

> Al cabo de doce meses, paseando en el palacio de Babilonia, habló el rey y dijo: ¿No es ésta la gran Babilonia que yo edifiqué para casa real con la fuerza de mi poder para gloria de mi majestad? (4:29-30).

Doce meses transcurrieron entre el tiempo en que Nabucodonosor tuvo el sueño y el cumplimiento del mismo. Una vez más podemos ver la manifestación de la gracia de Dios. El monarca había tenido todo un año para arrepentirse de sus pecados y refugiarse en la misericordia de Dios. Pero, evidentemente, no lo hizo. Observando la belleza de Babilonia, el corazón del rey se llenó de orgullo. Debe notarse el uso del pronombre personal: «yo edifiqué», «mi poder», «mi majestad». Todo esto denota una autoglorificación por parte de Nabucodonosor.

La ciudad de Babilonia había sido embellecida en tal forma durante el reinado de Nabucodonosor que era considerada entre las primeras del mundo.[26] Había más de cincuenta templos dentro de la ciudad, siendo el mayor de todos aquel dedicado a Marduc. Una muralla exterior de unos 27 kilómetros de circunferencia protegía la ciudad. El ancho de dicha muralla era tal que cuatro carros podían circular por ella al mismo tiempo para vigilarla. Por supuesto, la gloria de la ciudad era los jardines colgantes, considerados una de las siete maravillas del mundo antiguo.[27] Ninguna ciudad de la antigüedad podía compararse con Babilonia en belleza o riqueza. El monarca Nabucodonosor había sido el artífice de gran parte del esplendor de Babilonia. Pero el orgullo de aquel gran rey lo llevó hasta el punto de autoglorificarse. La respuesta divina, sin embargo, fue fulminante. Dios lo humilló hasta el punto de hacer que se comportase como un animal.

> Aún estaba la palabra en la boca del rey, cuando vino una voz del cielo: A ti se te dice, rey Nabucodonosor: El reino ha sido quitado de ti; y de entre los hombres te arrojarán, y con las bestias del campo será tu habitación, y como a los bueyes te apacentarán; y siete tiempos pasarán sobre ti, hasta que reconozcas que el Altísimo tiene dominio en el reino de los hombres, y lo da a quien él quiere. En la misma hora se cumplió la palabra sobre Nabucodonosor, y fue echado de entre los hombres; y comía hierba como los bueyes, y su cuerpo se mojaba con el rocío del cielo, hasta que su pelo creció como plumas de águila, y sus uñas como la de las aves (4:31-33).

Nabucodonosor no pudo terminar su autoalabanza. Dios habló desde el cielo, pronunciando la sentencia. En aquella misma hora comenzaba a cumplirse el sueño profético del gran árbol. Le sobrevino una enfermedad mental que le hacía comportarse y pensar de sí mismo como si fuera un animal. Dicha anomalía es considerada una *monomanía* ya que la persona es afectada sólo en un área de su vida. El tipo de enfermedad que azotó al rey ha sido llamada por nombres tales como *insania zoanthropica*[28] (considerarse un animal), licantropía[29] y boantropía.[30]

Los detalles tocantes a lo sucedido a Nabucodonosor durante el tiempo de su enfermedad no son conocidos. Pero existen algunas evidencias históricas que apoyan el relato de Daniel.[31] De todos modos, la evidencia bíblica permanece inalterable. Dios trajo juicio sobre Nabucodonosor. Su enfermedad y su recuperación fueron producto de la intervención divina. Esto es una demostración incontrovertible de que Dios gobierna soberanamente su universo. Nada ocurre en este mundo fortuitamente, y aunque ahora por la providencia divina el hombre administra los gobiernos de las naciones, el día viene en que «los reinos de este mundo pasarán a ser los reinos de Jehová y de su Mesías; y él reinará por los siglos de los siglos» (Ap. 11:15).

LA RECUPERACIÓN DE NABUCODONOSOR (4:34-37)

Después que Dios cumplió su propósito en la vida de Nabucodonosor, éste fue restaurado a su posición de dignidad. El rey recuperó sus facultades y gobernó a Babilonia hasta su muerte. Lo más sobresaliente en esta etapa de su vida es que Nabucodonosor experimentó una relación personal con el Dios Altísimo.

> Mas al fin del tiempo yo Nabucodonosor alcé mis ojos al cielo, y mi razón me fue devuelta; y bendije al Altísimo, y alabé y glorifiqué al que vive para siempre, cuyo dominio es sempiterno, y su reino por todas las edades (4:34).

La expresión «al fin del tiempo» se refiere a los «siete tiempos» (4:16) por los que Dios hizo pasar a Nabucodonosor hasta que reconociese la soberanía del Altísimo. Fue entonces que el rey «alzó sus ojos al cielo», seguramente para expresar su dependencia de Dios. Con aquel acto el monarca indicaba que deponía su orgullo y se acogía a la misericordia del Altísimo. La frase «y mi razón me fue devuelta» sugiere que el rey volvía a la normalidad, es decir, recuperaba sus facultades mentales.

Seguidamente Nabucodonosor *bendijo*, *alabó* y *glorificó* al que vive para siempre, es decir, al Dios eterno. Los tres verbos son usados para indicar actos de adoración. Leon Wood ha escrito:

> Estos [verbos] indican que Nabucodonosor ahora se preocupa por alabar a Dios, y muestran por parte de él un sentido de maravilla y respeto hacia Dios, un reconocimiento de la grandeza

de Dios, un sentimiento de su propia gratitud, una admisión de dependencia personal, y un espíritu de humilde admiración... Estaba verdaderamente arrepentido y humillado ahora delante del gran Dios del cielo.[32]

El monarca reconoce, además, la autoridad de Dios al hablar de su dominio. También reconoce el carácter eterno del reino de Dios. El rey sabía que su reino había tenido un principio y tendría un fin. Pero, a modo de contraste, el reino de Dios es sempiterno, por los siglos de los siglos.

> Todos los habitantes de la tierra son considerados como nada; y él hace según su voluntad en el ejército del cielo, y en los habitantes de la tierra y no hay quien detenga su mano, y le diga: ¿Qué haces? (4:35).

Delante del Soberano, *Yahveh*, los habitantes de la tierra son considerados como nada. La terrible equivocación del hombre es creerse que es algo cuando, en realidad no es nada delante de Dios. El gran pecado del hombre en el huerto fue querer suplantar la autoridad del Altísimo y colocarse a la par de Dios.«De Yahveh es la tierra y su plenitud, el mundo y los que en él habitan» (Sal. 24:1). No tan solamente es el Señor de la tierra, sino también del cielo: el ejército del cielo obedece su voz y hace su voluntad. Uno de sus nombres es «Jehová de los ejércitos» (*Yahveh Sebâ(')ôt*).

La frase «y no hay quien detenga su mano», literalmente significa «y no hay quien golpee su mano». Dicha expresión se usa metafóricamente para indicar que nadie en absoluto puede oponerse o subvertir los planes de Dios. Todo lo que Dios hace es justo, santo y perfecto. De modo que el hombre no está capacitado para cuestionar las acciones de Dios.

> En el mismo tiempo mi razón me fue devuelta, y la majestad de mi reino, mi dignidad y mi grandeza volvieron a mí, y mis gobernadores y mis consejeros me buscaron; y fui restablecido en mi reino, y mayor grandeza me fue añadida. Ahora yo Nabucodonosor alabo, engrandezco y glorifico al Rey del cielo, porque todas sus obras son verdaderas, y sus caminos justos; y él puede humillar a los que andan con soberbia (4:36-37).

La recuperación física de Nabucodonosor trajo consigo que el rey recuperase también su posición como monarca de Babilonia, conjuntamente con la dignidad y autoridad inherentes a su cetro. No tan solamente había sido restablecido, sino que también «le fue añadida mayor grandeza». Es decir, su gloria después del restablecimiento superaba a la que había tenido antes de su humillación.

A causa de su propia experiencia, nuevamente Nabucodonosor *alaba, engrandece* y *glorifica* al Rey del cielo, alegando que: (1) todas sus obras son verdaderas; (2) sus caminos justos; y (3) puede humillar a los que andan en soberbia. El testimonio de Nabucodonosor es en verdad singular entre los reyes paganos de la antigüedad o de cualquier época. Algunos eruditos dudan que Nabucodonosor llegase a creer de corazón y fuese salvo.[33] Otros, sin embargo, creen que el monarca babilónico fue regenerado por el poder de Dios.[34] Es posible que nunca sepamos aquí en la tierra cuál de las dos posiciones es la correcta. No obstante, la lección que todos podemos aprender es que Dios es soberano aún en la administración de su gracia. El hombre está muerto en delitos y pecados y, por lo tanto, es totalmente incapaz de hacer algo en su favor para agradar a Dios. Sólo el poder regenerador del Espíritu Santo puede reproducir la vida de Dios en el corazón humano.

RESUMEN Y CONCLUSIÓN

Daniel capítulo 4, enseña claramente la soberanía de Dios sobre los gobernantes de la tierra. El gran rey Nabucodonosor fue humillado por Dios a causa de su soberbia e impenitencia. Dios lo hirió con una enfermedad que lo hacía comportarse como un animal. Dicha enfermedad le duró por un período de siete años, hasta que el monarca reconoció la soberanía de Dios.

Los gobernantes de la tierra deberían aprender de la lección que aparece en este capítulo del libro de Daniel. Los reyes y autoridades de las naciones desafían a Dios y se oponen a su voluntad. Rechazan sus leyes y demandas de manera abierta. Pero viene el día cuando los gobernantes, reyes o presidentes, tendrán que rendir cuentas delante del Dios Todopoderoso (Ap. 20:11-15).

NOTAS

1. Josefo, *Antigüedades de los judíos*, X, 10; Stephen Langdon, *Building Inscriptions of the New Babylonian Empire* (París: Ernest LeRoux, 1905); D.J. Wiseman, *Illustrations from Biblical Archaeology* (Londres: Tyndale Press, 1958); *The Excavations at Babylon*, trad. por A.S. Johns (Londres: McMillan, 1914).
2. Montgomery, *A Critical and Exegetical Commentary on the Book of Daniel*, p. 222.
3. Véase Brown, Driver y Briggs, *Hebrew and English Lexicon of the Old Testament*, p. 1113.
4. *Ibíd.*, pp. 1084, 1087.
5. Wood, *A Commentary on Daniel*, p. 104.

6. *Ibíd.*, pp. 104-105.
7. Leupold, *Exposition of Daniel*, pp. 174-175.
8. Véanse Young, *The Prophecy of Daniel*, p. 99 y Leupold, *Exposition of Daniel*, p. 176.
9. Montgomery, *A Critical and Exegetical Commentary on the Book of Daniel*, p. 225, y Young, *Ibíd.*, p. 99.
10. Leupold, *Exposition of Daniel*, p. 176.
11. Young, *The Prophecy of Daniel*, p. 99.
12. Véase Leupold, *Exposition of Daniel*, p 178.
13. John F. Walvoord cita varias fuentes para hacer resaltar la relevancia simbólica que los árboles tenían en las culturas antiguas. Véase *Daniel*, p. 101-102.
14. Young, *The Prophecy of Daniel*, p. 102.
15. Véase Desmond Ford, *Daniel* (Nashville: Southern Publishing Association, 1978), p. 117.
16. Véase Montgomery, *A Critical and Exegetical Commentary on the Book of Daniel*, pp. 231-232.
17. *Ibíd.* La opinión de Bousset es que esos «vigilantes» eran colegas de las divinidades astrales. Véase Young, p. 103.
18. Walvoord, *Daniel*, p. 102. También José Grau concuerda en que la palabra «vigilante» significa «ángel» en este pasaje. Véase *Las profecías de Daniel* (Barcelona: Ediciones Evangélicas Europeas, 1977), pp. 77-78.
19. Véase Leupold, *Exposition of Daniel*, p. 185, y Young, *The Prophecy of Daniel*, p. 105.
20. Grau, *Las profecías de Daniel*, pp. 78-79.
21. Walvoord, *Daniel*, p. 103.
22. Montgomery, *A Critical and Exegetical Commentary on the Book of Daniel*, p. 236.
23. Debe notarse que no es por sentencia de los vigilantes, sino por sentencia *divina*. Los ángeles sólo comunican el decreto de Dios.
24. Young, *The Prophecy of Daniel*, p. 107.
25. Véanse Walvoord, *Daniel*, p. 106 y Young, *Ibíd.*, p. 107.
26. Véase Boutflower, *In and Around The Book of Daniel*, p. 66-67.
27. Se cree que Nabucodonosor ordenó la construcción de los jardines colgantes en forma de terrazas como compensación a su esposa que procedía de las montañas de Media. Véase Unger, *Archeology and the Old Testament*, p. 295.
28. Keil, «Ezekiel XXV to Malachi», p. 516.
29. *Ibíd.*
30. Young, *The Prophecy of Daniel*, p. 112.
31. *Ibíd.*, pp. 110-112.
32. Wood, *A Commentary on Daniel*, p. 124.
33. Keil, «Ezekiel XXV to Malachi», p. 517, y Leupold, *Exposition of Daniel*, p. 204.
34. Young, *The Prophecy of Daniel*, pp. 113-114, y Walvoord, *Daniel*, p. 112.

El hombre muestra su rebeldía hacia Dios mediante su insensatez (cont.)

LA FIESTA FINAL (5:1-31)

Nabucodonosor murió en el año 562 a.C. El trono de Babilonia fue ocupado por Evil-Merodac, su hijo, quien reinó entre los años 562 y 560 a.C.[1] Evil-Merodac fue sucedido en el trono por Neriglisar, yerno de Nabucodonosor. Su reinado tuvo lugar entre los años 560 y 556 a.C. No se saben las circunstancias que llevaron a Neriglisar al trono. Es posible que fuese una revolución.[2] Después de la muerte de Neriglisar, su hijo Labassi-Marduc reinó por breve tiempo, siendo asesinado pocos meses después de haber ocupado el trono.

En el año 556 a.C., Nabónido, probablemente yerno de Nabucodonosor, accede al trono de Babilonia. Nabónido, según parece, había sido uno de los líderes de la conspiración que había eliminado a Labassi-Marduc. Es considerado como «un hombre de gran cultura e interés religioso».[3]

El historiador, John Bright, ha escrito lo siguiente acerca de Nabónido:

> Nabónido (556-539) evidentemente tenía el apoyo de los elementos disidentes de Babilonia, tal vez, principalmente el de aquellos que se resentían del enorme poder, tanto económico como espiritual, de los sacerdotes de Marduc. Pero su reino ocasionó gran disensión en Babilonia. Un devoto del dios de la luna Sin como había sido su madre antes de él, favorecería el culto a su dios, reconstruyendo su templo en Harán (destruido en el 610) y, aparentemente, pretendía elevar a Sin a la posición suprema en Babilonia.
>
> También excavó el sitio de varios templos en Babilonia para descubrir los nombres y las fechas de sus constructores, hizo que

sus eruditos descifrasen inscripciones antiguas, y revivió numerosos ritos que habían sido abandonados muchos años atrás. Sus innovaciones le acarrearon la enemistad con muchos, particularmente de los sacerdotes de Marduc, quienes le consideraron como un impío. Después de las primeras campañas en Cilicia (554) y en Siria (553), posiblemente para apagar revueltas, Nabónido trasladó su residencia de Babilonia al oasis de Teima, en el desierto de Arabia, al sureste de Edom, donde permaneció por diez años. Los asuntos de Babilonia quedaron en manos del príncipe heredero Bel-Sar-usur (Belsasar); pero ya que el rey no viajaba a Babilonia para la oración del Festival del Año Nuevo, cumbre del año religioso en Babilonia, fue omitido, algo que muchos ciudadanos consideraban un sacrilegio.[4]

De modo que, durante los años que duró su reinado, Nabónido estuvo prácticamente ausente de Babilonia.[5] En su ausencia, su hijo mayor Belsasar, era el rey *de facto* de Babilonia y lo fue hasta la caída de la gran ciudad y del imperio en manos de los medo-persas. Así se cumplió la profecía de Daniel 2:39 y 7:5.

El nombre de Belsasar y los hechos de su reinado son completamente omitidos por los escritores clásicos.[6] Algunos escritores, como Josefo, confunden a Belsasar con su padre, Nabónido.[7] Sin embargo, los descubrimientos arqueológicos y el desciframiento de las tablillas cuneiformes no tan sólo producen evidencias históricas de la existencia de Belsasar, sino que también han aclarado totalmente el misterio de su corregencia y el hecho de que actuaba como rey la noche de la captura de Babilonia.[8] El capítulo que consideramos a continuación da fe de lo ocurrido la noche de la captura de la ciudad.

UNA NOCHE DE REBELIÓN (5:1-4)

La caída de Babilonia en manos de los medo-persas había sido profetizada por Jeremías (25:11-12) casi un siglo antes de que tuviese lugar aquel dramático suceso. También Isaías, unos 200 años antes, anunció que Ciro sería el instrumento usado por Dios para castigar a Babilonia (Is. 45:1-7). La toma de Babilonia por los medo-persas es descrita en *Las crónicas babilónicas* de manera dramática.[9] Ciro, el famoso rey persa, capturó la ciudad de Babilonia el 12 de octubre del año 539 a.C.[10] La hazaña de Ciro no significó la destrucción de Babilonia. De hecho, la ciudad continuó existiendo por muchos años. Aunque fue dañada por Darío I,[11] Babilonia continuó en pié. Allí murió Alejandro Magno en el año 323 a.C.

Jeremías, escribiendo bajo la dirección del Espíritu Santo, proporciona una profecía sorprendente, detallando la caída de Babilonia en los postreros días. La invasión procederá del norte (Jer. 50:3, 9, 41). La ciudad habrá sido abastecida y sus almacenes estarán repletos (50:26). Aquella gran ciudad parecerá invulnerable a ataques enemigos. «Aunque suba Babilonia hasta el cielo, y se fortifique en las alturas, de mí vendrán a ella destruidores, dice Jehová» (51:53). «Así ha dicho Jehová de los ejércitos: El muro ancho de Babilonia será derribado enteramente, y sus altas puertas serán quemadas a fuego; en vano trabajaron los pueblos, y las naciones se cansaron sólo para el fuego» (51:58). Otro dato de gran interés proporcionado por Jeremías es el hecho de que Babilonia será tomada por intervención divina. «Te puse lazos, y fuiste tomada, oh Babilonia, y tú no lo supiste; fuiste hallada, y aún presa, porque provocaste a Jehová» (50:24). Dios trajo juicio sobre Babilonia a causa del orgullo, la vanidad y la idolatría de aquella ciudad. Aproximadamente medio siglo después que Nabucodonosor destruyó la ciudad de Jerusalén y el templo edificado por Salomón, Babilonia sucumbió al poder de los medo-persas. En los días finales de la historia tal como la conocemos ahora, Dios volverá a hacer juicio contra Babilonia. Sólo que entonces será un juicio total y definitivo, tal como se describe en Apocalipsis 17–18. Eso significa que, en cumplimiento estricto de la profecía de Jeremías 50–51, Babilonia será reedificada y volverá a ocupar un lugar prominente en el mundo comercial, social, político y económico.

> El rey Belsasar hizo un gran banquete a mil de sus príncipes, y en presencia de los mil bebía vino (5:1).

Como se ha observado anteriormente, la crítica ha impugnado la historicidad del capítulo 5 de Daniel ya que el profeta llama a Belsasar «rey» de Babilonia. Dicha objeción, sin embargo, ha perdido fuerza desde el descubrimiento de las tablillas cuneiformes aunque todavía hay algunos expertos que persisten en dudar de la veracidad de las evidencias.[12] Belsasar era el regente del reino en ausencia de su padre, quien se había retirado a una biblioteca en la ciudad de Teima.[13]

La gran celebración ofrecida por Belsasar era algo, evidentemente, practicado por los grandes monarcas orientales.[14] Un escritor ha sugerido que Belsasar se hallaba en una especie de plataforma desde donde era visible a todos los huéspedes de la fiesta. Sea como sea, Daniel observa que el rey bebía vino en presencia de los mil invitados y, seguramente, el exceso de licor lo llevó a ordenar que «trajesen los vasos de oro y de plata que Nabucodonosor su padre había traído del templo de Jerusalén, para que bebiesen en ellos el rey y sus grandes, sus mujeres y sus concubinas» (5:2).

En un acto de desenfreno que demostraba la iniquidad de su corazón, Belsasar se dispuso a profanar los vasos sagrados del templo de *Yahveh*.

Daniel hace notar que fueron los vasos sustraídos por Nabucodonosor «padre de Belsasar» (véase 5:11, 13, 18, 22). Los que niegan la autenticidad del libro de Daniel concluyen que el escritor era un mal informado o un descuidado en ofrecer datos históricos. Sin embargo, la expresión «hijo» también se usa para referirse a un «nieto». Belsasar era en verdad nieto de Nabucodonosor ya que su madre, Nitocris, era hija del gran monarca babilónico.[15] Debe añadirse también que la expresión «hijo de...» es usada muchas veces en la literatura antigua para indicar la idea de «sucesión» como en el caso de Jehú, quien es llamado «hijo de Omri» aun cuando no existiera ninguna relación sanguínea entre ambos.[16] Según la costumbre antigua, a un rey se le llamaba «hijo de...» el rey más famoso que el reino hubiese tenido. De manera que era totalmente apropiado referirse a Belsasar como «hijo de Nabucodonosor», del mismo modo que a los reyes de Judá se les llamaba «hijos de David».

> Entonces fueron traídos los vasos de oro que habían traído del templo de la casa de Dios que estaba en Jerusalén, y bebieron en ellos el rey y sus príncipes, sus mujeres y sus concubinas. Bebieron vino, y alabaron a los dioses de oro y de plata, de bronce, de hierro, de madera y de piedra (5:3-4).

La orden del soberano fue ejecutada con prontitud. Los vasos sagrados del templo que se habían usado para el culto y la adoración al Dios Santo eran ahora profanados por manos y labios pecaminosos. La descripción, aunque breve, ofrecida por Daniel, deja entrever que la celebración era una verdadera bacanal. Los verbos «bebieron» y «alabaron» denotan que ambas cosas eran parte de un mismo acto. Los babilonios eran especialistas en la construcción de imágenes de todo tipo de materiales. ¡Poco se imaginaba Belsasar que en aquella noche el Dios del cielo intervendría judicialmente para poner fin a la blasfemia del rey y sus príncipes!

UNA NOCHE DE REVELACIÓN (5:5-28)

> En aquella misma hora aparecieron los dedos de una mano de hombre que escribía delante del candelero sobre lo encalado de la pared del palacio real, y el rey veía la mano que escribía. Entonces el rey palideció, y se debilitaron sus lomos, y sus rodillas daban la una contra la otra (5:5-6).

Cuando mayor era el ruido de la celebración ocurrió la gran revelación de parte de Dios. Hubo un silencio sepulcral. La risa se transformó en una mueca de espanto. Los ojos enrojecidos por el licor no podían ocultar el terror que los embargaba. Las rodillas de todos los presentes y, en particular, las del rey, golpeaban la una contra la otra. Las lenguas blasfemas habían quedado paralizadas en las bocas de todos. Todo aquello ocurrió «en la misma hora» en que el rey y sus invitados comenzaban a beber de los vasos sagrados y a alabar a los dioses paganos.

Sin duda, lo que ocurría a Belsasar también era experimentado por los presentes. Pero había sido el rey quien dio la orden de que los vasos fuesen traídos al salón de la fiesta. Era él quien abiertamente había desafiado a Dios. Ahora el juicio de Dios había llegado y se manifestaba en la apariencia total de la persona del soberbio monarca. Belsasar y sus príncipes conocían y practicaban el politeísmo babilónico en el que los dioses se comportaban como criaturas. Sus prácticas inmorales eran notorias. Ahora, sin embargo, se enfrentaban al juicio de un Dios santo y justo. El rey y sus príncipes estaban acostumbrados a tratar con dioses hechos por la mano del hombre. Aquella noche se enfrentaron al Dios soberano, creador y dueño del universo.

> El rey gritó en alta voz que hiciesen venir magos, caldeos y adivinos; y dijo el rey a los sabios de Babilonia: Cualquiera que lea esta escritura y me muestre su interpretación, será vestido de púrpura, y un collar de oro llevará en su cuello, y será el tercer señor en el reino (5:7).

Con el corazón lleno de temor a causa de la visión de la mano que escribía en la pared, Belsasar «gritó» (*behayil*), es decir, «llamó desesperadamente», pidiendo que trajesen a «magos, caldeos y adivinos». El rey seguidamente hizo una triple promesa al que pudiese leer e interpretar la escritura: (1) Sería vestido de púrpura, algo que le distinguiría como miembro de la nobleza; (2) llevaría un collar de oro en su cuello, como una condecoración por haber prestado un servicio al rey; y (3) sería el tercer señor en el reino, ocupando así el cargo más elevado después del de Belsasar y su padre.

En la desesperación de aquel momento, el rey haría promesas que le sería imposible cumplir a causa de su muerte inminente.

> Entonces fueron introducidos todos los sabios del rey, pero no pudieron leer la escritura ni mostrar al rey su interpretación. Entonces el rey Belsasar se turbó sobremanera, y palideció, y sus príncipes estaban perplejos (5:8-9).

Los sabios de Babilonia hicieron acto de presencia progresivamente delante del rey.[17] Como había ocurrido con Nabucodonosor, el rey pensaba que los sabios de Babilonia tendrían una respuesta para aquel enigma que se presentaba ante sus ojos. Su equivocación, sin embargo, no podía ser mayor.

Ni magos, ni caldeos, ni adivinos pudieron leer las palabras escritas en la pared.[18] Del mismo modo fueron incapaces de declarar el significado de las mismas. Como resultado del fracaso de los sabios, la turbación del rey aumentó y su rostro cambió de color, a tal punto que aún sus príncipes quedaron consternados. La situación, en una palabra, se había tornado caótica.

Es paradójico que las manos que antes se habían alzado para blasfemar, brindando con las copas sagradas, ahora temblaban ante la visión de *una sola mano* que escribía la sentencia de juicio sobre Babilonia y su rey.

> La reina, por las palabras del rey y de sus príncipes, entró a la sala del banquete, y dijo: Rey, vive para siempre; no te turben tus pensamientos, ni palidezca tu rostro (5:10).

La confusión que impera en la sala de fiesta es de tal magnitud que «la reina» interviene en la cuestión. Es muy posible que dicha expresión no se refiera a la esposa de Belsasar, sino a su madre.[19] O tal vez, como sugiere Leupold, una viuda de Nabucodonosor.[20] La expresión traducida «palabras» (*millê*) significa también «cosas» y sugiere el hecho de que la entrada de la reina fue provocada tanto por las palabras como por las acciones del rey y sus príncipes.

> En tu reino hay un hombre en el cual mora el espíritu de los dioses santos, y en los días de tu padre se halló en él luz e inteligencia y sabiduría, como sabiduría de los dioses; al que el rey Nabucodonosor tu padre, oh rey, constituyó jefe de todos los magos, astrólogos, caldeos y adivinos, por cuanto fue hallado en él mayor espíritu y ciencia y entendimiento, para interpretar sueños y descifrar enigmas y resolver dudas; esto es, en Daniel, al cual el rey puso por nombre Beltsasar. Llámese, pues, ahora a Daniel, y él te dará la interpretación (5:11-12).

La reina parece hablar con conocimiento de causa al identificar a Daniel como «un hombre en el cual mora el espíritu de los dioses santos». Es muy posible que Daniel no ocupase entonces la posición que mantuvo en tiempos de Nabucodonosor. Siendo Belsasar, como era, un profundo devoto del culto a la luna (Sin) y al sol (Shamash), era lógico que los principales líderes de la casta religiosa fuesen los sacerdotes de dichas divinidades.[21]

Las cualidades de Daniel mencionadas por la reina habían sido reconocidas por Nabucodonosor (4:18). Los nombres «luz e inteligencia y sabiduría» describen las cualidades mentales de Daniel. La reina da a entender que esas fueron las razones por las que Nabucodonosor había designado a Daniel como jefe de los sabios de Babilonia. Además, Daniel había demostrado la capacidad para: (1) descifrar enigmas; (2) interpretar sueños; y (3) resolver dudas. Seguidamente la reina sugiere que Daniel sea llamado, asegurando que es capaz de dar la interpretación de la misteriosa escritura.

> Entonces Daniel fue traído delante del rey. Y dijo el rey a Daniel: ¿Eres tú aquel Daniel de los hijos de la cautividad de Judá, que mi padre trajo de Judea? Yo he oído de ti que el espíritu de los dioses santos está en ti, y que en ti se halló luz, entendimiento y mayor sabiduría. Y ahora fueron traídos delante de mí sabios y astrólogos para que leyeran esta escritura y me diesen su interpretación; pero no han podido mostrarme la interpretación del asunto. Yo, pues, he oído de ti que puedes dar interpretaciones y resolver dificultades. Si ahora puedes leer esta escritura y darme su interpretación, serás vestido de púrpura, y un collar de oro llevarás en tu cuello, y serás el tercer señor en el reino (5:13-16).

El profeta Daniel contaba unos 85 años de edad cuando fue traído delante de Belsasar. Aunque las nieves del tiempo habían descendido sobre su cuerpo, su mente y su espíritu permanecían alerta. Su dignidad y coraje no habían disminuido en lo más mínimo. Belsasar identifica a Daniel como «de los hijos de la cautividad de Judá» o uno de los deportados por Nabucodonosor, y también reconoce sus cualidades intelectuales y espirituales.

El rey reconoce el fracaso de los sabios de Babilonia ante el problema de descifrar la escritura en la pared. Seguidamente, el atemorizado monarca solicita de Daniel que resuelva la dificultad, prometiéndole dones y privilegios. Walvoord ha observado:

> Frecuentemente el mundo, al igual que Belsasar, no está dispuesto a buscar la sabiduría de Dios hasta que su propia bancarrota se hace evidente. Entonces procura ayuda, pero demasiado tarde, como en el caso de Belsasar, y la acumulación de pecado e incredulidad que precipitaron la crisis al principio, se convierte en la ocasión para la caída.[22]

Como muchos políticos del pasado y del presente, Belsasar no discernía lo precario de su situación. El ejército de los medo-persas ya estaba a las puertas de Babilonia. El cumplimiento de las profecía de Daniel 2:39 estaba a las puertas. La cabeza de oro sería reemplazada por los brazos y el pecho de plata de la imagen.

Entonces Daniel respondió y dijo delante del rey: Tus dones sean para ti, y da tus recompensas a otros. Leeré la escritura al rey, y le daré la interpretación (5:17).

La respuesta del profeta al rey Belsasar no podía ser más enfática. El monarca seguramente estaba acostumbrado a recibir adulación y a comprar los favores de los demás, pero el siervo de Dios no aceptaba ninguna forma de remuneración por su trabajo. «Tus dones sean para ti, y da tus recompensas a otros». Dicha expresión era una forma de decir al rey: «Gracias, pero no; gracias». El hombre de Dios jamás debe actuar como un mercenario o un asalariado. Esa fue la actitud de Daniel. Su largo ministerio de casi setenta años se había caracterizado por la fidelidad, devoción y dedicación a Dios, así como por el desinterés hacia las cosas materiales. Daniel leería la escritura al rey, pero no a cambio de una recompensa material.[23]

El Altísimo Dios, oh rey, dio a Nabucodonosor tu padre el reino y la grandeza, la gloria y la majestad. Y por la grandeza que le dio, todos los pueblos, naciones y lenguas temblaban y temían delante de él. A quien quería mataba, y a quien quería daba vida; engrandecía a quien quería, y a quien quería humillaba. Mas cuando su corazón se ensoberbeció, y su espíritu se endureció en su orgullo, fue depuesto del trono de su reino, y despojado de su gloria. Y fue echado de entre los hijos de los hombres, y su mente se hizo semejante a la de las bestias, y con los asnos monteses fue su morada. Hierba le hicieron comer como a buey, y su cuerpo fue mojado con el rocío del cielo, hasta que reconoció que el Altísimo Dios tiene dominio sobre el reino de los hombres, y que pone sobre él al que le place (5:18-21).

Antes de confrontar al rey con la interpretación de la misteriosa escritura, Daniel se remonta a los días de Nabucodonosor. El profeta observa que la gloria y majestad alcanzadas por el famoso monarca babilónico fueron concedidas por la providencia del Dios Altísimo. El poderío de Nabucodonosor era de tal magnitud que se extendía a los pueblos, naciones y lenguas fuera del territorio caldeo. Además, Nabucodonosor tenía autoridad de vida o muerte sobre sus súbditos. Con un sólo acto de su voluntad engrandecía o humillaba a cualquier persona. Es decir, aquel gran rey era un dictador absoluto al que nadie se atrevía a desobedecer con impunidad.

Daniel apela a la historia y recuerda a Belsasar lo ocurrido a Nabucodonosor: «Su corazón se ensoberbeció y su espíritu se endureció en su orgullo». Las palabras *«corazón»* y *«espíritu»*, evidentemente, se usan como sinónimos para indicar el centro de la personalidad de Nabucodonosor. La expresión «en su orgullo» podría traducirse adverbialmente. Es decir, Nabucodonosor se ensoberbeció en su corazón y endureció su espíritu de modo que actuó orgullosamente.

El Dios del cielo humilló al soberbio Nabucodonosor quitándolo de un trono y despojándolo de su gloria. Belsasar debió saber todo lo que le había acontecido a su abuelo y ese conocimiento debió servirle de lección para su propia vida. Desafortunadamente no fue así.

Tal como hemos visto en el capítulo anterior, el monarca babilónico fue herido con una enfermedad que le hacía comportarse como un animal. Así permaneció hasta que reconoció la soberanía de Dios. Ciertamente Belsasar no estaba ajeno a lo que le había ocurrido a su predecesor, pero evidentemente no había aprendido la lección. Ahora tendría que enfrentarse al juicio anunciado por la mano de Dios.

> Y tú, su hijo Belsasar, no has humillado tu corazón, sabiendo todo esto; sino que contra el Señor del cielo te has ensoberbecido, e hiciste traer delante de ti los vasos de su casa, y tú y tus grandes, tus mujeres y tus concubinas, bebisteis vino en ellos; además de estos, diste alabanza a dioses de plata y oro, de bronce, de hierro, de madera y de piedra, que ni ven, ni oyen, ni saben; y al Dios en cuya mano está tu vida, y cuyos son todos tus caminos, nunca honraste (5:22-23).

El profeta de *Yahveh* se dirige directamente al rey, declarándole que, a pesar de haber sabido lo acontecido a Nabucodonosor, «no has humillado tu corazón». Es decir, el comportamiento de Belsasar había sido un acto de desafío al mismo Dios. H.C. Leupold ha observado que la acusación hecha por Daniel era algo que Belsasar nunca había experimentado.[24]

Daniel hace saber a Belsasar que lo que está ocurriendo tiene relación directa con la profanación de los vasos sagrados del templo. Aquel había sido un acto de blasfemia contra el Señor del cielo, o sea, contra la autoridad misma de Dios. En lugar de adoración al «Dios en cuya mano está la vida» y «cuyos son tus caminos», Belsasar había honrado a dioses que« *ni ven, ni oyen, ni saben*». Como dice Young:

> Su acción fue una insensatez, ya que había alabado a dioses inanimados, pero no había glorificado al verdadero Dios quien le había dado vida.[25]

Pero los hombres de hoy se diferencian en poco de Belsasar. Al igual que aquel rey, la mayoría de los gobernantes de las naciones no toman en cuenta a Dios. La humanidad de hoy adora lo material, lo terrenal, lo perecedero, no alza los ojos para reconocer la soberanía del Dios del cielo. Eso explica el deterioro político, moral, espiritual y social del mundo en que vivimos.

La práctica de la injusticia social y el desenfreno moral de la sociedad humana han llegado a un nivel escalofriante entre las naciones de la tierra. El desatino mundial da muestras de marchar sin control a la deriva. Al igual que ocurrió con Belsasar, el juicio divino caerá sobre la humanidad impenitente.

> Entonces de su presencia fue enviada la mano que trazó esta escritura. Y la escritura que trazó es: MENE, MENE, TEKEL, UPARSIN (5:24.25).

El adverbio «entonces» connota tanto *tiempo* como *causa*. En cuanto a tiempo, la presencia de la mano tuvo lugar al momento de la blasfemia de Belsasar. Pero también sugiere que la aparición de la mano fue causada por la misma acción. La aparición de la mano era un acto sobrenatural. Dios había intervenido de manera judicial, poniendo fin al orgulloso y desafiante Belsasar.

Cumpliendo el deseo del rey, Daniel lee primero la inscripción, compuesta sólo de tres palabras (tres verbos en la forma de participio pasivo). Tal vez la brevedad de la inscripción era lo que más sorpresa y perplejidad había causado tanto al rey como a los sabios que habían fracasado en su intento de descifrarlas.

El primero de los participio es MENE (*mene'*), que se deriva del verbo *menâ* («contar»). Según la interpretación dada por Daniel (5:26), dicha expresión significa que Dios había contado el reino de Belsasar y le había puesto fin. El hecho que la palabra MENE se repita estriba en el doble significado de la expresión.[26] *Menâ* también significa «finalizar». En aquella noche de juicio, Dios «conto» y «puso fin» al reino de los babilonios.

El participio TEKEL procede del verbo *teqal* que significa «pesar» y también «ser liviano o falto de peso». También aquí, según la interpretación ofrecida por el profeta (5:27), ambas ideas son aplicables al caso de Belsasar. «Pesado has sido en balanza y fuiste hallado falto». La vida disoluta del rey en cuanto a lo moral y su concepto torcido de Dios, por cierto, eran factores importantes en la sentencia contenida en la palabra TEKEL.

Finalmente, el participio PERES (*peres*), derivado del verbo *peras*, que significa «romper, «dividir». La interpretación de dicha expresión aparece en 5:28. Dios quebrantaba el poderío de los babilonios y entregaría el reino a los medo-persas. El reino no sería dividido en dos partes, una para los medos y otra para los persas, sino que pasaría en su totalidad a las manos de una alianza medo-persa.[27]

UNA NOCHE DE RETRIBUCIÓN (5:29-31)

Entonces mandó Belsasar vestir a Daniel de púrpura, y poner en su cuello un collar de oro, y proclamar que era el tercer señor del reino. La misma noche fue muerto Belsasar rey de los caldeos. Y Darío de Media tomó el reino, siendo de sesenta y dos años (5:29-31).

En cumplimiento a su promesa, Belsasar ordenó que Daniel fuese vestido de púrpura, condecorado con un collar de oro y elevado a la posición de tercero en el reino. Todo eso, sin embargo, era superfluo ya que los medo-persas tomarían a Babilonia poco tiempo después. Sin dar más detalles, Daniel nos informa que en aquella misma noche, Belsasar murió. El juicio de Dios sobre el disoluto rey había caído con la fuerza de un rayo. La Biblia afirma que el salario del pecado es muerte (Ro. 6:23). El caso de Belsasar es una demostración de la veracidad de ese texto bíblico.

La identificación de Darío el medo ha sido tema de grandes discusiones entre los estudiosos de las Escrituras. En la actualidad existen tres puntos de vista tocante al tema. El inglés Donald J. Wiseman, profesor de asiriología en la Universidad de Londres, mantiene que Darío el medo era el mismo Ciro el Grande.[28] Por otra parte, Charles Boutflower, en su excelente comentario, sugiere que Cambises (hijo de Ciro) debe identificarse como Darío el medo.[29] La tercera opinión, muy aceptada hoy, es la ofrecida por John C. Whitcomb, jefe de la cátedra de Teología del Seminario Teológico Gracia, es la que identifica a Darío con el medo Gubaru, quien fue designado como gobernador de Babilonia por Ciro el Grande.[30] Aunque el problema de la identificación de Darío el medo no ha sido completamente resuelto, lo que sí es cierto es que en aquella noche (el día 16 del mes Tishri del año 539 a.C.) Babilonia cayó en poder de los medo-persas en cumplimiento expreso de la Palabra de Dios.

RESUMEN Y CONCLUSIÓN

El capítulo 5 de la profecía de Daniel es de gran importancia respecto de la confiabilidad histórica del profeta. La crítica racionalista ha insistido que el autor de este libro ha cometido fallos al referirse a datos históricos. Uno de los más cacareados ha sido la mención de Belsasar en el capítulo cinco y, además, el hecho de que Daniel lo llama «hijo de Nabucodonosor». Descubrimientos arqueológicos realizados a finales del siglo pasado y a comienzos de este han demostrado que el autor de la profecía de Daniel está del todo correcto en ambos casos. Belsasar realizaba las funciones de rey en lugar de su padre, Nabónido. Por ser nieto de Nabucodonosor y también por ocupar el mismo trono que el famoso monarca, era perfectamente correcto llamarlo «hijo de Nabucodonosor».

Este capítulo enseña, también, la fidelidad de la Palabra de Dios. La caída del imperio de los babilonios había sido anunciada tanto por Jeremías como por el mismo Daniel. Los medo-persas tomaron el reino, tal como Dios lo anunció en el capítulo 2 de Daniel. Los gobernantes modernos harían bien con leer cuidadosamente este capítulo y comprometerse a practicar la justicia. De esa manera podrían evitar correr la misma suerte que Belsasar.

NOTAS

1. Ese fue el rey que sacó a Joaquín de la cárcel, según Jeremías 52:31.
2. Lewis, *Historical Background and Bible History*, p. 86.
3. Unger, *Archeology and the Old Testament*, p. 297.
4. John Bright, *La historia de Israel* (Bilbao: Desclée de Brouwer, 1977), p. 369.
5. Nabónido regresó a Babilonia para la festividad del Año Nuevo, el 4 de abril del año 539 a.C., para solicitar protección divina para la ciudad, amenazada ya por Ciro. Véase, Lewis *Historical Backgrounds and Bible History*, p. 89.
6. *Ibíd.*, p. 87.
7. *Ibíd.*, p. 88.
8. Boutflower, *In and Around the Book of Daniel*, pp. 114-120.
9. Véase James B. Pritchard, ed., *The Ancient Near East*, Vol. I, (Princeton: University Press, 1973), pp. 203-204.
10. Véase Charles H. Dyer, *Babilonia ¡Renace!* (Miami: Unilit, 1991), p. 80.
11. *Ibíd.*, p. 85.
12. Para una discusión interesante de las objeciones de la crítica y una defensa del punto de vista conservador, véase Young, *The Prophecy of Daniel*, pp. 115-119.
13. Boutflower, *In and Around the Book of Daniel*, p. 118.
14. Montgomery, *A Critical and Exegetical Commentary on the Book of Daniel*, p. 200.
15. Wood, *A Commentary on Daniel*, p. 133.
16. En el famoso obelisco negro de Salmanasar III aparece una inscripción en la que se le llama a Jehú «hijo de Omri». (Véase Unger, *Introduction Guide to the Old Testament*, 1951, p. 398; también Wilson, *Studies in the Book of Daniel*, Vol I, pp. 117-118.)
17. Los «magos, caldeos y adivinos» mencionados en 5:7 no era la totalidad de los sabios de Babilonia. Parece ser que en su desesperación, esos fueron los que Belsasar atinó a mencionar.
18. La dificultad de los sabios no estribaba en que no sabían leer la escritura de la pared, sino más bien en su incapacidad para comprender el carácter profético de aquellas palabras.
19. Walvoord, *Daniel*, p. 123.
20. Leupold, *Exposition of Daniel*, p. 225.
21. Boutflower, *In and Around the Book of Daniel*, p. 114.
22. Walvoord, *Daniel*, p. 124.

23. Aunque en 5:29 dice que Daniel fue premiado por Belsasar, debe recordarse que el profeta había dejado bien claro que no haría su labor a cambio de dinero, privilegio o remuneración alguna.

24. Leupold, *Exposition of Daniel*, p. 232.

25. Young, *The Prophecy of Daniel*, p. 125.

26. Leupold observa que *menâ* significa a tanto «contar» como «fijar el límite de algo». De modo que la repetición sugiere que Dios había fijado el límite del reino del Belsasar. Véase Leupold, p. 234.

27. Algunos exégetas han ofrecido una interpretación distinta a la que aparece en el texto bíblico. Sin embargo, no hay duda de que la interpretación que aparece en Daniel 5:26-28 es superior a cualquier otra. Para una consideración de algunos exégetas, véanse Walvoord, *Daniel*, p. 127-128; Leupold, *Exposition of Daniel*, pp. 235-236 y Young, *The Prophecy of Daniel*, pp. 125-127. Estos tres autores refutan la opinión de la crítica y defienden la interpretación del texto bíblico.

28. Donald J. Wiseman, et. al., *Notes on Some Problems in the Book of Daniel*, pp. 9-18.

29. Boutflower, *In and Around the Book of Daniel*, pp. 142-155.

30. Whitcomb, *Darius the Mede*, 1975.

O C H O

El hombre muestra su rebeldía hacia Dios mediante la práctica de la envidia (cont.)

DANIEL EN EL FOSO DE LOS LEONES (6:1-28)

Existe una relación estrecha entre los capítulos 3 y 6 del libro de Daniel. Ambos tratan de la fidelidad de Dios y su poder protector hacia sus hijos. Ambos presentan la dedicación incondicional de siervos de Dios que prefirieron morir antes que negar al Señor de sus vidas. Otra comparación entre ambos pasajes manifiesta la iniquidad del corazón humano y la determinación del hombre en mostrar su rebeldía contra Dios.

DARÍO DESIGNA A DANIEL JEFE DE LOS GOBERNADORES DEL REINO (6:1-3)

Pareció bien a Darío constituir sobre el reino ciento veinte sátrapas, que gobernasen en todo el reino. Y sobre ellos tres gobernadores, de los cuales Daniel era uno, a quienes estos sátrapas diesen cuenta, para que el rey no fuese perjudicado. Pero Daniel mismo era superior a estos sátrapas y gobernadores, porque había en él un espíritu superior; y el rey pensó en ponerlo sobre todo el reino (6:1-3).

Como se ha indicado ya, la identificación de Darío no ha sido absolutamente demostrada todavía. Se han hecho, sin embargo, dignas sugerencias pero es necesario esperar evidencias más decisivas antes de llegar a una conclusión final. Por el momento, la evidencia presentada por John C. Whitcomb, identificando a Darío con Gubaru, el gobernador designado por Ciro el Grande, parece tener el mayor peso.[1] Se ha sugerido que aunque Darío el medo fue constituido rey sobre los caldeos, no era en realidad un monarca absoluto, sino que su poder estaba supeditado al de Ciro.[2] No obstante, tenía poder administrativo como lo demuestra el hecho que pudo nombrar 120 sátrapas y tres presidentes (gobernadores) sobre ellos como asistentes del rey.

Los medo-persas establecieron una organización política diferente de la de los babilonios. Dividieron el imperio en reinos tributarios y en grandes provincias llamadas «satrapías». Cada provincia era gobernada por un «sátrapa» o gobernador.[3]

La palabra «gobernador» (sârak) significa «presidente», «cabeza», o «jefe». Evidentemente, Darío había organizado la administración de su reino en tres grupos. Cada uno de ellos tenía su presidente, quien debía informar regularmente al rey. Es posible que Darío hubiese averiguado acerca de Daniel y, al conocer su habilidad administrativa, experiencia y sabiduría, le nombrase para un cargo de tal importancia. Como había ocurrido anteriormente, Daniel se distinguió por encima de los demás. Ni los años ni las circunstancias habían cambiado la integridad personal de Daniel.

LOS ENEMIGOS DE DANIEL PLANEAN DESTRUIRLO (6:4-9)

Aunque el texto bíblico omite las razones por las que aquellos hombres querían destruir a Daniel, es de suponer que entre los principales motivos estaban los celos y la envidia. Daniel era un anciano judío que había servido al gobierno babilónico. Seguramente los asistentes de Darío pensaban que el profeta no debía tener ni arte ni parte en la nueva administración medo-persa. De modo que procuraron eliminarlo por cualquier medio.

> Entonces los gobernadores y sátrapas buscaban ocasión para acusar a Daniel en lo relacionado al reino; mas no podían hallar ocasión alguna o falta, porque él era fiel, y ningún vicio ni falta fue hallado en él. Entonces dijeron aquellos hombres: No hallaremos contra este Daniel ocasión alguna para acusarle, si no la hallamos contra él en relación con la ley de su Dios (6:4-5).

El complot contra Daniel estaba encabezado por sus colegas (gobernadores o presidentes) y por un número indeterminado de sátrapas. La palabra «ocasión» ('illâ) significa «pretexto» o «causa por la cual acusar a alguien». Es decir, aquellos hombres buscaban la más mínima excusa para descargar sus acusaciones contra Daniel con el fin de quitarlo de en medio. Principalmente procuraron sorprenderlo en algo relacionado con el reino. O sea, que aquellos malvados «montaron guardia» pensando que podrían acusar a Daniel de incapacidad administrativa o de infidelidad al rey, pero fracasaron. En segundo lugar, procuraron hallar alguna tacha moral o deshonesta en la persona del profeta, pero también fracasaron porque Daniel era fiel (*mehêman*), es decir, digno de confianza.

Habiendo fracasado en esas dos esferas de la vida de Daniel (pública y privada), aquellos hombres determinaron atrapar a Daniel en algo que tuviese que ver con su vida religiosa. Evidentemente, Daniel había demostrado su absoluta lealtad a Dios. Esa fidelidad sería sometida una vez más a la prueba y como resultado se obtendría una maravillosa victoria para la causa de Dios.

La expresión «la ley de su Dios» manifiesta que el testimonio de Daniel con respecto a los mandamientos de Dios era notorio entre aquellos hombres. La palabra «ley» significa «decreto» o «edicto» (2:13, 15; 6:9, 13, 15). De modo que aquellos hombres sabían que Daniel no violaría el mandamiento de la ley de Dios que prohíbe arrodillarse o adorar a alguien que no fuese Dios mismo.

> Entonces estos gobernadores y sátrapas se juntaron delante del rey y le dijeron así: ¡Rey Darío, para siempre vive! Todos los gobernadores del reino, magistrados, sátrapas, príncipes y capitanes han acordado por consejo que promulgues un edicto real y lo confirmes, que cualquiera que en el espacio de treinta días demande petición de cualquier dios u hombre fuera de ti, oh rey, sea echado en el foso de los leones. Ahora, oh rey, confirma el edicto y fírmalo para que no pueda ser revocado, conforme a la ley de Media y de Persia, la cual no puede ser abrogada. Firmó, pues, el rey Darío el edicto y la prohibición (6:6-9).

Los sátrapas y gobernadores previamente de acuerdo aparecieron delante del rey. El verbo traducido al castellano «se juntaron» (*hargishû*) expresa una idea enfática. En este caso la connotación es «se agruparon». Es decir, concertadamente, habiéndose completado la trama, aquellos sátrapas y gobernadores se agruparon delante del rey para expresarle el consenso al que habían llegado.

El portavoz de la comitiva hace saber al rey el acuerdo que han tomado. A primera vista, las pretensiones de aquellos hombres era hacer pensar a Darío que sus subalternos lo tenían en muy alta estima. Como lo apunta Leupold:

> Para obtener su finalidad aquellos oficiales hacen la más plausible declaración de sus deliberaciones; dicen: «Hemos acordado»; usan las más finas expresiones para identificar su malvada trama tales como «edicto real», «confirmación». Dan a todo el complot

una apariencia de pía religiosidad. Aparentan que nada sino la más excelente lealtad se esconde detrás del proyecto.[4]

La petición era que el rey Darío estableciese un edicto real que por obligación tuviese que ser observado por los ciudadanos del reino. La promulgación de dicho edicto obligaría a todos a tratar a Darío como si fuese un dios. La expresión «demande petición» (*ba'û*) en este contexto significa «pedir» como se hace en oración delante de Dios. El castigo para el violador del edicto consistiría en ser echado en el foso de los leones. En tiempos de Nabucodonosor, la pena capital era el horno de fuego. Los medo-persas utilizaban fieros leones. La crueldad en ambos casos era indiscutible.

Es evidente que la presión ejercita por los conspiradores y la tentación de ser considerado un dios, aunque fuese por un período de treinta días, hicieron que Darío accediese a las demandas de los gobernadores y sátrapas, ya que el texto afirma que «Darío firmó el edicto y la prohibición» sin analizar con detenimiento las implicaciones de aquel acto.

LOS ENEMIGOS DE DANIEL LO DENUNCIAN POR SU DESOBEDIENCIA (6:10-15)

Cuando Daniel supo que el edicto había sido firmado, entró en su casa, y abiertas las ventanas de su cámara que daban hacia Jerusalén, se arrodillaba tres veces al día, y oraba y daba gracias delante de su Dios, como lo solía hacer antes (6:10).

Como en los días de su juventud, Daniel no permitió que las circunstancias alterasen sus convicciones. Aunque sabía las implicaciones del edicto promulgado por Darío, Daniel fue a su casa y con las ventanas abiertas se postró para orar y dar gracias a *Yahveh*.

Hay un énfasis especial en la acción del profeta. El hecho de: (1) tener las ventanas abiertas; (2) postrarse con el rostro hacia Jerusalén; y (3) hacerlo tres veces al día. Todo ello indica la determinación de aquel hombre de Dios en demostrar su fidelidad hacia Dios a quien había servido toda su vida. En el texto original los tres verbos aparecen en forma de participios e indican acción continua.

Daniel tres veces al día arrodillándose, orando y dando gracias delante de Dios testimoniaba su inquebrantable confianza en el Dios del Cielo.

Entonces se juntaron aquellos hombres, y hallaron a Daniel orando y rogando en presencia de su Dios. Fueron luego ante el rey y le hablaron del edicto real: ¿No has confirmado edicto que cualquiera que en el espacio de treinta días pida a cualquier dios u hombre fuera de ti, oh rey, sea echado en el foso de los leones?

> Respondió el rey diciendo: Verdad es, conforme a la ley de Media y de Persia, la cual no puede ser abrogada (6:11-12).

Al igual que cuando hicieron su entrada en la presencia del rey, los conspiradores como un grupo espiaron a Daniel y lo vieron «orando y rogando en presencia de su Dios». La expresión «rogando» (*mithannôn*) significa literalmente «implorando el favor». Es de suponer que Daniel conocía o, por lo menos, sospechaba lo que estaba a punto de ocurrir e imploraba la ayuda de Dios para soportar la prueba a que sería sometido. Los conspiradores han logrado su propósito inicial, o sea, han conseguido que Darío promulgue el decreto y ahora están a punto de conseguir que el mencionado edicto sea aplicado por primera vez contra Daniel. Aquellos hombres demuestran la falsedad de sus corazones cuando tratan de aparentar que su preocupación es por el fiel cumplimiento de una ley cuando en realidad lo que pretendían era destruir a Daniel.

> Entonces respondieron y dijeron delante del rey: Daniel, que es uno de los hijos de la cautivos de Judá, no te respeta a ti, oh rey, ni acata el edicto que confirmaste, sino que tres veces al día hace su petición (6:13).

¡Los hijos de las tinieblas son en verdad astutos y sagaces! Una vez que han hecho que Darío verifique oralmente el alcance del edicto, los conspiradores acusan abiertamente a Daniel de falta de respeto al rey y de violación flagrante del edicto promulgado.

Edward Young hace el siguiente comentario:

> El carácter despreciable de los acusadores se pone de manifiesto en la manera en que formulan su acusación contra Daniel como un exiliado, en lugar del que ha sido designado como cabeza de los presidentes y sátrapas, para que, al recordar que es un extranjero, pudiesen insinuar que es políticamente desleal a Darío. Además, primeramente declaran que Daniel ha sido infiel al rey y luego que ha quebrantado el edicto. El asunto es presentado de la manera más distorsionada posible, un truco común entre políticos corrompidos.[5]

Este elocuente comentario de Young describe acertadamente la bajeza de aquellos hombres cuyos corazones, endurecidos por la envidia, albergaban sólo mala voluntad hacia Daniel.

> Cuando el rey oyó el asunto, le pesó en gran manera, y resolvió librar a Daniel; y hasta la puesta del sol trabajó para librarle. Pero

aquellos hombres rodearon al rey y le dijeron: Sepas, oh rey, que es ley de Media y de Persia que ningún edicto u ordenanza que el rey confirme puede ser abrogado (6:14-15).

La reacción de Darío al escuchar el asunto fue un tanto contraria a la que los presidentes y sátrapas esperaban. La traducción castellana «le pesó en gran manera» se acerca bastante a la idea del texto original (*be'esh 'âlôhî*).[6] Es evidente que en ese momento el rey se percató de la trama impía de aquellos hombres.

No cabe duda de que el rey estaba convencido de la inocencia de Daniel. De otra manera, no se explicaría su profundo interés en librarlo. Pero el caso de Darío demuestra que muchos hombres están más interesados en su reputación que en su carácter. Ese fue el caso de Poncio Pilato en el juicio de Jesús y el del rey Agripa en el caso de Pablo. En situaciones como éstas es imperioso recordar que «si Dios es por nosotros, ¿quien podrá estar contra nosotros?» (Ro. 8:31).

DANIEL ES ECHADO EN EL FOSO DE LOS LEONES (6:16-18)

Entonces el rey mandó, y trajeron a Daniel, y le echaron en el foso de los leones. Y el rey dijo a Daniel: El Dios tuyo a quien tú continuamente sirves, él te libre. Y fue traída una piedra y puesta sobre la puerta del foso, la cual selló el rey con su anillo y con el anillo de sus príncipes, para que el acuerdo acerca de Daniel no se alterase. Luego el rey se fue a su palacio, y se acostó ayuno; ni instrumentos de música fueron traídos delante de él, y se le fue el sueño (6:16-18).

Habiendo fracasado en su intento de salvar a Daniel, el rey ordenó que fuese traído para que la sentencia fuese ejecutada. Esto ocurrió, según Keil, la noche del día en que la acusación fue hecha.[7] Después de dictar la sentencia, Darío expresa a Daniel su deseo personal: «El Dios tuyo, a quien tú continuamente sirves, él te libre».[8] Ciertamente estas palabras son un tributo a la fidelidad de Daniel. El mismo rey reconoce que Daniel servía «*continuamente*» a su Dios. ¿Cómo es posible que un rey pagano pudiese proferir tales palabras? La respuesta a esa pregunta se encuentra, sin duda, en el testimonio personal de Daniel. Aun el pagano Darío podía ver la diferencia entre el Dios de Daniel y los otros dioses.

El hecho de que se pusiese una piedra en la entrada del foso y luego se sellase con el anillo del rey y sus príncipes no era por razones de seguridad, ya que humanamente hablando no existía la posibilidad de que Daniel escapase.[9] La razón más bien era demostrar que la sentencia se había ejecutado y no era posible hacer cambio alguno ni por el rey ni por cualquier otra persona.[10]

El versículo 18 testimonia la tristeza que embargaba a Darío a causa de la injusta condena de Daniel. El rey quebrantó su norma de vida aquella noche: (1) se acostó en ayunas; (2) canceló el acostumbrado entretenimiento de la corte; y (3) perdió el sueño. Aunque Darío era un rey pagano, demuestra que en su corazón había algo de sensibilidad que le permitía distinguir entre la justicia y la injusticia. El hombre fue creado con la capacidad de diferenciar entre el bien y el mal. El rey Darío sabía que lo que se había hecho con Daniel era injusto.

DANIEL ES LIBRADO DE LOS LEONES POR LA MANO DE DIOS (6:19-24)

El rey, pues, se levantó muy de mañana, y fue apresuradamente al foso de los leones. Y acercándose al foso llamó a voces a Daniel con voz triste, y le dijo: Daniel, siervo del Dios viviente, el Dios tuyo, a quien tú continuamente sirves; ¿te ha podido librar de los leones? (6:19-20).

Él se levantó «al amanecer», o sea, al clarear el día. La palabra traducida «apresuradamente» se deriva del verbo *behal* y es usado en forma adverbial para indicar «premura» o «velocidad de ejecución» (véase 2:25 y 3:24). La idea es que, al levantarse Darío, no perdió tiempo. Inmediatamente, y de manera apresurada, fue al foso de los leones. Con voz angustiada, aun antes de llegar a la entrada del foso, Darío comenzó a llamar a Daniel. La frase «Daniel, siervo del Dios viviente...» tiene un significado muy singular. Darío reconoce que el Dios de Daniel es «el Dios viviente» (*'êlâhâ' hayyâ'*). En contraste con los dioses de Babilonia, Media y Persia, el Dios de Daniel era el *«viviente»*.

Entonces Daniel respondió al rey: Oh rey, vive para siempre. Mi Dios envió su ángel, el cual cerró la boca de los leones, para que no me hiciesen daño, porque ante él fui hallado inocente; y aun delante de ti, oh rey, yo no he hecho nada malo (6:21-22).

Daniel respondió, primeramente, con toda cortesía al rey: «Oh rey, vive para siempre...», sin ningún rasgo de amargura en su corazón y sin inculpar al rey por haberlo condenado. Al contrario, Daniel una vez más testifica de su inocencia y da la gloria a Dios por haberlo librado de la boca de los leones.

Es interesante notar que Daniel habla primero de su relación con Dios diciendo: «Porque ante él [Dios] fui hallado inocente». La palabra «inocente» (*zâkû*) significa «moralmente limpio y puro». Pero el profeta afirma su inocencia también delante de los hombres. Esta es una verdad aplicable a todo creyente en todo tiempo. El hijo de Dios debe de ser puro delante de Dios y delante de los hombres al decir «y aun delante de ti, oh rey, yo no he hecho nada malo». Hay una justicia vertical que tiene que ver con Dios, pero hay otra horizontal que se relaciona con el testimonio delante de los hombres. A Daniel, evidentemente, le preocupaban ambas.

> Entonces se alegró el rey en gran manera a causa de él, y mandó sacar a Daniel del foso; y fue Daniel sacado del foso, y ninguna lesión se halló en él, porque había confiado en su Dios. Y dio orden el rey, y fueron traídos aquellos hombres que habían acusado a Daniel, y fueron echados en el foso de los leones ellos, sus hijos y sus mujeres, y aún no habían llegado al fondo del foso, cuando los leones se apoderaron de ellos y quebraron todos sus huesos (6:23-24).

El rey se complació en el hecho de que Daniel estaba aún vivo y ordenó que lo sacasen del foso. La idea aquí es que Daniel fue extraído por la abertura superior del foso. La expresión «ninguna lesión se halló en él, porque había confiado en su Dios» constituye un testimonio singular del poder de Dios y su cuidado providencial. La liberación de Daniel fue efectuada mediante un acto sobrenatural de Dios. La boca de los leones había sido cerrada para que no hicieran daño al profeta de Dios. El famoso expositor inglés, G.H. Lang, ha escrito:

> El control de los ángeles sobre la creación es ilustrado aquí de manera sobresaliente: pueden «cerrar la boca de los leones». No se nos dice la manera de esta influencia. Es fácil concebir que aquellos que pueden dar a un hombre la naturaleza de una bestia, como a Nabucodonosor, pueden suspender, como en este caso, la naturaleza fiera y destructiva de las bestias salvajes, que, después de todo, es una naturaleza foránea. No se encontraba antes de que el hombre cayese en pecado, y será quitada cuando ocurra la restauración general (Is. 11:1-9, etc.).[11]

El rey Darío ordenó que los acusadores de Daniel fuesen traídos y echados en el foso de los leones. La expresión «aquellos hombres que habían acusado a Daniel», literalmente significa «los que habían comido los pedazos». Esa es una expresión que se usa metafóricamente para indicar el concepto de *calumniar* y *acusar falsamente*. Daniel había sido calumniado por hombres malvados que ahora tienen que pagar con sus propias vidas por hechos inicuos.[12] Aquí vemos el triste final de hombres que deliberadamente se rebelan contra Dios.

EL DIOS DE DANIEL ES GLORIFICADO (6:25-28)

Entonces el rey Darío escribió a todos los pueblos, naciones y lenguas que habitan en toda la tierra: Paz os sea multiplicada. De parte mía es puesta ordenanza: que en todo el dominio de mi reino todos teman y tiemblen ante la presencia del Dios de Daniel; porque él es el Dios viviente y permanece por todos los siglos, y su reino no será jamás destruido, y su dominio perdurará hasta el fin. Él salva y libra, y hace señales y maravillas en el cielo y en la tierra; él ha librado a Daniel del poder de los leones (6:25-27).

El rey Darío promulgó un edicto tal como lo había hecho Nabucodonosor anteriormente (capítulos 3 y 4), proclamando que todos debían reconocer al Dios de Daniel. La expresión «temblar y temer» sugiere la idea de reconocer la grandeza de alguien. No obstante, es evidente que Darío no llegó al punto de reconocer que el Dios de Daniel es el único Dios del universo. Es una triste realidad, pero han existido y existen seres humanos en el mundo que han sido testigos de grandes evidencias del poder de Dios, pero ni aún así han rendido sus vidas al Señor.

Las cosas que Darío dice de Dios son en verdad sobresalientes:

1. Es el Dios viviente.
2. Es el Dios eterno (permanece por todos los siglos).
3. Su reino es eterno.
4. Su dominio es eterno.
5. Salva y libra.
6. Hace señales y maravillas en el cielo y en la tierra.
7. Ha librado a Daniel del poder de los leones.

Estas evidencias de poder y majestad debieron haber hecho a Darío reconocer que no hay otro Dios.

Y este Daniel prosperó durante el reinado de Darío y durante el reinado de Ciro el persa (6:28).

El Daniel que había sufrido injustamente y había sido echado en el foso de los leones, es el mismo que prospera en tiempos de Darío y Ciro.[13] El verbo prosperar (*sehal*) es usado en 3:30 donde se traduce «engrandeció». De modo que no tan solamente Daniel sirvió en el gobierno de Darío, sino que fue prosperado y engrandecido. La idea tal vez sea que fue tenido en mayor estima que antes de haber sido echado en el foso de los leones.

RESUMEN Y CONCLUSIÓN

A pesar del esfuerzo de hombres inicuos para destruir a Daniel, la mano protectora de Dios libró al profeta de la boca de los leones. El testimonio de Daniel resultó para la gloria de Dios. El rey Darío, quien había promulgado aquel terrible decreto, ahora proclama una estupenda manifestación, reconociendo la grandeza del Dios de Daniel. Por otro lado, los hombres malvados que procuraban la muerte de Daniel son condenados a morir en el sitio donde querían que Daniel muriese. Finalmente, la fidelidad del anciano profeta es galardonada. El texto dice sencillamente que «prosperó durante el reinado de Darío y el reinado de Ciro el persa». Por supuesto que el mayor de los galardones es el que había de recibir de la mano del Señor.

NOTAS

1. Whitcomb, *Darius the Mede*.
2. *Ibíd.*, p. 7.
3. Véase Chester G. Starr, *A History of the Ancient World* (Nueva York: Oxford University Press, 1965), p. 279.
4. Leupold, *Exposition of Daniel*, p. 255.
5. Young, *The Prophecy of Daniel*, p. 136.
6. El texto original expresa que «hubo un profundo malestar dentro del rey».
7. Keil, «Ezekiel XXV to Malachi», p. 560.
8. Una posible traducción de esa frase es «El Dios a quien sirves continuamente, te tiene que librar». Véase Walvoord, *Daniel*, p. 140.
9. El foso tenía dos puertas, una lateral y una superior. La puerta sellada fue, sin duda, la lateral. La puerta superior estaba demasiado alta para que alguien escapase por ella.
10. Montgomery, *A Critical and Exegetical Commentary on the Book of Daniel*, pp. 275- 276.
11. G.H. Lang, *The History and Prophecies of Daniel* (Grand Rapids: Kregel, 1973), p. 75.
12. Debe notarse que el texto no dice que la totalidad de los sátrapas con sus familiares fueron echados en el foso. Solamente se dice que los que acusaban a Daniel fueron condenados a morir. Es posible que Darío condenase a los cabecillas del grupo y a los que habían instigado el complot (véase Walvoord, *Daniel* p. 143).
13. Estos dos reyes reinaron simultáneamente, estando Darío supeditado a la autoridad del Ciro.

La visión de las cuatro bestias y el fin del poderío gentil (7:1-28)

El capítulo 7 de Daniel inicia la sección apocalíptica de esta profecía. Aquí comienza la primera de cuatro visiones que Dios dio al profeta. Este capítulo presenta el poderío de los cuatro imperios gentiles en la forma de cuatro bestias, culminando con la destrucción de dicho poderío en la persona del «cuerno pequeño» que ha de aparecer en los días finales de la edad presente. Este capítulo concluye con el triunfo de Dios sobre las fuerzas del mal. La segunda venida del Rey de reyes, Cristo Jesús, da comienzo a una era de paz, justicia y gloria como el mundo nunca ha experimentado.

LA VISIÓN DE LAS CUATRO BESTIAS SIMBÓLICAS DE LOS CUATRO GRANDES IMPERIOS (7:1-8)

Los sucesos presentados en esta visión son tan sorprendentes que la crítica incrédula rehúsa aceptarlos como verdaderamente proféticos. Según los eruditos de la escuela liberal-racionalista, el autor del capítulo 7 escribió después de que los hechos relatados tuvieran lugar. De modo que, según ellos, el autor del capítulo 7 escribió historia y no profecía.[1]

La escuela conservadora sostiene que el autor de la totalidad del libro vivió antes de que los acontecimientos relatados en estas profecías ocurrieran. Daniel escribió a fines del siglo VI a.C. cosas que han de ocurrir siglos después. El Espíritu de Dios reveló esas verdades al profeta quien fielmente las registró como testimonio a la posteridad.

La importancia del capítulo 7 en la revelación profética es indiscutible. El contenido de este capítulo es paralelo al del capítulo 2.[2]

Según Young: «Este capítulo [7] contiene el mismo asunto que el capítulo 2.»[3]

C. F. Keil dice, «esta visión se corresponde no sólo en muchos aspectos con el sueño de Nabucodonosor (capítulo 2), sino que trata el mismo asunto».[4]

Leupold afirma que «los capítulos 2 y 7 obviamente son paralelos».[5]

José Grau, por su parte, sostiene que «este capítulo [7] es paralelo al 2 en su temática (idéntica), por lo que ambos (el 2º y el 7º) debieran de leerse conjuntamente».[6]

La gran mayoría de los exégetas conservadores, por lo general, concuerdan con las opiniones antes expresadas. Más adelante señalaremos las diferencias interpretativas entre las distintas escuelas teológicas.

Tanto el capítulo 2 como el 7 de Daniel presentan de manera panorámica el período llamado «los tiempos de los gentiles» (Lc. 21:20-24). La expresión «los tiempos de los gentiles» se refiere a esa época, comenzando con la destrucción de Jerusalén en el año 586 a.C. hasta la segunda venida de Cristo, en que las naciones gentiles ocuparán el sitio preeminente en el gobierno mundial.

El capítulo 2 presenta una panorámica desde la perspectiva del hombre, mientras que el capítulo 7 presenta una perspectiva divina del mismo tema.

El escritor Robert D. Culver ha notado las siguientes diferencias entre el sueño del capítulo 2 y la visión del capítulo 7:

1. El «sueño» no fue visto originalmente por un hombre de Dios, sino por un monarca pagano, de modo que era algo que llamaría la atención a ese hombre y que podría ser fácilmente explicable a su intelecto. La «visión» fue vista por un santo hombre de Dios y, por l tanto, en términos más fácilmente explicables a su intelecto.

2. El primero presenta la historia de las naciones en su aspecto externo —majestuosidad, esplendidez—; el segundo en su aspecto espiritual interior —fieras salvajes—. Esto podría elaborarse diciendo que el primero es una perspectiva de la historia de las naciones como la ve el hombre, la segunda como la ve Dios.[7]

No debe pensarse, sin embargo, que el capítulo 7 es sólo una repetición del contenido del capítulo 2. La revelación de Dios es progresiva. De modo que el capítulo 7 añade detalles importantes a la revelación dada anteriormente.

En el primer año de Belsasar rey de Babilonia tuvo Daniel un sueño, y visiones de su cabeza mientras estaba en su lecho; luego escribió el sueño, y relató lo principal del asunto. Daniel dijo: Miraba yo en mi visión de noche, y he aquí que los cuatro vientos del cielo combatían en el gran mar. Y cuatro bestias grandes, diferentes la una de la otra, subían del mar (7:1-3).

El primer año del reinado de Belsasar fue 553 a.C.[8] En dicho año, Nabónido se retiró a Teima y dejó a su hijo (Belsasar) como regente. Leon Wood ha hecho la siguiente observación:

> La importancia de por qué Dios escogió precisamente esta fecha para la primera visión pudo haber sido que este era un tiempo de gran preocupación entre los judíos cautivos tocante a su futuro, y Dios consideró adecuado darles seguridad e instrucción.[9]

Una de las características de la literatura apocalíptica es el uso de sueños y visiones.[10] Después de haber recibido la revelación, tal vez a la mañana siguiente, Daniel «relató [escribió] lo principal del asunto». La palabra «principal» (*re('')sh*) significa, en este contexto, que Daniel escribió un resumen de la visión y no todos los detalles de la misma. En su visión, Daniel contempló «que los cuatro vientos del cielo combatían en el gran mar». La expresión «los cuatro vientos del cielo» significa vientos procedentes de cuatro direcciones distintas, una posible referencia a los cuatro puntos cardinales. Según C.F. Keil, estos «cuatro vientos del cielo» tienen que ver con la intervención divina en la tierra.[11]

Algunos comentaristas insisten en que «el gran mar» se refiere al mar Mediterráneo.[12] Sin embargo, hay otros que prefieren identificarlo con las masas populares en estado de tumulto y conmoción.[13] Es probable que la expresión «el gran mar» sea una referencia al abismo (véase Ap. 11:7; 13:1). El abismo es la morada misma de Satanás. Las bestias de la visión, a la postre, producirán al anticristo, cuyo origen es el abismo. La expresión «combatían» es una traducción de la palabra *megîhân*, que significa «romper» o «reventar», como cuando el viento «rompe» a soplar o como cuando una batalla comienza. En hebreo ese vocablo se usa para describir cuando un río rompe de su fuente de origen y también cuando un niño sale del vientre de su madre.[14]

La metáfora de la visión sugiere la lucha del Dios soberano y omnipotente con las naciones gentiles que se encuentran en un estado de conmoción, agitación y confusión, las cuatro bestias suben del mar de manera sucesiva y no simultánea. Además, son descritas como diferentes la una de la otra.[15] Cada una de las bestias se corresponde con cada división de la estatua del capítulo 2 de Daniel.

> La primera era como león, y tenía alas de águila. Yo estaba mirando hasta que sus alas fueron arrancadas, y fue levantada del

suelo y se puso enhiesta sobre los pies a manera de hombre, y le fue dado corazón de hombre (7:4).

Daniel usa la figura literaria llamada símil cuando dice que la primera bestia «era como león y tenía alas de águila». Esta primera bestia representa al imperio babilónico y más precisamente al rey Nabucodonosor. El león es considerado como el rey de la selva y el águila como la reina de las aves. De modo que ambas figuras son muy apropiadas para describir la grandeza e influencia del imperio babilónico bajo Nabucodonosor.

El hecho de que «sus alas fueron arrancadas, y fue levantada del suelo y se puso enhiesta sobre los pies a manera de hombre, y le fue dado corazón de hombre» parece referirse a la experiencia de Nabucodonosor en el capítulo 4.[16] Aquel soberbio monarca fue humillado por Dios hasta que reconoció que era sólo un hombre. Sin embargo, la metáfora parece señalar al hecho de que la visión del león con alas de águila apunta a un ser humano que es representado por la mencionada figura. El oro de la cabeza de la estatua se corresponde con el león de la visión.

> Y he aquí otra segunda bestia, semejante a un oso, la cual se alzaba de un costado más que del otro, y tenía en su boca tres costillas entre los dientes; y le fue dicho así: Levántate, devora mucha carne (7:5).

La segunda bestia de la visión era semejante a un oso. Daniel enfatiza que era «otra segunda bestia», es decir, una distinta de la primera. La crítica de la escuela liberal se ha pronunciado a favor de la idea de que el oso simboliza el imperio medo.[17] Sin embargo, la escuela conservadora sostiene que dicha segunda bestia simboliza al imperio resultante de la alianza de los medos y persas. Varias razones apoyan la posición conservadora:

1. Históricamente el imperio medo no sucedió al babilónico, como exige la interpretación de la escuela liberal. La interpretación más coherente que se deriva tanto del capítulo 2 como del 7 es que el imperio babilónico fue reemplazado por el de los medo-persas en el año 539 a. C.
2. El imperio medo no tuvo una influencia universal, históricamente, como se describe en los capítulos 2 y 7 de Daniel.
3. La crítica racionalista pretende hacer creer que la cuarta bestia no simboliza el Imperio Romano y es por esa causa que se esfuerza por demostrar que la segunda bestia sólo representa al imperio medo.

Según el texto, el oso «se alzaba más de un costado que del otro». Dicha expresión, sin duda, simboliza el hecho de que la rama persa del imperio llegó a ser más preeminente que la meda. Cuando la liga medo-persa conquistó a Babilonia, el líder indiscutible de la alianza era Ciro el Grande quien, como se sabe, era persa. Las «tres costillas» que aparecen en la boca del oso sugieren que había subyugado a tres de sus enemigos. La historia confirma que en el proceso de su ascenso a la supremacía mundial, los medo-persas conquistaron los reinos de Lidia, Egipto y Babilonia.[18] El mandamiento «levántate, devora mucha carne» se refiere al carácter conquistador del imperio medo-persa.

> Después de esto miré, y he aquí otra, semejante a un leopardo, con cuatro alas de ave en sus espaldas; tenía también esta bestia cuatro cabezas; y le fue dado dominio (7:6).

La tercera bestia que aparece en la visión era «semejante a un leopardo».[19] El leopardo se caracteriza por su gran velocidad y agilidad en sus movimientos. Si a esto se le añade el hecho de que «tenía cuatro alas de ave en sus espaldas», es fácil comprender que se está dando énfasis a la idea de velocidad.

El imperio que históricamente sucedió al medo-persa fue el greco-macedónico. En el año 334 a.C., Alejandro Magno emprendió su sorprendente conquista que en un período de diez años le llevó a ser el soberano de un vasto imperio. En el año 323 a.C., sin embargo, de manera inesperada, el gran conquistador murió en la ciudad de Babilonia.

Pero esta bestia que era semejante a un leopardo también poseía «cuatro cabezas». Estas cuatro cabezas simbolizan las cuatro divisiones que surgieron del imperio greco-macedónico a raíz de la muerte de Alejandro. Aquel vasto imperio fue repartido entre los cuatro famosos generales de Alejandro de la forma siguiente: (1) Grecia y Macedonia, a Casandro; (2) Egipto y Palestina, a Ptolomeo; (3) Tracia y gran parte del Asia Menor, a Lisímaco; y (4) Siria y gran parte del Medio Oriente, a Seleuco.[20] La expresión «y le fue dado dominio» es significativa debido a la forma pasiva del verbo. El dominio de esta tercera bestia es otorgado por la providencia divina. Aunque a la vista humana parezca que los hombres gobiernan este mundo, lo cierto es que Dios está en el control de todas las cosas y, soberanamente, dirige todo lo que ocurre.

> Después de esto miraba yo en las visiones de la noche, y he aquí la cuarta bestia, espantosa y terrible y en gran manera fuerte, la cual tenía unos dientes grandes de hierro; devoraba y desmenuzaba, y las sobras hollaba con sus pies, y era muy diferente de todas las bestias que vi antes de ella, y tenía diez cuernos (7:7).

La interpretación de la cuarta bestia es, sin duda, crucial para la comprensión de todo el capítulo 7. Daniel contempló en sus visiones una cuarta bestia tan diferente de las tres anteriores que le resulta imposible darle un nombre específico.[21]

Según Daniel, esta cuarta bestia era «espantosa y terrible». Su aspecto era tal que aterrorizaba al que la contemplaba. Además, «era en gran manera fuerte». En contraste con la tercera bestia que se caracterizaba por su agilidad, la cuarta es notoria por su gran fortaleza. La fortaleza de esta cuarta bestia se pone de manifiesto al describir sus «grandes dientes de hierro». También «devoraba», «desmenuzaba» y «las sobras hollaba con sus pies». Todas esas expresiones sugieren fiereza e insensibilidad hacia sus víctimas. El profeta también observa que esta bestia era «muy diferente de todas las bestias que vi antes de ella». No tan sólo en su apariencia, sino también en su modo de comportarse, la cuarta bestia era completamente diferente de las demás. Una de las cosas sorprendentes en esta cuarta bestia es que «en su cabeza tenía diez cuernos». Estos cuernos, más adelante son identificados como diez reyes.

La mayoría de los intérpretes conservadores identifican a esta cuarta bestia como el Imperio Romano. El ascenso del Imperio Romano a la supremacía del poder fue algo sorprendente.[22] En el año 241 a.C., los romanos derrotaron a los cartagineses y ocuparon la isla de Sicilia. A raíz de las llamadas guerras púnicas, en el año 218 a.C., las legiones romanas hicieron su entrada en España. En el año 202 a.C., Aníbal fue derrotado en la batalla de Zama y los romanos conquistaron Cartago. Pero aún faltaba controlar el Mediterráneo Oriental.[23] A esa tarea se dieron los romanos cuando en el año 146 a.C. destruyeron las ciudades de Corinto y Cartago. En el año 63 a.C., Pompeyo ocupó Palestina y en el 30 a.C., Marco Antonio incorporó Egipto al territorio romano. De modo que antes del nacimiento de Jesucristo los romanos tenían prácticamente el control del mundo conocido.

El gran Imperio Romano del pasado experimentó dos siglos de gloria y esplendor. En el año 476 d.C., los bárbaros pusieron fin a dicho imperio en el Occidente y en el año 1453 d.C., los turcos ocuparon la ciudad de Constantinopla y el Imperio Romano en Oriente se desintegró. El historiador podría pensar que el Imperio Romano dejó de existir de una vez por todas. El libro de Daniel (capítulos 2, 7, 9 y 11), sin embargo, enseña que habrá un renacimiento, un resurgir o una fase final del Imperio Romano con una proyección histórica de carácter escatológico.

> Mientras yo contemplaba los cuernos, he aquí que otro cuerno pequeño salía entre ellos, y delante de él fueron arrancados tres cuernos de los primeros; y he aquí que este cuerno tenía ojos como de hombre, y una boca que hablaba grandes cosas (7:8).

Por quinta vez Daniel usa un participio que sugiere una acción continua. «Estaba contemplando los cuernos», es lo que dice Daniel, cuando de pronto «un cuerno pequeño surgió entre ellos». Debe notarse que, según la visión, el cuerno pequeño surge cuando los diez cuernos de la cabeza de la bestia están de pie. Esto es confirmado por el hecho de que este cuerno pequeño «arranca a tres de los primeros». Es decir, destrona o quita de sus puestos a tres de los diez.

Es importante observar que el cuerno pequeño es «pequeño» sólo en su comienzo, pero va creciendo progresivamente hasta el punto de desarraigar a tres de los diez. Es en esta coyuntura donde surgen las diferencias entre las principales escuelas de interpretación. Por ejemplo, Edward J. Young, quien representa un sector de la escuela amilenarista, cree que la bestia, los diez cuernos y el cuerno pequeño representan tres etapas del Imperio Romano.[24] Según el profesor Young, la bestia simboliza la etapa del Imperio Romano en tiempos del nacimiento de Cristo. Los diez cuernos representan una segunda etapa de fragmentación del Imperio Romano.[25] Por último, el cuerno pequeño simboliza la etapa final del Imperio Romano que estará en existencia en el tiempo de la segunda venida de Cristo, siendo «el cuerno pequeño» el anticristo.[26]

La interpretación de Young presenta varios problemas hermenéuticos. Primeramente, el hecho de que «el cuerno pequeño» surge «entre ellos» (*benêhêôn*), es decir, entre los diez cuernos mencionados primero, es contrario a la idea de Young quien separa en etapas el tiempo de los diez cuernos del tiempo del cuerno pequeño. Según Daniel 7:8, el cuerno pequeño surge algo después, pero durante la misma época del «reinado» de los diez cuernos. De otro modo, ¿cómo se explica que desarraiga a tres de ellos?

En segundo lugar, Young sugiere que el número diez (diez cuernos) debe tomarse de manera simbólica:

> Estos [los diez cuernos] representan diez reyes (v. 24). Como el número cuatro en el versículo 6, el número diez aquí debe ser tomado en un sentido simbólico indicando una multiplicidad de gobernadores o un gran número indefinido de reyes (Zoeckler).[27]

Pero si lo que dice Young es correcto, o sea, que el número diez en la expresión «diez cuernos» es simbólico, representando a un número indefinido de reyes o gobernadores, ¿cómo deberíamos tomar la interpretación que el ángel (versículo 16) da a Daniel en el versículo 24? En ese versículo, el ángel dice: «Y los diez cuernos significan que de aquel reino se levantarán diez reyes; y tras ellos se levantará otro, el cual será diferente de los primeros, y a tres reyes derribará». Es imposible detectar en las palabras del ángel el más leve indicio que sugiera que el número diez en Daniel 7:7 o que el número tres en 7:8 sean simbólicos y no literales. John F. Walvoord, presidente del Seminario Teológico de Dallas, ha hecho la siguiente observación:

> Los intérpretes de este capítulo [Daniel 7] que concuerdan en que los diez cuernos es el Imperio Romano se dividen en tres grupos en su explicación de cómo éste se relaciona con el Imperio Romano. Eruditos amilenaristas como Young y Leupold se inclinan a espiritualizar tanto el número diez como el tres, y así se escapan de la necesidad de encontrar un cumplimiento literal. Ambos encuentran imposible un cumplimiento literal porque no hay diez reyes reinando simultáneamente en el período romano. Young, sin embargo, considera que su cumplimiento ocurrió en el Imperio Romano en el pasado, y no es necesario ningún otro cumplimiento. Leupold encuentra el cumplimiento final en la segunda venida de Cristo, en lugar de la historia pasada. Los premilenaristas ofrecen un tercer punto de vista, que provee un cumplimiento literal: diez reinos históricos existirán simultáneamente en la consumación futura.[28]

De modo que amilenaristas conservadores y premilenaristas concuerdan en que las cuatro bestias representan los imperios de Babilonia, Medo-Persia, Grecia y Roma, pero están en desacuerdo con el significado de los diez cuernos. Los amilenaristas como Young tienden a espiritualizar los «diez cuernos» diciendo que simbolizan un número indeterminado de reyes que rigieron consecutivamente en el Imperio Romano del pasado. El «cuerno pequeño» representa la etapa final del Imperio Romano en la que surgirá el anticristo, quien será destruido por el Señor en su segunda venida.

La escuela premilenarista sostiene que «los diez cuernos» representan «diez reyes» que regirán de manera simultánea en la futura reestructuración del Imperio Romano. El cuerno pequeño (el anticristo) surgirá de en medio de los diez cuernos y poco a poco se engrandecerá hasta llegar a derrocar o desarraigar a tres de los diez. Los premilenaristas mantienen, por lo tanto, que los diez cuernos y el cuerno pequeño, por lo menos por un tiempo, actúan simultáneamente durante el período de los siete años de la tribulación escatológica, es decir, durante la semana setenta de Daniel 9:27.

El cuerno pequeño es, indudablemente, una persona.[29] La expresión «ojos como de hombre» sugiere la idea de inteligencia, intuición, capacidad mental. Además, «tenía una boca que hablaba grandes cosas». Esta

frase parece indicar que el personaje simbolizado por el cuerno pequeño hará grandes promesas y declaraciones que asombrarán a la humanidad. También se caracterizará por hablar grandes cosas en contra de Dios
(Dn. 11:36; Ap. 13:5-6).

LA VISIÓN DEL ANCIANO DE DÍAS Y
EL JUICIO DEL CUERNO PEQUEÑO (7:9-12)

Estuve mirando hasta que fueron puestos tronos, y se sentó un
Anciano de días, cuyo vestido era blanco como la nieva, y el
pelo de su cabeza como lana limpia; su trono llama de fuego, y
las ruedas del mismo, fuego ardiente (7:9).

Por sexta vez Daniel usa el participio del verbo *hâzâ*, que significa
«ver» o «contemplar». El participio expresa la idea de acción continua.
Hasta ahora el profeta ha estado contemplando las bestias. Se ha deteni-
do para describir más detalladamente la cuarta bestia con sus cuernos y
luego el cuerno pequeño. De pronto la escena cambia y Daniel ve «tronos» que eran colocados o puestos en forma tal que constituyen una especie de tribunal preparado para la celebración de un juicio. Referente a
la palabra «tronos» (*korsâvân*), Young observa:

La palabra es plural, lo que implicaría que la escena es la de una
corte celestial en sesión.[30]

Y más adelante añade:

Me inclino a pensar que el plural debe ser utilizado y que los
tronos estaban ocupados por ángeles cuya posición, naturalmen-
te, estaría subordinada a la de Aquel que se sentó en el trono.[31]

Debe notarse que los tronos de juicio aparecen simultáneamente con
la aparición del cuerno pequeño. Los juicios de Dios sobre el reino de la
bestia abarcarán el período de la tribulación que vendrá sobre la tierra y
que fue profetizado por el Señor en su sermón del Monte de los Olivos
(Mt. 24). Es importante destacar una vez más que el Dios soberano ejerce control sobre todas las cosas y sobre el curso de la historia. El cuerno
pequeño aparecerá en el escenario mundial en el tiempo preordenado
por Dios y su juicio comenzará tan pronto haga su aparición.

La expresión «Anciano de días» (*attîq yômîn*) es una referencia a Dios
el Padre visto en su carácter de Juez eterno con énfasis en la dignidad de
su persona. La descripción de su vestido («blanco como la nieve») y su
cabello («como lana limpia») sugieren la idea de pureza, verdad y santidad. Esas son precisamente las bases sobre las que el Juez ejecuta su

juicio. También dice el profeta que «su trono [era] llama de fuego y las ruedas del mismo, fuego ardiente». El trono de fuego es símbolo del juicio de Dios y las «ruedas» puede referirse al carácter universal de dicho juicio.[32] La completa descripción del «Anciano de días» sentado en su trono presenta un maravilloso cuadro del Dios de Gloria, Omnipotente y Eterno que está a punto de juzgar la maldad y el pecado de los hombres, tal como lo ha anunciado a través de sus profetas.

Un río de fuego procedía y salía de delante de él; millares de millares le servían, y millones de millones asistían delante de él; el Juez se sentó, y los libros fueron abiertos (7:10).

El fuego no tan sólo describe el juicio de Dios, sino que también representa su gloria y su justicia. El río de fuego es descrito por una pareja de participios como «fluyendo» y «brotando» de la misma presencia de Dios. La gloria, la justicia, la santidad y los demás atributos son inherentes a su Persona. Como dice el autor de la epístola a los Hebreos: «Porque nuestro Dios es fuego consumidor» (He. 12:29).

Las expresiones «millares de millares» y «millones de millones» que servían y asistían delante de Dios es una clara referencia a la actividad del ejército angelical en la presencia de Dios. En el libro del Apocalipsis, el apóstol Juan dice haber visto «millones de millones» de ángeles (Ap. 5:11). Los ángeles, evidentemente, están clasificados según la actividad que realizan. La palabra ángel significa «mensajero», pero los querubines y serafines tienen tareas específicas que les han sido asignadas.[33]

La frase «el Juez se sentó» literalmente significa «el juicio se sentó» o «el tribunal tomó asiento». H.C. Leupold traduce dicha expresión: «El tribunal entró en sesión».[34] El sentido que la expresión pretende dar, sin duda, es el un tribunal que está preparado para comenzar un juicio. Al entrar el tribunal en su sesión «los libros fueron abiertos». Es posible que en esos libros se hallen las obras de los hombres.[35] La Escritura dice que Dios «pagará a cada uno conforme a sus obras» (Ro. 2:6).

Y entonces miraba a causa del sonido de las grandes palabras que hablaba el cuerno; miraba hasta que mataron a la bestia, y su cuerpo fue destrozado y entregado para ser quemado en el fuego. Habían también quitado a las otras bestias su dominio, pero les había sido prolongado la vida hasta cierto tiempo (7:11-12).

La atención del profeta Daniel se concentra en «el sonido de las grandes palabras que hablaba el cuerno». El cuerno profería palabras blasfemas contra Dios. El profeta, por lo tanto, se interesa en ver el juicio que vendría sobre dicho personaje a causa de su desafío a Dios. El cuerno se refiere a la persona del anticristo, quien representa la forma final del Imperio Romano que ha sido reestructurado.

La bestia que es ejecutada (v. 11) se refiere a la cuarta de la visión. Este juicio ocurre al final de la gran tribulación y coincide con la venida en gloria de nuestro Señor Jesucristo (Ap. 19:17-21; Zac. 14:1-4). La frase «y su cuerpo fue destrozado y entregado para ser quemado en el fuego» representa el juicio completo y final de la bestia y su líder, el anticristo.

El versículo 12 describe la destrucción de las tres primeras bestias de la visión. Dichas bestias han sido destruidas con anterioridad, pero Daniel da primero atención a la cuarta bestia, debido al significado especial que tiene particularmente en lo escatológico.

Edward J. Young está en lo correcto cuando dice:

> Algunos expositores relacionan estas bestias con los siete cuernos que no fueron desarraigados por el cuerno pequeño. Pero eso es imposible, ya que la completa destrucción de la cuarta bestia acaba de ser descrita. Por el contrario, la referencia es a las primeras tres bestias que aparecieron en la visión: el león, el oso y el leopardo. ¿Por qué entonces es la destrucción de la cuarta bestia narrada primero, cuando en realidad los tres primeros reinos perecieron antes que el cuarto? La respuesta es que la destrucción de la cuarta bestia —el poder que con la oposición del cuerno pequeño tan vociferadamente se opone a Dios— debe ser enfatizada. Esta constituye, en un sentido, el corazón de la visión. En cuanto a una oposición abierta y presuntuosa contra Dios, las primeras tres bestias eran insignificantes en comparación con la cuarta. Por razón de énfasis, entonces, la completa destrucción de la cuarta bestia es mencionada primero.[36]

La frase «pero les había sido prolongado la vida hasta cierto tiempo» ilustra el hecho de que los tres imperios anteriores fueron en realidad absorbidos el uno por el otro (Medo-Persia absorbió a Babilonia, y Grecia al Imperio Medo-persa), pero el imperio de la cuarta bestia es destruido de manera catastrófica y judicial tal como fue visto por Nabucodonosor en el capítulo 2. En su sueño el monarca babilónico vio una piedra, cortada no con mano, que hirió a la imagen en sus pies. Ese aspecto del sueño de Nabucodonosor se corresponde con la destrucción de la cuarta bestia en Daniel 7:11.

LA VISIÓN DE LA SEGUNDA VENIDA DE CRISTO (7:13-14)

Después de haber contemplado la visión de las cuatro bestias representativas de los cuatro imperios mundiales que abarcan el período llamado «los tiempos de los gentiles», Daniel tiene la visión de la venida del Hijo del Hombre (Jesucristo), quien regresa para establecer su reino mesiánico.

> Miraba yo en la visión de noche, y he aquí con las nubes del cielo venía uno como un hijo de hombre, que vino hasta el Anciano de días, y le hicieron acercarse delante de él. Y le fue dado dominio, gloria y reino, para que todos los pueblos, naciones y lenguas le sirvieran; su dominio es dominio eterno, que nunca pasará, y su reino uno que no será destruido (7:13-14).

El título «Hijo del Hombre» señala al mismo Mesías. Los evangelios abundan en pasajes donde dicha expresión se usa con referencia a Cristo (véanse Mt. 8:20; 9:6; 10:23; 11:19; Lc. 19:10; 22:48; 18:31; etc.). El Señor Jesucristo se refirió a sí mismo como «el Hijo del Hombre» (Mt. 16:13-20). En el pasaje de Mateo 16, el «Hijo del Hombre», «el Mesías» y «el Hijo del Dios viviente» son la misma persona. Dicha expresión se usa también con referencia a la segunda venida de Cristo en los siguientes pasajes: Mateo 24:27, 37, 44; 25:31; Marcos 8:38; Lucas 17:30; 18:8; etc. El hecho de que Daniel ve a uno «como un hijo de hombre» contrasta con su visión de las bestias. El Mesías es visto en forma humana, tal como ascendió a la gloria (Hch. 1:11). De ese modo vendrá a establecer su reino de gloria.

El personaje aquí referido y visto «como hijo de hombre» es presentado ante el Anciano de días. Aquí tenemos un hermoso cuadro de la Persona del Padre y de la del Hijo como la que aparece en el Salmo 2:6-9: «Pero yo he puesto mi rey sobre Sion, mi santo monte. Yo publicaré el decreto; Jehová me ha dicho: Mi hijo eres tú; yo te engendré hoy. Pídeme, y te daré por herencia las naciones, y como posesión tuya los confines de la tierra. Los quebrantarás con vara de hierro; como vasija de alfarero los desmenuzarás.»

La frase «y le fue dado dominio, gloria y reino» enfatiza tres características del reino mesiánico de Cristo:

1. Dominio (*shâltân*) es una referencia a la autoridad del Señor para gobernar (véase Dn. 6:26 y 7:27).
2. Gloria (*yegâr*) se refiere al honor propio de la dignidad de su persona.
3. Reino (*malkû*) tiene que ver con la organización de su gobierno. Ese reino incluye «pueblos, naciones y lenguas». Algo que connota una

situación terrenal. El reinado mesiánico del Señor incluye el hecho de que naciones, pueblos y lenguas le servirán y adorarán (Zac. 14:16-17).

Daniel menciona otras dos características del reino de nuestro Señor. Primeramente, dice que «su dominio es dominio eterno», es decir, ni su autoridad ni su poder podrán ser disminuidos. En segundo lugar, «su reino es uno que no será destruido». En contraste con los reinos terrenales (babilónico, medo-persa, griego y romano), el reino de nuestro Señor no podrá ser destruido por poder de clase alguno y que su reino es «reino eterno» (Dn. 7:27). Una cuestión de interés surge en relación con el reinado mesiánico de Cristo. Se ha formulado la pregunta: ¿Por qué hablar de un milenio si el reino del Mesías es eterno? Después de todo, la palabra milenio (*chília étei* = *mil años*) solamente aparece en Apocalipsis 20:1-6 y el Apocalipsis es un libro esencialmente simbólico. Además de eso, las referencias bíblicas claramente enseñan que el reino de Cristo es eterno (véase 2 S. 7:16, 28-29; Sal. 89:3-4, 34-37; 45:6; 75:5, 17; Is. 9:6-7; 51:6, 8; 55:3, 13; 56:5; 60:19-20; 61:8; Jer. 32:40; 33:14-17, 20-21; 37:24-28; Ez. 16:60; 43:7-9; Dn. 7:13-14, 27; 9:24; Os. 2:19; Jl. 3:30; Am. 9:15; Lc. 1:30-33; 1 Ti. 1:17; Ap. 11:15).

¿Es posible armonizar la enseñanza bíblica del reino eterno de Cristo con la de un milenio? Es aquí donde las escuelas *premilenaristas* y *amilenaristas* han sido más enfáticas en sus posiciones. El teólogo premilenarista J. Dwight Pentecost, ha hecho la siguiente aclaración que debe notarse cuidadosamente:

> El amilenarista ve un conflicto aquí e insiste en que la eternidad del reino de Cristo no permite sitio alguno para un reinado terrenal de mil años. La razón por la que Calvino rechazó el punto de vista premilenial fue su concepto de que un reinado de mil años anularía el reino eterno de Cristo. Si el premilenarista limitase el reinado de Cristo a mil años, su argumento de que «su ficción es tan pueril que no requiere ni merece refutación» sería verdad. Sin embargo, ese no es el caso.[37]

El profesor Pentecost cita 1ª Corintios 15:24-28, y luego explica lo siguiente:

> En estas palabras el apóstol expresa el propósito final del reino teocrático: «para que Dios sea todo en todos». Esto vislumbra la absoluta realización del propósito original en el establecimiento del reino teocrático, «preparado... desde antes de la fundación del mundo» (Mt. 25:34). Una paráfrasis de los versículos citados (1 Co. 15:24-28) aclarará el progreso del pensamiento

de Pablo: «El Padre ha puesto todas las cosas bajo los pies de Cristo (pero cuando el Padre dice que todas las cosas son puestas bajo los pies de Cristo, es evidente que el Padre mismo está exceptuado de esa sujeción, ya que el Padre mismo efectuó la sujeción). Y cuando todas las cosas sean finalmente sujetadas a Cristo, entonces también el Hijo se sujetará al Padre, quien sujetó a Cristo todas las cosas, para que Dios sea todo en todos». Consiste en que Cristo une la autoridad que es suya como Rey, con la del Padre, después que Él haya suprimido «todo dominio, toda autoridad y potencia» (1 Co. 15:24). El propósito original de Dios era el de manifestar su absoluta autoridad y este propósito se realizará cuando Cristo reúna la teocracia terrenal con el reino eterno de Dios. De esta manera mientras el dominio teocrático terrenal se limita a mil años, que es suficiente tiempo para manifestar la teocracia perfecta de Dios sobre la tierra, su reino es eterno.[38]

Otro escritor premilenarista, Robert D. Culver, observa que «el milenio es en verdad una etapa inicial del reino de Dios».[39] En otras palabras, el milenio o reino mesiánico de Cristo es el aspecto histórico del reino eterno de nuestro Señor.[40] Los premilenaristas, por lo tanto, no enseñan que el reino de Cristo solamente durará mil años, sino más bien que el reinado eterno de Cristo tiene una etapa inicial e histórica (donde el tiempo aún cuenta) que durará mil años. En esa etapa inicial e histórica se cumplirán las promesas hechas por Dios a los patriarcas del Antiguo Testamento. Una vez cumplidos los propósitos de Dios en el tiempo, el reinado de Cristo continuará por toda la eternidad. Además, durante la era milenial los atributos de la absoluta deidad de Cristo y los de su perfecta humanidad serán plenamente manifestados dentro de la estructura del tiempo.

DANIEL RECIBE INTERPRETACIÓN DE LA VISIÓN (7:15-28)

Se me turbó el espíritu a mí, Daniel, en medio de mi cuerpo, y las visiones de mi cabeza me asombraron. Me acerqué a uno de los que asistían, y le pregunté la verdad acerca de todo esto. Y me habló, y me hizo conocer la interpretación de las cosas (7:15-16).

El panorama contemplado por Daniel le había causado una profunda impresión. El profeta mismo dice que su espíritu se «turbó» y hubo «turbación» en su mente. Queriendo saber el significado de lo que había visto. Daniel acudió «a uno de los que asistían». La referencia es a uno de los ángeles que estaba delante del Anciano de días. Fue así como recibió la interpretación de la visión.

Estas cuatro grandes bestias son cuatro reyes que se levantarán
en la tierra. Después recibirán el reino los santos del Altísimo, y
poseerán el reino hasta el siglo, eternamente y para siempre
(7:17-18).

La inspirada interpretación provista por el ser celestial identifica las
cuatro bestias con cuatro reyes que se levantarán en la tierra. La historia
de los cuatro reinos es tomada como un todo.[41] El reino del Mesías sigue al cuarto de los reinos mencionados. El reino que los santos reciben
es aquél que es dado al Hijo del Hombre (7:14). Los «santos» (*qaddîshê*)
son los vasallos del Rey. Ciertamente habrá gentiles (Miq. 4:2-3; Zac.
8:20-21; 14:16-17), al igual que judíos participando de las bendiciones
del reino (Am. 9:11-15; Is. 60-62).

John F. Walvoord ha escrito:

Aunque ha habido gran discusión tocante a la palabra «los santos», parece que dicha expresión incluye los redimidos de todas
las edades como también los santos ángeles que pueden ser descritos como «los santos» (véanse Dn. 7:21, 22, 25, 27; 8:24; 12:7;
también Sal. 19:3; 34:9; Jud. 14).[42]

De modo que es incorrecto decir que los premilenaristas enseñan que
el reino que Cristo establecerá será sólo para judíos. Los premilenaristas
enseñan que los gentiles serán abundantemente bendecidos en el
milenio.[43] Los santos recibirán autoridad para poseer el reino y lo poseerán «hasta el siglo, eternamente y para siempre». O sea, que los santos continuarán reinando con el Señor más allá del aspecto histórico o
milenial del reino. ¡Los santos reinarán con el Señor eternamente!

Entonces tuve deseo de saber la verdad acerca de la cuarta bestia, que era tan diferente de todas las otras, espantosa en gran
manera, que tenía dientes de hierro y uñas de bronce, que devoraba y desmenuzaba, y las sobras hollaba con sus pies; asimismo, acerca de los diez cuernos que tenía en su cabeza, y del otro
que le había salido, delante del cual habían caído tres; y este
mismo cuerno tenía ojos, y boca que hablaba grandes cosas, y
parecía más grande que sus compañeros (7:19-20).

El carácter distinto de la cuarta bestia provocó en Daniel el deseo de
saber la realidad acerca de su significado. De igual modo el profeta estaba intrigado tocante al significado de los diez cuernos, y en particular
el del cuerno pequeño. El cuerno pequeño es descrito como «más grande que sus compañeros». La expresión «más grande» da la idea de «más

fuerte». Debe notarse nuevamente que el «cuerno pequeño» no surge en una etapa o tiempo en que los diez cuernos ya no existen, sino que por el contrario surge cuando aún están en pie. De modo que al menos por algún tiempo los diez cuernos grandes y el pequeño operan simultáneamente. Sin embargo, en un momento específico de tiempo, el cuerno pequeño derriba o desarraiga a tres de los diez y evidentemente absorbe sus dominios. La idea de Young de la existencia de tres etapas en la historia de la bestia no parece ser del todo correcta.[44]

> Y veía yo que este cuerno hacía guerra contra los santos, y los vencía, hasta que vino el Anciano de días y se dio el juicio a los santos del Altísimo; y llegó el tiempo y los santos recibieron el reino (7:21-22).

Un nuevo detalle de la visión es añadido ahora. «Y veía yo que este cuerno hacía guerra contra los santos». El cuerno pequeño, el anticristo, es visto en acción tal como aparece en Apocalipsis 13 haciendo guerra o persiguiendo a los santos.[45] Esta persecución de los santos parece ser el tema de Apocalipsis 13:7, donde dice: «Y se le permitió hacer guerra contra los santos y vencerlos...». Esa persecución es, sin lugar a dudas, futura, ya que el cuerno pequeño (el anticristo) hará su aparición en el escenario de la historia en los últimos tiempos y será destruido por la venida personal, visible y gloriosa de Jesucristo.

El cuerno pequeño llamado también la bestia en Apocalipsis 13:1-10 y el anticristo son la misma persona, quien ordenará una persecución de «los santos» sin precedentes en la historia. Como el profesor Young admite:

> Pero en los días del cuerno pequeño, esta oposición romperá como nunca antes, cuando el satánicamente inspirado cuerno pequeño, desafiante en su orgullo y vanidad, hará guerra contra la Iglesia.[46]

Aunque se difiere de Young en la inclusión de la Iglesia en el período de persecución futura, si se comparte con él que dicha persecución será única (como nunca antes) en la historia. Esa persecución se asocia en la Biblia con una futura destrucción de Jerusalén (Zac. 14:1-3) y concluye con la venida visible, literal, corporal, judicial y en gloria del Señor Jesucristo. El Señor dijo: «E inmediatamente (*euthéus*) después de la tribulación de aquellos días, el sol se oscurecerá, y la luna no dará su resplandor, y las estrellas caerán del cielo, y las potencias de los cielos serán conmovidas. Entonces aparecerá la señal del Hijo del Hombre viniendo sobre las nubes del cielo con poder y gloria» (Mt. 24:29-30). Jesús habló de una tribulación escatológica que vendrá sobre el pueblo judío («entonces los que están en Judea, vayan a los montes» Mt. 24:16).

A la luz de esa evidencia es sorprendente que se afirme como ha hecho un autor que:

> La ira divina vino sobre la nación judía «hasta el extremo», tal como había sido profetizada antaño (Dt. 28:49-57; Is. 51:17-20; Dn. 12:1), y por el mismo Señor Jesús (Mt. 24:15-22; Mr. 13:14-20) halló cabal cumplimiento.[47]

Decir que la tribulación del año 70 de nuestra era fue la *única tribulación*, dando a entender que eso que ocurrió en el mencionado año fue el absoluto y cabal cumplimiento de la gran tribulación profetizada por Cristo en Mateo 24:1-30 (el párrafo no termina en el versículo 22), sencillamente no se ajusta a la clara revelación de la Palabra de Dios. En Mateo 24:3, la destrucción de Jerusalén aludida coincide con la venida de Cristo y con el fin de la era presente. Además, el Señor señaló que habrá una tribulación sin precedentes que precederá su segunda venida a la tierra. Decir que todo eso ya ha ocurrido carece de fundamento exegético y sólo puede fundamentarse sobre una hermenéutica alegórica.

El reinado del cuerno pequeño termina a causa de la intervención del Anciano de días quien pone fin al poder del blasfemo personaje. Seguidamente, como ya se ha indicado, será inaugurado el reino de nuestro Señor. Se hace necesario en esta coyuntura hacer otra observación pertinente. Si, como se ha señalado ya, existe una estrecha relación entre los capítulos 2 y 7 de Daniel, es lógico pensar que la parte final de la imagen (piernas y pies) simboliza la etapa final de los reinos humanos, etapa con la que termina *«los tiempos de los gentiles»*. De modo que los pies de la imagen deben corresponder de alguna manera con los cuernos de la cuarta bestia y el cuerno pequeño que surge entere ellos, ya que ambas figuras simbolizan la etapa final del poderío gentil. En el capítulo 2, la piedra golpea a la imagen en los pies, la derriba y la destruye. En el capítulo 7, el cuerno pequeño (la forma final de la cuarta bestia) es destruido por la venida personal de Cristo. Esto concuerda con lo que dice Pablo en 2 Tesalonicenses 2:8: «Y entonces se manifestará aquel inicuo, a quien el Señor matará con el espíritu de su boca, y destruirá con el resplandor de su venida» (véase Ap. 19:19-21).

De modo que si la destrucción de la cuarta bestia (cuarto reino) personalizada por el cuerno pequeño en el capítulo 7 ocurre con la segunda venida de Cristo, como admiten Young, Leupold, Keil y otros amilenaristas, lo lógico y exegéticamente correcto es que lo mismo ocurra con la imagen en el capítulo 2. Ya que, como también se admite, Daniel 2 y 7 son capítulos paralelos, ¿por qué decir que lo que destruye a la imagen en el capítulo 2 es la primera venida de Cristo, pero lo que destruye al cuerno pequeño en el capítulo 7 es la segunda venida el Señor? Lo exegéticamente congruente es que tanto la imagen como el cuerno pequeño son destruidos por el mismo acontecimiento, esto es, la segunda venida de Cristo en gloria.

Como señala Culver:

> El reino de Cristo no es representado como establecido sino hasta después de que la bestia final en la serie «fue muerte, y su cuerpo destruido, y fue dada para ser quemada con fuego». Esto está en completa armonía con la profecía del capítulo 2. Allí el reino de la piedra no crece gradualmente durante la etapa final de la historia profética de la imagen, sino que el reino de la piedra viene con fuerza, destruyendo violentamente a la imagen. Después de la destrucción de la imagen, después que el mismo polvo ha sido esparcido, la piedra se convierte en un gran monte y llena toda la tierra.[48]

Decir que la piedra que golpeó la imagen simboliza la primera venida de Cristo es perder la perspectiva de la historia, ya que el Evangelio no ha conquistado al mundo ni Jesucristo destruyó al Imperio Romano (más bien el Imperio Romano lo crucificó). Pero, además, es una autocontradicción. Ya que afirmar que los capítulos 2 y 7 son paralelos y luego arbitrariamente romper el paralelismo, carece de sentido lógico:

> Dijo así: La cuarta bestia será un cuarto reino en la tierra, el cual será diferente de todos los otros reinos, y a toda la tierra devorará, trillará y despedazará. Y los diez cuernos significan que de aquel reino se levantarán diez reyes; y tras ellos se levantará otro, el cual será diferente de los primeros, y a tres reyes derribará (7:23-24).

El ángel intérprete comunica a Daniel que «la cuarta bestia será un cuarto reino». Este reino, como se ha indicado repetidas veces, es el Imperio Romano. Pero en estos versículos se indica que este reino será diferente a los anteriores y que «a toda la tierra devorará, trillará y despedazará». Es decir, ejercerá un poder y control absolutos en toda la tierra. Según Apocalipsis 13:7, dice que a la bestia «...se le dio autoridad sobre toda tribu, pueblo, lengua y nación». Es decir, Dios por voluntad soberana, permitirá que la bestia ejerza un dominio que ningún otro gobernante de la tierra ha tenido hasta entonces.

El ángel explica que habrá una etapa en la vida de la bestia en que de su cabeza brotarán diez cuernos (reyes) y entre los diez surgirá un cuerno pequeño que derribará a tres de los diez cuernos (reyes). Este pasaje guarda una relación estrecha con Apocalipsis 13 y 17. También en esos pasajes se ve una bestia con diez cuernos en sus cabezas y se nos dice que esos cuernos representan diez reyes (Ap. 17:21). Estas bestias se oponen tanto a Dios como a sus santos (Ap. 13:5-7; 17:6, 14; véase también Dn. 7:24). Si las bestias de Apocalipsis 13 y 17 son el mismo personaje y si dichas bestias también concuerdan con el cuerno pequeño y sus vasallos, mencionados por Daniel, entonces no será difícil concluir que la forma final del Imperio Romano consistirá en la formación de una confederación de reinos cuyo origen tendrá relación con el pueblo que en el año 70 d.C. destruyó la ciudad de Jerusalén. De esa confederación, se sugiere, saldrá el cuerno pequeño o el anticristo escatológico.

> Y hablará palabras contra el Altísimo, y a los santos del Altísimo quebrantará, y pensará en cambiar los tiempos y la ley; y serán entregados en su mano hasta tiempo, y tiempos, y medio tiempo (7:25).

Una de las principales características del cuerno pequeño es su arrogancia. Ese personaje despreciable recibe poder satánico (Ap. 13:2: «...el dragón le dio su poder y su trono») hasta el punto que se atreve a blasfemas abiertamente contra Dios (véanse Dn. 11:36-37 y 2 Ts. 2:4). Además, ordena una persecución universal contra los santos del Altísimo, tanto judíos como gentiles (véase Ap. 12; 13:7, 17). En tercer lugar, el anticristo procurará realizar algo espectacular como «cambiar los tiempos (*zimnîn*) y la ley (*dat*)». La expresión «tiempos y ley» parece tener un sentido general y no una aplicación al calendario religioso.[49] Debe notarse que la Escritura no dice que el anticristo llega a realizar su propósito, pero sí dice que «pensará» (*yisbar*) en ejecutar dicho plan.

El período de hegemonía del anticristo es de «tiempo, y tiempos y medio tiempo», aunque expositores como Leupold[50] y Young[51] rechazan la idea de que dicha expresión significa tres años y medio. A la luz de pasajes como Apocalipsis 11:2-3; 12:6, 14; 13:5, no hay razón exegética que impida atribuirle a dicha expresión la duración de tres años y medio.[52]

> Pero se sentará el Juez, y le quitarán su dominio para que sea destruido y arruinado hasta el fin, y que el reino, y el dominio y la majestad de los reinos debajo de todo el cielo, sea dado al pueblo de los santos del Altísimo, cuyo reino es reino eterno; y todos los dominios le servirán y obedecerán (7:26-27).

La expresión «pero se sentará el Juez» es la misma que aparece en el versículo 10 y literalmente significa «el juicio tomó su lugar» o «el tribunal tendrá su sesión». Edward J. Young observa que:

> El juicio es aquí descrito solamente en cuanto a su relación con la destrucción del cuerno pequeño, el anticristo.[53]

La destrucción del cuerno pequeño ocurre cuando la duración de «tiempo, y tiempos, y medio tiempo» llega a su final, es decir, al final de la gran tribulación. Ese acontecimiento coincide también con la segunda venida de Jesucristo a la tierra.[54] Daniel dice: el cuerno pequeño será *«destruido* y *arruinado* hasta el fin», o sea, completa y absolutamente. Esa destrucción y ruina es descrita con las siguientes palabras: «Y la bestia fue apresada, y con ella el falso profeta que había hecho delante de ella las señales con las cuales había engañado a los que recibieron la marca de la bestia, y habían adorado su imagen. Estos dos fueron lanzados vivos dentro de un lago de fuego que arde con azufre» (Ap. 19:20).

Inmediatamente después de la destrucción del anticristo, el Señor Jesucristo establecerá su reino mesiánico e histórico. Este será un reino de paz, justicia y santidad en el que el Mesías manifestará su gloria dentro de la estructura de la historia. Ese reinado de Cristo no fue inaugurado en su primera venida sino que lo será cuando el Señor venga con poder y gloria «y se siente en su trono de gloria» (Mt. 25:31). Como subraya un escritor:

> Los versículos 13, 14 y 27 hablan claramente de la inauguración del reino de Cristo (no de su conclusión, como arguye Keil) y los versículos muestran que este reino será un gobierno glorioso en el que todos los pueblos servirán a Cristo —algo que no ha ocurrido aún en nuestros días en lo que concierne a su gobierno espiritual—, pero que será verdad cuando Él venga para establecer su reinado terrenal después de la destrucción del anticristo (Ez. 37:23).[55]

Los santos, tanto judíos como gentiles, poseerán el reino porque les será dado. El reino que será establecido es descrito como algo *indestructible* («reino eterno» o *malkût 'âlam*). Dios cumplirá todas sus promesas hechas a Abraham y a su descendencia tocante a la tierra, el reino y otras bendiciones físicas. Jesucristo se sentará en el trono de David y reinará sobre la casa de Jacob para siempre, y su reino no tendrá fin (Lc. 1:33).

Aquí fue el fin de sus palabras. En cuanto a mí, Daniel, mis pensamientos se turbaron y mi rostro se demudó; pero guardé el asunto en mi corazón (7:28).

Las palabras del versículo 27 concluyen la interpretación dada por el ángel a Daniel. Tanto la visión como su interpretación causaron una profunda impresión en el anciano profeta. Era de esperarse. Daniel había tenido el privilegio de ver de manera simbólica lo que Dios haría con los imperios del mundo.

Los «tiempos de los gentiles» que comenzaron con la destrucción de Jerusalén en el año 586 a.C., llegarán a su final cuando el Rey de reyes y Señor de señores establezca su reino de gloria en la tierra. El reino del Mesías es aún futuro porque, según Daniel 7, será establecido después de la destrucción del «cuerno pequeño, el anticristo», algo que, históricamente no ha ocurrido todavía.

Ese reino será establecido con la presencia visible, corporal, literal y gloriosa de Jesucristo. La piedra que golpea la imagen en los pies (Dn. 2:34) representa la segunda venida de nuestro Señor Jesucristo y no la primera. En su primera venida, Cristo fue crucificado, pero en su segunda venida vendrá a reinar.

RESUMEN Y CONCLUSIÓN

Daniel capítulo 7 trata, al igual que el 2, de los grandes acontecimientos relacionados con *«los tiempos de los gentiles»*. En Daniel 7, La enseñanza es comunicada a Daniel a través de la visión de cuatro bestias salvajes. Las cuatro bestias representan los cuatro grandes imperios que el mundo ha conocido: Babilonia, Medo-Persia, Grecia y Roma. Estos se corresponden con las cuatro divisiones de la estatua del sueño de Nabucodonosor (cap. 2).

El capítulo 7, sin embargo, contiene la revelación adicional del «cuerno pequeño» que aparecerá en los postreros días de forma sutil. Dicho cuerno representa al personaje que en Apocalipsis 13:1-10, se le llama «la bestia que surge del mar». Poseerá el poder de Satanás y será el cabecilla del Imperio Romano reactivado. La derrota total de dicho personaje y sus ejércitos la efectuará el Mesías cuando regrese con poder y gloria.

NOTAS

1. Entre los escritores de esta escuela se incluyen hombres como James Montgomery, H.H. Rowley, S.R. Driver y otros.
2. Tanto premilenaristas (Walvoord, Wood, Culver, Lang, Ironside y otros) como amilenaristas (Young, Leupold, Keil, Grau y otros) reconocen que los capítulos 2 y 7 de Daniel tratan el mismo tema, es decir, los cuatro imperios gentiles.

3. Young, *The Prophecy of Daniel*, p. 141.
4. Keil, «Ezekiel XXV to Malachi», p. 565.
5. Leupold, *Exposition of Daniel*, p. 276.
6. Grau, *Las profecías de Daniel*, p. 119.
7. Culver, *Daniel and The Latter Days* (Westwood: Fleming H. Revell Co., 1954), pp. 125-126.
8. Samuel J. Schultz, *Habla el Antiguo Testamento* (Grand Rapids: Editorial Portavoz, 1976), p. 354.
9. Wood, *A Commentary on Daniel*, p. 179.
10. Véase capítulo 1.
11. Keil, «Ezekiel XXV to Malachi», p. 566.
12. Véase Wood, *A Commentary on Daniel*, p. 180; Lang, *The History and Prophecies of Daniel*, pp. 78-79.
13. Véase Keil, p. 566 y Walvoord, *Daniel*, pp. 151-152.
14. Véase Gesenius, *Hebrew and Chaldee Lexicon*, p. 168.
15. Recuérdese que los metales de la imagen en el capítulo 2 eran diferentes el uno del otro. Debe compararse también la descripción dada por Juan en Apocalipsis 13.
16. Esta es una opinión muy generalizada entre los comentaristas como Young, Walvoord, Wood y otros.
17. Para una lista de los que afirman que el oso representa el imperio medo, véase Walvoord, *Daniel*, p. 155.
18. Chester G. Starr, *A History of the Ancient World* (Nueva York: Oxford University Press, 1965), pp. 140, 276-277.
19. Young prefiere llamarle una pantera. Véase *The Prophecy of Daniel*, p. 145.
20. Como lo veremos más adelante (Dn. 11:1-35), las guerras entre los seleucidos y los ptolomeos causan grandes problemas en palestina, situada entre ambos territorios.
21. En el capítulo 13 del Apocalipsis, Juan tuvo la visión de una bestia con semejantes características a las de Daniel 7. Juan dice que dicha bestia era semejante a un leopardo, un oso y un león, es decir, reunía características similares a las de las tres primeras bestias de la visión de Daniel.
22. Véase Arthur E.R. Boak, *A History of Rome to 565 d.C.* (Nueva York: The McMillan Co., 1963).
23. La conquista del Mediterráneo Oriental por parte de los romanos fue ayudada por el hecho de que en el año 133 a.C. el rey Atalo III de Pérgamo, para evitar que su descendientes peleasen, traspasó como herencia su reino a los romanos.
24. Young, *The Prophecy of Daniel*, pp. 148-149.
25. *Ibíd.*, p. 149.
26. *Ibíd.*, p. 150.
27. *Ibíd.*, p. 147.
28. Walvoord, *Daniel*, p. 162.
29. Evis L. Carballosa, *El dictador del futuro* (Grand Rapids: Editorial Portavoz, 1978), p. 27-35.
30. Young, *The Prophecy of Daniel*, p. 150.
31. *Ibíd.*, p. 151.

32. En Ezequiel 1:13-21 se presenta una visión del trono de Dios semejante a la descrita por Daniel en este pasaje.
33. Véase L. Berkhof, *Teología sistemática* (Grand Rapids: T.E.L.L., 1976), pp. 171-173; y Lewis Sperry Chafer, *Teología sistemática* (Dalton, Ga.: Publicaciones Españolas, 1974), pp. 437-441.
34. Leupold, *Exposition of Daniel*, p. 304.
35. *Ibíd.*, p. 305.
36. Young, *The Prophecy of Daniel*, p. 153.
37. J. Dwight Pentecost, *Eventos del porvenir* (Miami: Editorial Vida, 1978), p. 373.
38. *Ibíd.*, p. 373.
39. Robert D. Culver, *Daniel and The Latter Days*, p. 36.
40. La palabra «reino» se usa en el Nuevo Testamento de diferentes maneras. Se usa para hablar de los creyentes en la edad presente (Col. 1:13); también para indicar la esfera de realidad en la que una persona es salvada por fe en Cristo (Jn. 3:3, 5). Otro uso es el que se refiere al desarrollo del plan de Dios entre el rechazamiento de Cristo por Israel y la venida futura del Mesías (Mt. 13). Además, la palabra «reino» se usa para indicar el reino mesiánico histórico (Ap. 5:10; 20:1-6). Finalmente, hay veces en que la palabra «reino» se refiere al reino eterno de nuestro Señor (Ap. 11:15; 1 Ti. 1:17). Estos usos de dicho vocablo no deben confundirse entre sí.
41. Nótese que las palabras «rey» y «reino» se usan de manera intercambiable aquí (cp. v. 23).
42. Walvoord, *Daniel*, p. 172.
43. Véanse Pentecost, *Eventos del porvenir*, p. 385 y Alva J. McClain, *The Greatness of the Kingdom* (Grand Rapids: Zondervan, 1959), p. 154.
44. Véase p. 159.
45. Expositores amilenaristas como Young, Keil y los llamados premilenaristas del pacto como G.E. Ladd, ven aquí a la Iglesia siendo perseguida. Los premilenaristas de la escuela dispensacionalista opinan que «los santos» perseguidos por el anticristo son aquellos que creen durante la tribulación. (Véase Eric Sauer, *El triunfo del Crucificado*).
46. Young, *The Prophecy of Daniel*, p. 158.
47. Grau, *Escatología: Final de los tiempos*, p. 311.
48. Culver, *Daniel and the Latter Days*, pp. 128-129.
49. Véase Leupold, *Exposition of Daniel*, p. 324.
50. *Ibíd.*, p. 325.
51. Young, *The Prophecy of Daniel*, p. 161.
52. Para una defensa de igualar la expresión «tiempo, tiempos, y medio tiempo» a 3 años y medio, véase Wood, *A Commentary on Daniel*, pp. 201-202.
53. Young, *The Prophecy of Daniel*, p. 162.
54. Carballosa, *El dictador del futuro*, pp. 63-65.
55. Wood, *A Commentary on Daniel*, p. 204.

TERCERA PARTE

El plan profético tocante a la nación de Israel (8:1–12:13)

Al considerar la segunda parte del libro de Daniel (capítulos 2 al 7) se señaló que fue escrita en el idioma arameo. El arameo era básicamente la lengua de los gentiles, de modo que era apropiado que el plan profético tocante a las naciones gentiles fuese escrito en ese idioma.

La tercera parte de esta profecía que se expondrá a continuación concierne primordialmente a la nación de Israel. El tema de esta sección tiene que ver con los propósitos de Dios para con el pueblo judío durante «los tiempos de los gentiles», haciendo énfasis en lo que ha de acontecer a dicho pueblo cuando el anticristo haga su aparición en el escenario de la historia.

Esta tercera sección comienza con la visión de una lucha entre un carnero y un macho cabrío, símbolo de la lucha entre el imperio medo-persa y el greco-macedónico (8:1-8). Seguidamente, aparece «un cuerno pequeño» que persigue y martiriza al pueblo judío (8:9-14). Ante la perplejidad de Daniel un mensajero celestial le interpreta la visión (8:15-27). A esto sigue la revelación de lo que Dios hará con la nación de Israel en el período de 70 hebdómadas. Conociendo que el fin de la cautividad estaba cerca, Daniel apela a las promesas de Dios estipuladas en sus pactos. El profeta confiesa los pecados de la nación de Israel, sabiendo que las bendiciones de Dios vendrían en base al arrepentimiento por parte del pueblo (9:1-19). En un acto de su gracia, Dios revela a Daniel su propósito redentor para la nación de Israel (9:20-27). El pro-

feta Daniel se entrega a la oración, deseando saber más tocante al plan
de Dios (10:1-14) y recibe la promesa de que le será concedido saber
más (10:15-21). Dios muestra al profeta lo que sucederá al pueblo en el
futuro cercano (11:1-35) y en el futuro lejano (11:36-45). Finalmente,
Daniel recibe la revelación de la tribulación escatológica por la que la
nación de Israel pasará cuando sea perseguida por el anticristo. Esa tribulación, sin embargo, terminará en la liberación del remanente fiel que
disfrutará de las bendiciones del reino con el Señor (12:1-13). Estos temas escuetamente enumerados aquí, serán tratados más ampliamente a
continuación.

DIEZ

La visión del carnero y el macho cabrío (8:1-27)

La visión del capítulo 7 ocurrió en el año primero de Belsasar (553 a.C.). La visión del capítulo 8 tuvo lugar dos años más tarde, o sea, en el 551 a.C. Como se ha apuntado ya, los capítulos 8:1 hasta el 12:13 están escritos en idioma hebreo, ya que los temas tratados conciernen particularmente a la nación de Israel.

EL CONTENIDO DE LA VISIÓN (8:1-14)

En el año tercero del reinado de Belsasar, me apareció una visión a mí, Daniel, después de aquella que me había aparecido antes. Vi en visión; y cuando la vi, yo estaba en Susa, que es la capital del reino en la provincia de Elam; vi, pues, en visión, estando junto al río Ulai (8:1-2).

El profeta Daniel nos proporciona el marco histórico en que ocurrió la visión: (1) el tercer año del rey Belsasar (551 a.C.); (2) en Susa (capital del reino en la provincia de Elam); y (3) junto al río Ulai. Se ha sugerido la posibilidad de que Daniel no estuviese físicamente presente en Susa, sino que fue llevado «en espíritu», es decir, en la visión.[1] También debe notarse que Daniel hace referencia a «la provincia de Elam». La región llamada Elam en la Biblia está situada al sur de la meseta del Irán, en los montes Zagros y al este-nordeste del valle del río Tigris.[2] En tiempos de Hammurabi, Elam fue hecha una provincia del antiguo imperio babilónico.[3] Pero hacia el año 1200 a.C., Elam obtuvo su independencia, convirtiéndose en un poder internacional.[4] En tiempos de Nabucodonosor I (1130 a.C.), Elam nuevamente perdió su independencia pasando a ser parte del dominio babilónico.[5] Según las *crónicas babilónicas*, en el año 742 a.C., Elam volvió a ser un territorio independiente, pero en el año 550 a.C. los persas convirtieron dicha nación en una satrapía. Sin embargo, Susa permaneció como ciudad importante

157

donde los reyes medo-persas residían por tres meses al año.[6] Babilonia,
la gran ciudad de Nabucodonosor, dejó de ser la capital cuando los Medo-
persas tomaron el poder.

> Alcé los ojos y miré, y he aquí un carnero estaba delante del río,
> y tenía dos cuernos, y aunque los cuernos eran altos, uno era
> más alto que el otro; y el más alto creció después. Vi que el car-
> nero hería con los cuernos al poniente, al norte y al sur, y que
> ninguna bestia podía parar delante de él, ni había quien escapa-
> se de su poder; y hacía conforme a su voluntad y se engrandecía
> (8:3-4).

Esta visión se diferencia de la del capítulo 7, entre otras cosas en que
no es una visión en sueño. En el capítulo 8, evidentemente, Daniel está
despierto cuando Dios le muestra la visión. El profeta contempla *un* carnero de pie junto al río.[7] El carnero tenía dos cuernos, algo normal en tal
animal. Pero lo sorprendente es que uno de los cuernos creció y se hizo
más alto que el otro. La interpretación de esa parte de la visión es provista en el versículo 20: «En cuanto al carnero que viste que tenía dos
cuernos, éstos son los reyes de Media y de Persia».

La historia confirma que los medos llegaron a ser un poderío de mayor importancia que los persas en el siglo VII a.C.[8] Tal fue así que en el
año 612 a.C. los medos formaron una alianza con los babilónicos y cap-
turaron la ciudad de Nínive. Pero con el ascenso de Ciro el Grande, los
persas crecieron en influencia y por el año 550 a.C. tomaron control de
Media. Fue así que se cumplió la profecía del cuerno que creció más
que el otro.

La unión de medos y persas en un solo imperio creó un ejército poderoso que conquistó territorios hacia el oeste (Babilonia, Siria, Asia Menor), el norte (Armenia) y el sur (Egipto y Etiopía). Ningún ejército
existente en aquellos tiempos tenía la fuerza o la capacidad para detener
el empuje de los medo-persas. De modo que el carnero «hacía conforme
a su voluntad y se engrandecía».

> Mientras yo consideraba esto, he aquí un macho cabrío venía
> del lado del poniente sobre la faz de toda la tierra, sin tocar la
> tierra; y aquel macho cabrío tenía un cuerno notable entre sus
> ojos. Y vino hasta el carnero de dos cuernos, que yo había visto
> en la ribera del río, y corrió contra él con la furia de su fuerza. Y
> lo vi que llegó junto al carnero, y se levantó contra él y lo hirió,
> y le quebró sus dos cuernos, y el carnero no tenía fuerzas para

pararse delante de él; lo derribó, por tanto, en tierra y lo pisoteó,
y no hubo quien librase al carnero de su poder (8:5-7).

El macho cabrío, según el versículo 21, simboliza el imperio griego.
El «cuerno notable» sin duda, se refiere a Alejandro Magno, quien con
velocidad meteórica conquistó el mundo conocido en aquellos tiempos.
En el año 334 a.C., Alejandro cruzó el estrecho de los Dardanelos, y en
su primera batalla en el Oriente, derrotó al ejército de los sátrapas en las
márgenes del río Gránico. Poco tiempo después venció a Darío III en la
batalla de Issos (333 a.C.). Dos años más tarde (331 a.C.) el gran general macedonio derrotaba de manera aplastante al grueso de las fuerzas
medo-persas en la famosa batalla de Gaugamela.

La expresión «sin tocar la faz de la tierra» se refiere a la velocidad
con que Alejandro ejecutaba sus campañas militares (recuérdese el leopardo con cuatro alas en 7:6). El poderío y la fuerza de Alejandro son
descritos en la manera en que se enfrenta al carnero: (1) lo hiere; (2)
quebranta sus dos cuernos; (3) lo derriba en tierra; y (4) lo pisotea.

Y el macho cabrío se engrandeció sobremanera; pero estando
en su mayor fuerza, aquel gran cuerno fue quebrado, y en su lugar
salieron otros cuatro cuernos notables hacia los cuatro vientos
del cielo (8:8).

Este versículo profetiza la inesperada muerte de Alejandro Magno en
Babilonia en el año 323 a.C. Cuando se encontraba en el cenit de su carrera político-militar, su vida fue truncada de manera misteriosa. A raíz
de su muerte, el imperio conquistado por Alejandro fue dividido entre
sus cuatro prominentes generales (Casandro, Lisímaco, Seleuco y
Ptolomeo). Debe notarse que esta maravillosa profecía del ascenso y
caída de Alejandro Magno se cumplió literalmente unos 200 años después de haber sido revelada a Daniel. Si el libro de Daniel fue escrito
por el año 535 a.C., como creemos que fue, eso significa que dicha profecía fue leída durante dos siglos antes de que los acontecimientos en
ella predichos tuviesen su cumplimiento.

Y de uno de ellos salió un cuerno pequeño, que creció mucho al
sur, y al oriente, y hacia la tierra gloriosa. Y se engrandeció hasta
el ejército del cielo; y parte del ejército de las estrellas echó por
tierra, y las pisoteó. Aun se engrandeció contra el príncipe de los
ejércitos, y por él fue quitado el continuo sacrificio, y el lugar de
su santuario fue echado por tierra. Y a causa de la prevaricación

le fue entregado el ejército junto con el continuo sacrificio; y echó
por tierra la verdad, e hizo cuanto quiso, y prosperó (8:9-12).

Daniel nota en la visión que «de uno de ellos» (o sea, de uno de los
cuatro cuernos que habían surgido del gran cuerno que el macho cabrío
tenía entre sus ojos), «salió un cuerno pequeño».[9] Este «cuerno pequeño» es identificado como Antíoco IV Epífanes, quien reinó en Siria entre los años 175 y 163 a.C. Este Antíoco Epífanes se caracterizó por su
odio y persecución contra los judíos.[10] En el año 168 a.C., Antíoco organizó una invasión contra Egipto que resultó en un rotundo fracaso. Enfurecido a causa de su fracaso quiso desahogarse embistiendo contra
Jerusalén. Las murallas de la ciudad fueron destruidas, el templo fue profanado, una imagen de Antíoco fue colocada en el lugar santísimo y un
cerdo ofrecido en el altar. Además, centenares de judíos fueron vendi-
dos como esclavos.

La persecución de los judíos llevada a cabo por el malvado Antíoco
Epífanes es descrita en los versículos 10 y 11 («el ejército del cielo»).
La expresión «contra el príncipe de los ejércitos» puede significar que
Antíoco se ensañó contra el mismo Dios. Aún mas, ordenó que cesasen
las ofrendas que continuamente eran ofrecidas en el templo y destruyó
el altar de los sacrificios. Antíoco Epífanes llegó a ordenar la ejecución
de miles de judíos. Las cosas que eran preciosas para el pueblo de Dios
fueron pisoteadas por aquel rey inicuo. De ahí que, aunque el cuerno
pequeño de Daniel 7:8, 24 no es el mismo personaje de 8:9, sí puede
decirse que «el cuerno pequeño» del capítulo 8 *presagia* o *tipifica* al
«cuerno pequeño» del capítulo 7. Antíoco IV Epífanes fue un precursor
del anticristo. Aquel rey blasfemo hizo localmente lo que el anticristo
hará universalmente.

> Entonces oí a un santo que hablaba y otro de los santos pregun-
> tó a aquel que hablaba: ¿Hasta cuándo durará la visión del con-
> tinuo sacrificio, y la prevaricación asoladora entregando el
> santuario y el ejército para ser pisoteados? Y él dijo: Hasta dos
> mil trescientas tardes y mañanas; luego el santuario será purifi-
> cado (8:13-14).

Las expresiones «un santo» y «otro santo» se refieren a seres an-
gelicales, ya que, por lo menos, uno de ellos conoce el significado
de la visión. La pregunta formulada («hasta cuándo...») está relacionada con la duración de la profanación del templo. La respuesta dada
por el ángel es sencillamente: «hasta dos mil trescientas tardes y
mañanas: luego el santuario será purificado». La expresión dos mil

trescientas tardes y mañanas ha originado ciertas teorías. Entre las más notorias está la de los Adventistas del Séptimo Día. Walvoord explica lo siguiente:

> Los Adventistas del Séptimo Día han entendido que los dos mil trescientos días se refieren a años que, en base a su interpretación, culminarán en el año 1884 con la segunda venida de Cristo. La teoría año-día para todos los propósitos prácticos quedó excluida por el hecho de que Cristo no vino en 1884 en ningún cumplimiento real de la anticipación de esta interpretación.[11]

El profesor Walvoord sugiere que es mucho más adecuado tomar los dos mil trescientos días de manera natural. De modo que, en su opinión, los dos mil trescientos días constituyen el periodo de tiempo transcurrido entre el año 171 a.C. (año del asesinato de Onías III quien era el legítimo sumo sacerdote antes de la profanación del templo por Antíoco Epífanes) y el año 165 a.C., cuando el templo fue purificado (el 25 de diciembre de 165 a.C.). Una hermenéutica correcta conduce a encontrar el cumplimiento de los dos mil trescientos días dentro del período de tiempo del que nos habla el contexto, es decir, en la época de Antíoco Epífanes.[12]

EL MENSAJERO CELESTIAL INTERPRETA LA VISIÓN DE DANIEL (8:15-27)

Y aconteció que mientras yo Daniel consideraba la visión y procuraba comprenderla, he aquí se puso delante de mí uno con apariencia de hombre. Y oí una voz de hombre entre las riberas del Ulai, que gritó y dijo: Gabriel, enseña a este la visión (8:15-16).

El profeta Daniel hizo un esfuerzo personal por comprender el significado de la visión («...consideraba... y procuraba comprenderla»). Pero una orden es dada al ángel Gabriel para que «enseñe» (*bîn*, que significa «hacer entender»). De modo que Dios no dejó a Daniel a expensas de su propia intuición, sino que le comunicó el significado correcto de lo que había visto.

> Vino luego cerca de donde yo estaba; y con su venida me asombré, y me postré sobre mi rostro. Pero él me dijo: Entiende, hijo de hombre, porque la visión es para el tiempo del fin. Mientras él hablaba conmigo, caí en tierra sobre mi rostro; y él me tocó y me hizo estar en pie. Y dijo: He aquí yo te enseñaré lo que ha de venir al fin de la ira; porque eso es para el tiempo del fin (8:17-19).

El ángel Gabriel, obedeciendo la orden recibida, se acercó a Daniel para darle la revelación de la visión. El profeta confiesa haberse asombrado y haber caído a tierra. El ángel hace saber al profeta que la visión es «para el tiempo del fin» (*le'et-gês*). Dicha expresión, como admite Edward Young, es difícil de comprender.[13] El ángel Gabriel usa otras dos expresiones que pueden ayudar a aclarar un tanto el problema: (1) El «fin de la ira» (*'ahârit hazzâ'am*); y (2) el «tiempo del fin» (*mô'êd qês*). Expositores como Young,[14] Keil,[15] y el español José Grau[16] (los tres de posición amilenarista) opinan que la expresión «para el tiempo del fin» aquí, tuvo su cumplimiento completo en el pasado.

Pero no debe pensarse que todos los amilenaristas concuerdan con las opiniones de Young, Keil y Grau. El eminente expositor amilenarista H.C. Leupold ha escrito lo siguiente:

> Esta declaración [para el tiempo del fin] significa que, aparte de la relación obvia que la visión tiene con los sucesos del futuro imediato, a saber, en el tiempo de los imperios persa y griego, esta completa visión también sirve como un tipo de lo que ha de ocurrir en el tiempo del fin del presente orden mundial. Así que el «fin» se refiere al final absoluto. De modo que el nombre *gets*, refiriéndose a un hecho especial, pase a tener el carácter de un nombre propio y es usado sin artículo (K.S. 294 c.). En otras palabras, resumiendo, el rey Antíoco es visto como una clase de anticristo antiguotestamentario semejante al gran anticristo; el derribamiento y la profanación del santuario se corresponderán con experiencias similares de la Iglesia; el sufrimiento del pueblo santo corresponde con los sufrimientos en la última gran tribulación. Cuando se tiene esto en mente, el capítulo pierde su aislamiento de los acontecimientos del presente y es visto como típico en un sentido real.[17]

Si se pasa por alto el hecho de que Leupold ve a la Iglesia en la tribulación final, lo que dice dicho escritor (a pesar de ser amilenarista) es lo mismo que dicen muchos premilenaristas.[18] Es decir, que aunque el pasaje en cuestión otuvo un cumplimiento histórico en tiempos de Antíoco Epífanes, tipológicamente tiene una proyección futura que se extiende al tiempo de la revelación del anticristo escatológico. Es interesante observar que la misma expresión «el tiempo del fin» (*'et-qes*) ocurre en Daniel 12:4 y en su comentario de dicha frase Edward Young dice:

> El tiempo del fin es la consumación, cuando el Señor regresará del cielo.[19]

El escritor José Grau parece diferir de la opinión de Young, pues ha escrito lo siguiente:

> ¿Cuándo será el fin? Ya hemos estudiado el sentido de esa expresión —«el fin»— y hemos aprendido que se refiere no tanto al punto final de la historia de la humanidad como a todo el período último de la historia del pueblo judío. Es decir, la última etapa de aquella era que constituyó la postrera vida nacional para Israel en los tiempos antiguos.[20]

Es decir, para Young, por lo menos en Daniel 12:4, la expresión «el tiempo del fin» se refiere a una época aún futura que tiene que ver con la segunda venida de Cristo. Algo que evidentemente está del todo correcto. Sin embargo, para Grau, la misma expresión en el mismo versículo se refiere a un suceso del pasado, algo que se cumplió en el año 70 d.C., ya que, según él, no habrá más tribulación que la que ocurrió en esa fecha.

> En cuanto al carnero que viste, que tenía dos cuernos, éstos son los reyes de Media y de Persia. El macho cabrío es el rey de Grecia, y el cuerno grande que tenía entre sus ojos es el rey primero. Y en cuanto al cuerno que fue quebrado, y sucedieron cuatro en su lugar, significa que cuatro reinos se levantarán de esa nación, aunque no con la fuerza de él (8:20-22).

El ángel Gabriel explica a Daniel el simbolismo de la visión como hemos estudiado a través de la exposición de este capítulo. La historia secular confirma el cumplimiento cabal de todos los detalles de la visión. Dios tiene el control de la historia. Su providencia obra de manera que todos sus propósitos se cumplen exactamente como los planeó desde antes de la fundación del mundo.

> Y al fin del reinado de éstos, cuando los transgresores lleguen al colmo, se levantará un rey altivo de rostro y entendido en enigmas. Y su poder se fortalecerá, mas no con fuerza propia; y causará grandes ruinas, y prosperará, y hará arbitrariamente, y destruirá a los fuertes y al pueblo de los santos. Con su sagacidad hará prosperar el engaño en su mano; y en su corazón se engrandecerá, y sin aviso destruirá a muchos; y se levantará contra el Príncipe de los príncipes, pero será quebrantado aunque no por mano humana (8:23-25).

La frase «y al fin del reinado de éstos» se refiere a los cuatro cuernos o reinos en que el imperio se Alejandro fue dividido. «Los transgresores», en opinión de algunos expositores como Wood[21] y Young[22] se refiere a judíos apóstatas que continúan con sus transgresiones después de la cautividad.

El profeta dice que «se levantará un rey altivo de rostro y entendido en enigmas». La identificación de este personaje ha producido una variedad de opiniones entre intérpretes conservadores. Expositores premilenaristas como Walvoord,[23] Wood[24] y Culver[25] opinan que los versículos 23 al 26 tienen un alcance profético aunque hubo un cumplimiento histórico en tiempos de Antíoco Epífanes. Expositores de la escuela amilenarista como Young[26] y Keil[27] limitan el pasaje al cumplimiento histórico en el período de los macabeos. Si se entiende que el pasaje tuvo un cumplimiento histórico en la persona de Antíoco Epífanes, pero que Antíoco fue, por decirlo así, un precursor del anticristo en cuanto a que realizó en menor escala lo que el anticristo escatológico hará en una mucho mayor, gran parte de la controversia pierde su fuerza.

Es decir, «el rey altivo de rostro y entendido en enigmas» se refiere tanto a Antíoco IV Epífanes como al anticristo de los postreros tiempos. Antíoco hizo en parte lo que el anticristo hará en su totalidad.

> La visión de las tardes y mañanas que se ha referido es verdadera; y tú guarda la visión, porque es para muchos días (8:26).

La visión aquí aludida se refiere a los dos mil trescientos días del versículo 14. Ese período de tiempo, como se ha sugerido, se refiere a lo ocurrido entre los años 171 a.C. y la fecha de la purificación del templo (25 de diciembre de 165 a.C.) o tal vez a la fecha de la muerte de Antíoco Epífanes (163 a.C.).

Debe notarse aquí la frase «porque es para muchos días». El libro de Daniel fue escrito en el año 535 a.C. y la profecía del capítulo 8 tuvo un cumplimiento histórico y literal más de tres siglos después de haber sido escrita. Siendo así, y no tenemos dudas de que lo fue, resulta desconcertante la siguiente declaración del escritor José Grau:

> La profecía se cumplió literalmente. En este caso se trata de una profecía con gran abundancia de detalles. Por otra parte, la contemplamos desde la perspectiva de su cumplimiento. De ahí la facilidad de una identificación. No ha de extrañar, pues, que siendo tan visible la naturaleza misma de estas profecías, los números aquí haya que tomarlos literalmente y no de modo simbólico como suele ser lo aconsejable en las cifras proféticas. Se trataba de una profecía cercana, muy próxima a cumplirse como la de los setenta años profetizados por Jeremías.[28]

Es decir que, según Grau, los números de la profecía en cuestión hay que tomarlos literalmente y no de modo simbólico porque era una profecía que estaba próxima a cumplirse. O sea, que si el cumplimiento hubiese estado lejano, entonces, los números de la misma profecía hubiesen tenido que ser tomados simbólicamente. El problema de tal afirmación es, en verdad, serio tanto en lo hermenéutico como en lo histórico.

Como hemos observado, Antíoco Epífanes tomó el poder en el año 175 a.C. Daniel escribió su libro en el año 535 a.C. ¿Son 360 años un período corto de tiempo? Supongamos por un momento que un judío hubiese leído la profecía del capítulo 8 de Daniel, incluyendo los asuntos del cuerno pequeño, los cuatro cuernos, los dos mil trescientos días, etc., trescientos años de su cumplimiento (lo cual, seguramente, ocurrió). ¿Cómo pensamos que hubo de tomar esos números? ¿Los tomaría de modo simbólico pensando que su cumplimiento estaba lejano? Y si lo hubiese tomado así; ¿significaba eso que la profecía no hubiese tenido un cumplimiento literal? ¿Qué sistema de interpretación demanda que los números de una profecía cercana se interpreten literalmente y los de una profecía lejana lo sean figuradamente?

Aquí tenemos un ejemplo claro de cómo debe interpretarse la profecía. Toda profecía bíblica ya haya sido de cumplimiento cercano o lejano, se ha cumplido literalmente. El vocabulario profético no distingue o clasifica el significado de números en base a un cumplimiento cercano o escatológico.[29]

> Y yo Daniel quedé quebrantado, y estuve enfermo algunos días, y cuando convalecí, atendí los negocios del rey; pero estaba espantado a causa de la visión, y no la entendía (8:27).

No cabe duda de que la visión que Dios había mostrado a Daniel hizo un profundo impacto en la persona del profeta, tanto en lo físico como en lo emocional. Después de la visión, Daniel quedó completamente exhausto y enfermo por algunos días. El profeta confiesa haber quedado espantado como resultado de lo que había visto. Según él «no entendía la visión». Ciertamente, Daniel podía relatar y escribir el contenido de lo que había visto, pero no podía comprender su significado. Hay mucho del significado de la Palabra de Dios que está más allá de la comprensión humana. Hay mucho que no se puede explicar. Pero *todo* lo que está escrito en la Biblia puede y debe creerse porque es la Palabra de Dios, inerrante e infalible.

RESUMEN Y CONCLUSIÓN

El capítulo 8 de la profecía de Daniel revela la lucha entre el imperio medo-persa y el greco-macedónico de Alejandro Magno. La carrera meteórica de Alejandro y su súbita muerte diez años después se presentan a través de la figura del *«macho cabrío»* que poseía un cuerno prominente. También se narra lo ocurrido después de la muerte de Alejandro, es decir, la cuádruple división de su imperio.

La profecía da atención particular a los reinos del norte (seleucidas) y del sur (ptolomeos) porque ambos se relacionan con la nación de Israel. La mayor atención se le da a Antíoco IV Epífanes. Este rey tomó la ciudad de Jerusalén y profanó el templo de los judíos. Ofreció sacrificios inmundos sobre el altar y colocó una estatua del Dios pagano, Zeus, en el lugar santísimo. Antíoco se convirtió en un ser despreciable. Sus hechos fueron un adelanto de lo que hará el anticristo.

NOTAS

1. Véanse Wood, *A Commentary on Daniel*, p. 207 y Young, *The Prophecy of Daniel*, p. 166.
2. *Zondervan Pictorial Encyclopedia of The Bible*, p. 262.
3. *Ibíd.*
4. *Ibíd.*, p. 262.
5. *Ibíd.*, p. 261.
6. *Ibíd.*
7. La palabra «un» aquí no es un artículo indeterminado, sino un adjetivo, expresando *cantidad*.
8. Véase Bright, *La historia de Israel*, pp. 313-315 y Starr, *A History of the Ancient World* (Nueva York), pp. 137-141.
9. El cuerno pequeño de Daniel 7 y éste que aparece aquí en el capítulo 8 no son el mismo personaje.
10. Véanse I y II de Macabeos entre los libros apócrifos.
11. Walvoord, *Daniel*, p. 188.
12. *Ibíd.*, pp. 189-190. Véase también, Grau, *Las profecías de Daniel*, p. 138.
13. Young, *The Prophecy of Daniel*, p. 176.
14. *Ibíd.*
15. Keil, «Ezekiel XXV to Malachi», p. 637.
16. Grau, *Las profecías de Daniel*, p. 141.
17. Leupold, *Exposition of Daniel*, p. 360.
18. Véase Walvoord, *Daniel*, pp. 192-196.
19. Young, *The Prophecy of Daniel*, p. 257.
20. Grau, *Las profecías de Daniel*, p. 250.
21. Wood, *A Commentary on Daniel*, p. 225.
22. Young, *The Prophecy of Daniel*, p. 179.
23. Walvoord, *Daniel*, pp. 197-199.
24. Wood, *A Commentary on Daniel*, pp. 226-229.

25. Robert D. Culver, "Daniel", *Comentario bíblico Moody: Antiguo Testamento*, p. 792.
26. Young, *The Prophecy of Daniel*, pp. 179-181.
27. Keil, «Ezekiel XXV to Malachi», pp. 640-642.
28. Grau, *Las profecías de Daniel*, p. 138.
29. Es esa clase de hermenéutica la que hace que expositores como Young (Grau sigue la misma escuela) digan que los diez cuernos de la cuarta bestia del capítulo 7 representan un número simbólico, mientras que los cuatro cuernos que brotan del cuerno del macho cabrío es un número literal. Ese método de interpretación es, obviamente, inconsecuente.

La revelación de las setenta hebdómadas (9:1-27)

El capítulo 9 del libro de Daniel ha sido reconocido generalmente como la piedra de toque para la interpretación de gran parte del material profético de las Escrituras. Este capítulo se relaciona directamente con el plan de Dios respecto a la nación de Israel. Esto puede verse claramente mediante un estudio objetivo del contenido del pasaje. El material en cuestión se divide en dos partes principales. Primeramente, Daniel busca en oración una respuesta divina concerniente a la terminación de la cautividad de Israel (9:1-19). En respuesta a la oración del profeta, Dios le revela la profecía tocante a las setenta semanas o hebdómadas (9:20-27).

LA ORACIÓN DE DANIEL TOCANTE A LA TERMINACIÓN DE LA CAUTIVIDAD (9:1-19)

Daniel había sido de los primeros judíos llevados cautivos a Babilonia. Sabiendo que habían pasado unos cuantos años desde el día en que fue llevado a la corte de Nabucodonosor, el profeta comienza a investigar en las Escrituras para saber con precisión la fecha del fin de la cautividad.

> En el año primero de Darío hijo de Asuero, de la nación de los medos, que vino a ser rey sobre el reino de los caldeos, en el año primero de su reinado, yo Daniel miré atentamente en los libros el número de los años en que habló Jehová al profeta Jeremías que habían de cumplirse las desolaciones de Jerusalén en setenta años (9:1-2).

Como en ocasiones anteriores, Daniel pone cuidado en la ubicación histórica del suceso a tratar. El Darío mencionado aquí es el mismo que aparece en el capítulo 6 de la profecía. De modo que la fecha a la que Daniel se refiere es el año 538 a.C.[1] El Asuero aquí referido no es el mismo que aparece en Ester 1:1. El rey mencionado en Ester 1:1 es conocido históricamente como Jerjes y reinó entre los años 485 a 465 a.C. En realidad el Asuero mencionado por Daniel no ha sido identificado históricamente aún. El rey Darío mencionado por Daniel, tanto en este capítulo como en el 6, estaba supeditado a la autoridad de Ciro el Grande. Es por eso por lo que Daniel dice que «vino a ser rey», o sea, que «fue hecho rey». Evidentemente, Ciro el Grande le había dado esa autoridad sobre el reino de los caldeos.

El profeta nos dice: «Miré atentamente en los libros». Debe notarse el uso del artículo determinado «los». Daniel está hablando de ciertos libros específicos entre los que se encontraba el libro del profeta Jeremías. De modo que podemos decir que estaba examinando el canon sagrado, o sea, el conjunto de libros inspirados.

Daniel llegó a los pasajes en que *Yahveh* había revelado a Jeremías la duración exacta de la cautividad babilónica. Por ejemplo: «Toda esta tierra será puesta en ruinas y en espanto; y servirán estas naciones al rey de Babilonia setenta años. Y cuando sean cumplidos los setenta años, castigaré al rey de Babilonia y a aquella nación por su maldad, ha dicho Jehová, y a la tierra de los caldeos; y la convertiré en desiertos para siempre» (Jer. 25:11-12). «Porque así dijo Jehová: Cuando en Babilonia se cumplan los setenta años, yo os visitaré, y despertaré sobre vosotros mi buena palabra, para haceros volver a este lugar» (Jer. 29:10).

La expresión «el número de años de que habló Jehová al profeta Jeremías», es de vital importancia. Jehová es el Dios guardador del pacto. Ese nombre ser relaciona directamente con la nación de Israel que es el pueblo pactado de Dios. De modo que Daniel está apelando, como veremos más adelante, al cumplimiento de las promesas hechas por Dios en su pacto. Daniel deseaba saber cuándo se cumplirían los setenta años. Sabía que la desolación (*harôt*) duraría setenta años (lo había leído en la profecía de Jeremías), pero deseaba saber el *terminus a quo* para poder determinar el *terminus ad quem* de dicha desolación.

> Y volví mi rostro a Dios el Señor, buscándole en oración y ruego, en ayuno, cilicio y ceniza (9:3).

Daniel sabía que sólo Dios podía resolver la cuestión que le preocupaba, de modo que se entregó a la oración. La frase «y volví mi rostro a Dios el Señor» está saturada de significado. Primeramente, el verbo «volver» es *nâtan*, que literalmente significa «dar», «poner», «afirmarse». La connotación es que Daniel se dio de manera firme a la oración. El nombre Dios el Señor es *Adonai-Elohim*, que enfatiza la soberanía de Dios. Daniel viene a Dios reconociéndole como Aquel que tiene toda autoridad y señorío.[2] El vasallo viene delante del Señor en oración (intercesión), ruego (solicitando misericordia) y en una actitud de absoluta humildad (ayuno, cilicio y ceniza). Daniel, evidentemente, vino delante del Señor en una actitud de verdadero reconocimiento de su majestad.

> Y oré a Jehová mi Dios e hice confesión diciendo: Ahora, Señor, Dios grande, digno de ser temido, que guardas el pacto y la misericordia con los que te aman y guardan tus mandamientos (9:4).

Por segunda vez en este capítulo Daniel usa el nombre *Yahveh* para referirse a Dios.[3] Ya se ha observado que *Yahveh* se refiere a Dios como el guardador del pacto. Ese es su nombre personal y como tal se relaciona directamente con la nación de Israel.

El profeta viene al Señor y «hace confesión». Esto es importante porque Dios no bendecirá a la nación de Israel hasta que no se haya arrepentido y confesado sus pecados (Dt. 30:1-10). Daniel, por así decir, personifica a la nación de Israel y hace confesión como si toda la nación estuviese hablando por medio de él. Reconoce la grandeza de Dios al igual que su majestad.

Pero Daniel apela también a la fidelidad de Dios: «que guardas el pacto». Enfatiza el hecho de que Dios no se olvida de sus promesas. La expresión «el pacto» (*habberît*) puede tener aquí una amplia referencia a todos los pactos que Dios ha concertado con su pueblo. Dios hizo un pacto con Abraham (Gn. 12:1-3; 13:14-18; 15:1-21). Ese pacto fue confirmado a Isaac (Gn. 26:24-25) y a Jacob (Gn. 28:10-22). También hizo Dios un pacto con David (2 S. 7:1-17). Además, el profeta Jeremías nos habla de un nuevo pacto que Dios hará con la casa de Israel y con la casa de Judá (Jer. 31:27-40). Según el profeta Daniel, el cumplimiento de los pactos descansa en la absoluta fidelidad de Dios.

Además del pacto, Dios también guarda «la misericordia con los que le aman y guardan sus mandamientos». La palabra «misericordia» es el vocablo hebreo *hesed*, que significa «amor inamovible». Dicha expresión ocurre 250 veces en el Antiguo Testamento y guarda una estrecha relación con la palabra «gracia».[4] Charles C. Ryrie observa que:

> Las relaciones del pacto con Dios están reguladas por *chesed*. Por el lado divino del pacto, la manifestación del firme amor bondadoso de Dios está garantizado por la fidelidad de Dios (Sal. 25:10) y su justicia (Sal. 103:17).[5]

Los beneficios de la gracia de Dios son experimentados particularmente por los que «aman y guardan sus mandamientos». Daniel reconoce el hecho de que Israel estaba en cautividad a causa de su desobediencia a los mandamientos de Dios. Esa desobediencia evidenciaba falta de amor hacia *Yahveh*. De modo que si la nación iba a experimentar los beneficios del *hesed* de Dios tenía que arrepentirse y demostrar, por medio de la obediencia a los mandamientos de *Yahveh*, que de verdad le amaba.

> Hemos pecado, hemos cometido iniquidad, hemos hecho impíamente y hemos sido rebeldes, y nos hemos apartado de tus mandamientos y de tus ordenanzas. No hemos obedecido a tus siervos los profetas, que en tu nombre hablaron a vuestros reyes, a nuestros príncipes, a nuestros padres y a todo el pueblo de la tierra (9:5-6).

El versículo 5 sólo consta de siete palabras en el original. De manera enfática Daniel expresa cómo la nación ha desafiado a Dios.[6] «Hemos pecado» (*hâtân'nû*) significa «hemos fallado el blanco»; «hemos cometido iniquidad» (*'avinû*) tiene la fuerza de «hemos actuado perversamente»; «hemos hecho impíamente» (*hirsha'nû*) quiere decir «hemos hecho lo malo deliberadamente»; «hemos sido rebeldes» (*mârodnû*) enfatiza la violación de la autoridad de alguien. La última frase del versículo 5, «y nos hemos apartado de tus mandamientos y de tus ordenanzas» es más bien epexegética, es decir, es una frase que resume o explica lo que se ha dicho anteriormente. La forma verbal es un infinitivo absoluto que hace la oración muy enfática («habiéndonos ciertamente apartado de tus mandamientos y de tus ordenanzas»).

La manera más evidente de la desobediencia del pueblo era que no habían obedecido a los profetas. El profeta hablaba en nombre de Dios. De modo que desobedecer al profeta equivalía a desobedecer la Palabra de Dios que a su vez equivalía a desobedecer al mismo Dios. Tanto reyes como príncipes, padres como hijos eran culpables del mismo pecado. La expresión «todo el pueblo de la tierra» (*kol 'am hâ ârets*) significa todos los miembros de la comunidad de Israel.

> Tuya es, Señor, la justicia, y nuestra la confusión de rostro, como en el día de hoy lleva todo hombre de Judá, los moradores de Jerusalén, y todo Israel, los de cerca y los de lejos, en todas las tierras en que los has echado a causa de su rebelión con que se rebelaron contra ti. Oh Jehová, nuestra es la confusión de rostro, de nuestros padres; de nuestros príncipes y de nuestros padres; porque contra ti pecamos (9:7-8).

En su acto de confesión, Daniel contrasta la justicia de Dios con la «confusión» o, mejor aún, con la «vergüenza» existente en la nación. Con respecto a la palabra «justicia» (*sedâqâ*), dicho vocablo significa primordialmente justicia legal; Dios ha sido vindicado como recto (secundariamente como justo) por la experiencia del pueblo.[7]

Debe notarse que el profeta está hablando de manera específica acerca de: (1) todo hombre de Judá; (2) los moradores de Jerusalén; (3) todo Israel, tanto los de cerca como los de lejos. Estas expresiones no dejan lugar a duda que Daniel está hablando de su propio pueblo. Ese era el pueblo que estaba experimentando la confusión de rostro por haber desobedecido los mandamientos de *Yahveh*. Walvoord hace el siguiente comentario:

> En el versículo 8, los que están avergonzados son mencionados según sus clases sociales, o sea, «nuestros reyes», «nuestros príncipes» y «nuestros padres». El juicio de Dios no exceptuó ninguna clase, sino que fue hecho según sus pecados y rebeliones. En este pasaje como en la confesión anterior, Daniel no escatima palabras sino que se refiere a las transgresiones y pecados de Israel sin hacer ningún esfuerzo por excusarlos.[8]

Daniel está considerando la transgresión nacional de Israel. Ciertamente habría judíos que de manera personal habrían confiado en Dios, pero la nación como tal continuaba sumergida en el pecado y la incredulidad.

> De Jehová nuestro Dios es el tener la misericordia y el perdonar, aunque contra él nos hemos rebelado (9:9).

La situación ha sido planteada. Israel ha pecado contra *Yahveh* de manera colectiva. La culpabilidad ha sido demostrada. Ahora, Daniel apela a la misericordia y al poder perdonador de Dios. Misericordia y perdón son dos acciones que Dios muestra cuando hay arrepentimiento en el corazón de sus hijos (Lm. 3:22-23; Is. 55:7).

> Y no obedecimos a la voz de Jehová nuestro Dios para andar en sus leyes que él puso delante de nosotros por medio de sus siervos los profetas. Todo Israel traspasó tu ley apartándose para no obedecer tu voz; por lo cual ha caído sobre nosotros la maldición y el juramento que está escrito en la ley de Moisés, siervo de Dios; porque contra él pecamos (9:10-11).

La voz de *Yahveh* había hablado al pueblo por medio de los profetas. El profeta era «la voz de *Yahveh*» en medio del pueblo. Además, Dios había dado su ley por medio de Moisés. Aquella ley (*tôrâ*) revelaba el carácter y las santas demandas de Dios, pero el pueblo había transgredido los límites de dicha ley. La ley dada por Dios a través de Moisés tiene una estructura parecida a los pactos antiguos en los que un señor pactaba con sus vasallos y se establecían las estipulaciones de dicha relación.[9] Pero la nación de Israel había violado las estipulaciones del pacto y ahora estaba experimentando las maldiciones resultantes de dicha violación (véanse Dt. 6:10-25; 7:12-26; 8:11-20; 11:8-21; 28:1-68; 2 Cr. 36:20-21). Dios como soberano tenía todo el derecho de infligir el castigo requerido por la ley sobre el pueblo transgresor.

> Y él ha cumplido la palabra que habló contra nosotros y contra nuestros jefes que nos gobernaron, trayendo sobre nosotros tan grande mal; pues nunca fue hecho debajo del cielo nada semejante a lo que se ha hecho contra Jerusalén (9:12).

La expresión «ha cumplido» es la forma *hifil*[10] del verbo *qûm*, «hacer prevalecer» o «causar que permanezca». El soberano había actuado haciendo o causando que su palabra prevaleciese en juicio. Dios había prevenido al pueblo de las consecuencias de violar su Palabra y transgredir su ley. A causa de la desobediencia de la palabra del Soberano, una gran calamidad había sobrevenido al pueblo, a saber, las desolaciones de Jerusalén. Por setenta años la ciudad de Jerusalén y la tierra de Palestina eran testigos elocuentes de la realidad del juicio de Dios.

> Conforme está escrito en la ley de Moisés, todo este mal vino sobre nosotros; y no hemos implorado el favor de Jehová nuestro Dios, para convertirnos de nuestras maldades y entender tu verdad. Por tanto, Jehová veló sobre el mal y lo trajo sobre nosotros; porque justo es Jehová nuestro Dios en todas sus obras que ha hecho, porque no obedecimos su voz (9:13-14).

Las calamidades que habían sobrevenido al pueblo eran el resultado directo de la desobediencia al pacto mosaico. Daniel enfatiza el hecho de que todo lo que está ocurriendo a la nación había sido avisado repetidas veces a todo el pueblo judío. Además de eso, encontrándose como estaban en cautiverio, el pueblo no había implorado el favor y la misericordia del Soberano. El verbo «implorar» es la forma intensiva (*piel*) del verbo *halah* que significa literalmente «suavizar» y la palabra «favor» literalmente significa «rostro». De modo que «implorar el favor» equivale a decir «suavizar, ablandar o endulzar el rostro» de Jehová nuestro Dios. La frase «para convertirnos de nuestras maldades y entender tu verdad», expresa la idea de arrepentimiento de pecado. El entendimiento de la verdad debe provocar en el hombre un deseo genuino de arrepentirse de sus pecados. Israel como nación había conocido la verdad teóricamente, pero se equivocaba pensando que por el mero hecho de ser simiente de Abraham recibiría las bendiciones de Dios. El pueblo había olvidado que fe y obediencia al Soberano son elementos imprescindibles para gozar de sus bendiciones.

La frase «Jehová veló sobre el mal» significa que las maldades del pueblo no habían pasado desapercibidas delante de Dios. El Soberano sabía lo que el vasallo hacía y lo previno del mal que vendría sobre él. Nótese que el profeta reconoce que hubo justicia por parte del Soberano al traer juicio sobre el vasallo que había desobedecido su voz.

> Ahora pues, Señor Dios nuestro, que sacaste a tu pueblo de la tierra de Egipto con mano poderosa, y te hiciste renombre cual lo tienes hoy; hemos pecado, hemos hecho impíamente. Oh Señor, conforme a todos tus actos de justicia, apártese ahora tu ira y tu furor de sobre tu ciudad Jerusalén, tu santo monte; porque a causa de nuestros pecados, y por la maldad de nuestros padres, Jerusalén y tu pueblo son el oprobio de todos en derredor nuestro (9:15-16).

Continuando con la nota de alabanza y reconocimiento de la soberanía de Dios, Daniel hace referencia al tema del éxodo, es decir, a la espectacular liberación de la esclavitud en Egipto. Haciendo uso de señales y milagros, con mano poderosa Dios había sacado de la servidumbre a la nación de Israel. El acontecimiento del éxodo fue, sin duda, una maravillosa demostración tanto del poder como de la fidelidad de Dios. Dios cumplió cabalmente su promesa a Abraham. Nuevamente Daniel confiesa el pecado del pueblo y hace su petición. El profeta pide que Dios aparte su ira de Jerusalén, a la que llama: (1) «tu ciudad, Jerusalén»; y (2) «tu santo monte». Pero la petición de Daniel es que Dios actúe «conforme a todos tus actos de justicia». Debe recordarse que no existe contradicción de clase alguna entre la gracia y la misericordia de Dios y su justicia.

El pueblo de Israel y Jerusalén se habían convertido en «oprobio» delante de las naciones circunvecinas en las que el hombre de *Yahveh* había sido deshonrado. En la opinión de los pueblos de Canaán, los dioses babilónicos eran más poderosos que *Yahveh*, de otro modo Israel no habría sido humillada como lo fue.

> Ahora pues, Dios nuestro, oye la oración de tu siervo, y sus ruegos; y haz que tu rostro resplandezca sobre tu santuario asolado, por amor del Señor. Inclina, oh Dios mío, tu oído, y oye; abre tus ojos, y mira nuestras desolaciones, y la ciudad sobre la cual es invocado tu nombre; porque no elevamos nuestros ruegos ante ti confiados en nuestra justicia, sino en tus muchas misericordias:

Oye, Señor; oh Señor, perdona; presta oído, Señor, y hazlo; no tardes, por amor de ti mismo, Dios mío; porque tu nombre es invocado sobre tu ciudad y sobre tu pueblo (9:17-19).

La intensidad de la oración de Daniel alcanza su cenit en estos últimos tres versículos. El profeta ha estado intercediendo por el pueblo, el santuario, la ciudad de Jerusalén, en fin, todo aquello que estaba muy cerca de su propio corazón. Daniel ora con fervor y con eficacia. La Escritura dice: «La oración eficaz el justo puede mucho» (Stg. 5:16).

Debe observarse cuidadosamente que Daniel no apela a su justicia personal ni a la de ningún otro israelita, sino a «las muchas misericordias de Dios». Es decir a esas muchas misericordias que Daniel específicamente pide lo siguiente: (1) oye la oración de tu siervo; (2) haz que tu rostro resplandezca sobre tu santuario asolado; (3) abre tus ojos y mira nuestras desolaciones; y (4) perdona. Total, que Daniel deseaba ver la cautividad de Israel llegar a su fin. Anhelaba ver la ciudad de Jerusalén restaurada y el santuario reconstruido. Pero más que nada deseaba ver al pueblo gozándose de las bendiciones de Dios y en un estado de comunión con *Yahveh*.

La intercesión de Daniel a favor de su pueblo, Israel, es, sin duda, un modelo de oración en todo el Antiguo Testamento. Así como Daniel intercedió por su pueblo también hombres de fe deben interceder por sus propias naciones con humildad y compasión.

LA REVELACIÓN DE LAS SETENTA HEBDÓMADAS (9:20-22)

Dios respondió a la oración de Daniel mediante la revelación de una de las más grandes profecías de toda la Biblia. Esta profecía, conocida como *las setenta semanas*, ha sido, y continúa siendo, el tema de muchas discusiones entre los estudiosos de temas escatológicos.

Aún estaba hablando y orando, y confesando mi pecado y el pecado de mi pueblo Israel, y derramaba mi ruego delante de Jehová mi Dios por el monte santo de mi Dios; aún estaba hablando en oración, cuando el varón Gabriel, a quien había visto en la visión al principio, volando con presteza, vino a mí como a la hora del sacrificio de la tarde. Y me hizo entender, y habló conmigo, diciendo: Daniel, ahora he salido para darte sabiduría y entendimiento (9:20-22).

Una vez más debe notarse que Daniel intercedía a favor de la nación de Israel. Consecuentemente, la revelación que recibe en respuesta a su oración se relaciona directamente con el pueblo judío. La revelación es dada a Daniel a través del «varón Gabriel». La palabra «varón» es *'îsh,* que literalmente significa «hombre». El uso de dicha expresión, sin duda, se debe a que en su forma visible Gabriel aparecía como un hombre.

La sabiduría y entendimiento que Gabriel proporciona a Daniel tiene que ver con el deseo del profeta por saber el plan tocante a Jerusalén, el santuario y el pueblo de Israel. Este será el tema específico de las setenta hebdómadas al que ahora se dará consideración.

CUATRO ESCUELAS DE INTERPRETACIÓN DE LAS SETENTA SEMANAS

Los eruditos que se han dado a la tarea de interpretar el significado de las setenta semanas o *hebdómadas* que aparecen en Daniel 9:24-27, pueden clasificarse en cuatro grupos distintos.[11] En primer lugar, está la escuela racionalista representada por James Montgomery, que considera el pasaje como una cuestión totalmente del pasado. Según esta escuela, el libro de Daniel fue escrito cerca del año 165 a.C., de modo que su autor escribió asuntos que ya habían ocurrido.

Una segunda escuela de interpretación es la que representa el erudito Edward J. Young. El punto de vista de Young es amilenarista, aunque no todos los de esa posición teológica están de acuerdo con sus conclusiones tocante a este tema. El profesor Young considera que las setenta semanas tuvieron su cumplimiento en el pasado, pero de la manera siguiente:

1. Semanas 1–7 se cumplieron entre el tiempo de Ciro (538 a.C.) y Nehemías (440 a.C.).
2. Semanas 8–69 se cumplieron entre el tiempo de Nehemías y el nacimiento de Cristo.
3. La primera mitad de la semana setenta se cumplió entre el nacimiento de Cristo y su muerte en la cruz.
4. La segunda mitad de la semana setenta se cumplió entre la muerte de Cristo y la destrucción de Jerusalén por los romanos en el año 70 d.C.[12]

La tercera escuela está representada por otro famoso erudito C.F. Keil. Este gran expositor, aunque amilenarista, presenta un punto de vista distinto al de Edward Young. Según el profesor Keil, las semanas, aunque simbólicas, se cumplen del modo siguiente:

1. Semanas 1–7 ven su cumplimiento con la primera venida de Cristo.
2. Semanas 8–69 se cumplirán con la aparición del anticristo.
3. Semana 70 se cumplirá con los hechos que culminan con la segunda venida de Cristo.[13]

La cuarta escuela de interpretación es la que siguen los teólogos premilenaristas. Esta escuela está representada hoy por John F. Walvoord,[14] ex presidente del Seminario Teológico de Dallas. La interpretación premilenarista considera que las setenta semanas equivalen a un período de 490 años literales. Sesenta y nueve de esas semanas tuvieron su cumplimiento poco antes de la crucifixión de Cristo. También mantiene la posición premilenarista que entre la semana sesenta y nueve y la setenta hay un intervalo de tiempo en el que Dios está cumpliendo su propósito durante esta edad presente. La última semana, la número setenta, aguarda un cumplimiento futuro que se corresponderá con los juicios de la tribulación y la aparición del anticristo, culminando con la segunda venida de Cristo para establecer su reinado de gloria.

EL CONTEXTO DE LAS SETENTA SEMANAS

La profecía de las setenta semanas fue dada a Daniel el primer año de Darío, es decir, por el año 538 a.C. Leyendo la profecía de Jeremías, Daniel llega a la conclusión de que el fin de la cautividad estaba muy próximo. La nación de Israel había sido llevada cautiva a Babilonia a causa de su desobediencia a la ley de Dios y particularmente por la violación del primer mandamiento de la ley y la ley del año sabático (Jer. 29:17-19; 2 Cr. 36:21; Lv. 26:33-35). Conociendo que el arrepentimiento era necesario para gozar de las bendiciones de Dios, Daniel confiesa los pecados de la nación y pide a Dios que por su misericordia, gracia, amor, fidelidad y justicia perdone los pecados del pueblo. En respuesta a la oración de Daniel, Dios revela su propósito para con Israel por medio de la profecía de las Setenta Semanas.

EL CONTENIDO DE LA PROFECÍA
DE LAS SETENTA SEMANAS (9:23-27)

Al principio de tus ruegos fue dada la orden, y yo he venido para enseñártela, porque tú eres muy amado. Entiende, pues, la orden y entiende la visión. Setenta semanas están determinadas sobre tu pueblo y sobre tu santa ciudad, para terminar la prevaricación y poner fin al pecado, y expiar la iniquidad, para traer la justicia perdurable, y sellar la visión y la profecía, y ungir al Santo de los santos (9:23-24).

Con estos versículos se introduce uno de los trozos proféticos más importantes de toda la Biblia. «La orden» debe entenderse como «la palabra» (*dâbâr*). La palabra profética venía de Dios a Daniel a través del ángel Gabriel.

La expresión «setenta semanas» denota un período de tiempo específico. La forma verbal «están determinadas» es la forma pasiva (*nifal*) del verbo *hâtak*, que significa «cortar» y también «decidir», «determinar», «dividir» o «decretar».[15] Un escritor expresa el pensamiento de la frase de esta manera:

> Setenta semanas están definidamente seleccionadas y decididas, como un período en que varias cosas han de suceder, antes de la consumación final de la esperanza de la nación judía, o sea, la aparición del Mesías.[16]

De vital importancia en este estudio es determinar el significado de la palabra «semana» (*shâbu'îm*). Dicha palabra es el plural de *shâbûa'* que significa una unidad o período de siete, hebdómada o semana.[17] La palabra *shâbu'îm* («semanas») es usada veinte veces en el Antiguo Testamento. Tres veces significa una unidad de siete y va acompañada de la palabra «días» (Ez. 45:21; Dn. 10:2, 3); ocho veces significa «semana» o «semanas», o sea, un período normal de siete días (Gn. 29:27, 28; Dt. 16:9, 10, 16; Lv. 12:5; 2 Cr. 13:8); y seis veces se usa para indicar una unidad de siete sin hacer referencia a días (Dn. 9:24-27). En este último caso sólo el contexto determina la naturaleza de lo que la expresión significa.

¿A qué se refiere, pues, la palabra «semana»? Algunos comentaristas, como Edward J. Young, tratan de restar importancia a la cuestión.[18] Por un lado, el profesor Young admite que dicha palabra no puede, en manera alguna, referirse a días, pero por otro lado no se atreve a aceptar que son años aunque reconoce que el concepto *años* armoniza mejor con el texto y con la profecía en sí.[19] Es más, en otra obra suya, Young dice:

> Ya que esos números representan períodos de tiempo cuya duración no está expresada, y ya que son simbólicos no es justificable procurar describir la duración precisa de esos sietes.[20]

Pero lo cierto es que sí es correcto y justificable procurar saber la duración exacta de esos «siete», «hebdómadas» o «semanas». Después de todo, Daniel está hablando de cifras y de hechos específicos cuando menciona siete, sesenta y dos, y una. Habla de la salida de la *orden* para restaurar y edificar a Jerusalén, la venida del Mesías Príncipe y su muerte. Todo eso ocurrió en períodos de tiempo muy específicos y muy bien documentados en las Escrituras. De modo que decir que las semanas son simbólicas o que son períodos indefinidos de tiempo crea un problema mucho más grande de lo que podría pensarse. Tal es así que el amilenarista Philip Mauro usa el sistema literal para determinar el cumplimiento de las primera sesenta y nueve semanas, aunque arbitrariamente interpreta la duración de la última semana de modo simbólico.[21]

Varias consideraciones nos llevan a concluir que la palabra *semanas* o *hebdómadas* en Daniel 9:24-27 se refiere a unidades de siete años. De modo que las setenta semanas equivalen a un período de 490 años.

Primero, debe notarse que en Daniel 9:1-2 el profeta está pensando en relación a años. Su preocupación era lo concerniente al «número de años que durarían las desolaciones de Jerusalén». Es más, el versículo 2 menciona los 70 años de la cautividad.

Segundo, la cautividad había sido el resultado directo de la violación del año sabático (2 Cr. 36:21; Lv. 26:34-35). El año sabático tenía que ver con el hecho de que Israel debía cultivar la tierra por seis años y dejarla descansar un año. La suma de seis años de trabajo más uno de descanso constituía una semana de años.

Tercero, el único otro sitio en el libro de Daniel donde se usa la palabra «semanas» es en 10:2, 3, y allí va acompañada de la palabra «días». Es como si el profeta, deliberadamente, quisiera evitar una confusión entre el uso de dicha palabra en el capítulo 9 y en el capítulo 10.

Cuarto, de no referirse a años, tendría por fuerza que referirse a *días*. Pero como el mismo Edward J. Young admite:

> El breve período de 490 días no serviría para llenar las necesidades de la profecía, no importa qué punto de vista se siga. De modo que, hasta donde este escritor conoce, esa opinión es rechazada casi universalmente.[22]

En conclusión, un estudio sistemático y objetivo de la palabra *shâbu'îm* revela que su uso en Daniel 9:24-27 tiene el significado de *unidades de siete años*. Hacer cualquier otra cosa del significado de dicha palabra en el contexto de Daniel 9 es absolutamente ilógico.[23] El contexto de Daniel 9 no permite que la palabra signifique *semanas de días*. Alegorizar dicha expresión, pretendiendo que signifique períodos indefinidos de tiempo, crea grandes problemas en la interpretación total de la profecía. De modo que lo más prudente es reconocer que aquí se está hablando de 70 unidades de 7 años que hacen un total de 490 años.[24]

La totalidad de las «setenta semanas» (490 años) está determinada sobre «tu pueblo», o sea, el pueblo de Daniel (Israel) y sobre «tu santa ciudad», es decir, Jerusalén. Durante el mencionado período de 490 años, seis obras divinas serían realizadas. La primera de ellas aparece en la frase «para terminar la prevaricación». La palabra «terminar» es la forma *«piel»* del verbo *kâlâ'* y tiene la fuerza de «cerrar», «tapar» o «sujetar firmemente». El vocablo «prevaricación» deberá traducirse «la prevaricación» (*happesha'*) ya que va acompañado del artículo definido en el original. De modo que se refiere a una situación específica de cosas.[25] Walvoord explica lo siguiente:

El significado más patente es que el curso de la apostasía de Israel, su pecado y su deambular por la faz de la tierra será llevado a su fin dentro del período de setenta sietes. La restauración
de Israel que Daniel buscaba en su oración tendrá su cumplimiento final en este concepto [de los 70 sietes].[26]

La segunda obra de Dios durante las setenta semanas será «poner
fin al pecado» o «poner fin a los pecados» (la palabra «pecado» está
en plural en el original). Esta expresión resulta difícil de comprender
a causa de un problema textual con el verbo traducido «poner fin». La
mayoría de los expositores aceptan la traducción que aparece en castellano con la excepción de la palabra «pecados». Una mejor traducción de la frase sería: «...para cancelar los pecados». El contexto del
pasaje obliga a relacionar esta frase primordialmente con la obra de
Dios tocante a Israel. Esta nación escogida por Dios ha vivido en rebeldía e iniquidad. El cumplimiento de las setenta semanas traerá para
ese pueblo no sólo juicio sino también bendición. En los postreros tiempos, particularmente con el cumplimiento de la última semana, el pueblo de Israel será sometido al más severo de los juicios. Dios cumplirá
su promesa a los patriarcas y salvará un remanente que disfrutará de
los beneficios de los pactos. El profeta Isaías escribió: «Y vendrá el
Redentor a Sión, y a los que se volvieren de la iniquidad de Jacob, dice
Jehová» (Is. 59:20). El Redentor es el Mesías que primero «vendrá a
Sion» en su segunda venida y librará a su pueblo de la más terrible
angustia (Jer. 30:7; Ro. 11:26-27). El remanente creyente será limpia-
do de todos sus pecados para que participe de las bendiciones del pacto abrahámico.

En tercer lugar, «expiar la iniquidad». La palabra «expiar» es el verbo *kâpar*, que significa «cubrir». Este vocablo se usa a veces en el sentido de «hacer reconciliación» o «perdonar». El énfasis con que se usa
aquí connota la idea de perdonar. Podemos hacer un breve resumen de
los tres primeros aspectos mencionados de la obra que Dios hará con
Israel: (1) terminar con la prevaricación; (2) poner fin a los pecados; y
(3) expiar la iniquidad. El profesor Young considera que estos son tres
resultados negativos en lo que al cumplimiento de los setenta sietes se
refiere.[27] Esa clasificación es un tanto artificial porque el mismo Young
traduce la expresión «expiar la iniquidad»[28] como «hacer reconciliación
por el pecado», cosa que en ningún modo puede considerarse como algo
negativo.[29] Estos tres aspectos del programa de Dios fueron satisfechos
mediante la muerte de Cristo en la cruz.

El cuarto aspecto en el plan es «traer la justicia perdurable». La idea
implicada en esa frase es «hacer venir la justicia de los siglos». La expresión «justicia de los siglos» es una referencia clara a la era de justicia

que el Mesías introducirá cuando establezca su reino mesiánico. El reino del Mesías es un reino eterno (Dn. 2:44; 7:14, 27) y la justicia que traerá tendrá el mismo carácter.

En quinto lugar, «sellar la visión y la profecía». En opinión de Keil[30] dicha expresión tiene que ver con el futuro y se realizará cuando el reino de Dios sea establecido. Edward Young opina que se refiere a la conclusión del ministerio profético del Antiguo Testamento.[31] Pero lo cierto es que aún no se había completado el canon del Antiguo Testamento ni, por supuesto, el del Nuevo Testamento. De modo que Young no parece estar en lo correcto en su opinión a este respecto. Lo más probable es que la frase se refiera «al cumplimiento final de la revelación y la profecía, es decir, cuando sus funciones demuestren haberse cumplido. El tiempo en mente no puede ser otro sino el día final cuando Cristo regrese en poder».[32]

El sexto aspecto, «ungir al Santo de los santos». La expresión en el texto original es *qôdesh qâdâshîm* que, literalmente, significa «santidad de santidades». Esa frase no parece referirse al Mesías (como cree Young),[33] sino más bien al santuario, como opinan Wood[34] y Keil.[35] De modo que la referencia parece relacionarse más bien con el templo que será edificado por el Mesías cuando establezca su reino de gloria (véanse Ez. 43 y Zac. 6:12).

Para resumir: El versículo que acabamos de considerar en Daniel 9:24 enseña que hay seis aspectos del plan de Dios para con Israel que serán cumplidos en un período de tiempo de 490 años (70 hebdómadas). Esos aspectos son: (1) terminar la prevaricación; (2) poner fin a los pecados; (3) hacer reconciliación por la iniquidad; (4) traer la justicia de los siglos; (5) sellar la visión y la profecía; y (6) ungir el lugar santísimo. En opinión de Young, estas seis cosas fueron realizadas completamente en el pasado.[36] Algunos expositores como Wood[37] creen que los cuatro primeros aspectos se cumplieron en principio en la primera venida de Cristo, cuando el Señor realizó la expiación por los pecados del mundo, pero los seis aspectos serán cumplidos en lo que concierne a los beneficios en sí para Israel cuando Cristo venga por segunda vez, es decir, cuando se hayan agotado los 490 años.

Si se acepta que hay una esperanza futura para la nación de Israel como la que Pablo menciona en Romanos 11, entonces es posible ver la relación de los seis aspectos del programa de Dios en lo que concierne al pueblo judío y al reino mesiánico.[38] El Antiguo Testamento abunda en referencias tocantes a un derramamiento de las bendiciones de Dios sobre la nación de Israel. El derramamiento de esas bendiciones se asocia con la segunda venida de Cristo a la tierra y con el establecimiento del reino mesiánico (Zac. 12–14; Miq. 4; Is. 35; 54). Es entonces cuando esos seis aspectos del programa de Dios para con Israel tendrán un cumplimiento cabal y completo.

Sabe, pues, y entiende que desde la salida de la orden para restaurar y edificar a Jerusalén hasta el Mesías Príncipe, habrá siete semanas, y sesenta y dos semanas; se volverá a edificar la plaza
y el muro en tiempos angustiosos (9:25).

Uno de los aspectos cruciales en el estudio de la profecía de las «setenta semanas» es la determinación del *terminus a quo* de la profecía.
Es decir, cuándo precisamente comienza la cuenta de los 490 años. La
solución de este problema es importante ya que está relacionado con la
cronología de la vida de Cristo.

El ángel Gabriel exhorta a Daniel diciéndole «sabe y entiende». Ambos verbos expresan la idea de urgencia en la acción y guarda relación
con las palabras de 9:22. La frase «desde la salida de la orden» se refiere a cierto decreto o edicto que, según las palabras del ángel, marca el
inicio de la cuenta de los 490 años. La cuestión radica en determinar cuál
fue ese decreto y cuándo fue promulgado.

Primeramente, debe observarse que el mencionado decreto consistía
en una orden «para restaurar y edificar a Jerusalén» hasta el punto de
tener su plaza y su muro edificados en tiempos angustiosos. En su artículo previamente mencionado, el profesor Harold W. Hoehner señala tres
factores importantes en la determinación de la fecha del edicto referido:[39] (1) la expresión «restaurar y edificar», (2) la frase «plaza y muro»;
y (3) la expresión «en tiempos angustiosos». Según este autor, la expresión «restaurar y edificar» sugiere que la ciudad fue restaurada al estado
anterior a su destrucción. «No fue una restauración parcial, sino completa».[40]

En relación con la expresión «plaza y muro», debe notarse que la palabra «plaza» connota la idea de la existencia de calles que conducen a
un espacio amplio dentro de la ciudad y constituye el centro de la vida
ciudadana.[41] La palabra «muro» se refiere a las murallas que circunva-
laban la ciudad, proporcionando una barrera de defensa y protección.
Según James Montgomery, la expresión «plaza y muro» proporcionan
«un cuadro gráfico de completa restauración».[42] Finalmente, según la revelación, la restauración y reedificación de Jerusalén se llevaría a cabo
«en tiempos angustiosos». Una lectura del libro de Nehemías sería suficiente para comprobar que efectivamente fue así.

De modo que el *terminus a quo* para los 490 años (setenta semanas)
es el edicto que autorizó la completa restauración de Jerusalén, el011eván-
dola a la condición que tenía antes de su ruina en el año 586 a.C. Como
ha escrito el famoso expositor inglés Sir Robert Anderson:

Que Jerusalén fue en verdad reconstruida como una ciudad for-
tificada, es absolutamente cierto e incuestionable; y el único in-

terrogante en el asunto es si la historia registra el edicto de esa restauración.[43]

CUATRO EDICTOS RELACIONADOS
CON LA RECONSTRUCCIÓN DE JERUSALÉN

La Palabra de Dios menciona cuatro decretos relacionados con la ciudad de Jerusalén: (1) el decreto de Ciro el Grande, (2) el decreto de Darío; (3) el decreto de Artajerjes a Esdras; y (4) el decreto de Artajerjes a Nehemías. Cada uno de esos decretos debe ser considerado a la luz de las Escrituras para poder determinar cuál de ellos reúne los requisitos que merezcan identificarlo como el *terminus a quo* de los 490 años.

El decreto de Ciro el Grande: A raíz de su conquista de Babilonia, Ciro el Grande alcanzó el cenit de su gloria. El rey persa mostró una gran simpatía hacia el pueblo judío. En el año 539 a.C. Ciro promulgó un edicto que permitía a los judíos reedificar el templo en Jerusalén (2 Cr. 26:22-23; Esd. 1:1-4; 6:3-5). Algunos expositores como Keil,[44] Leupold[45] y Young[46] escogen este decreto como el punto de partida de las setenta semanas (490 años). Pero Harold W. Hoehner observa acertadamente que:

> Este decreto tenía que ver con al regreso de los cautivos y la reedificación del templo, pero no con una completa restauración de la ciudad.[47]

El profesor Hoehner demuestra en su artículo que el edicto de Ciro tenía que ver con la reedificación del templo y no con la reconstrucción de la ciudad. Además, no es lo mismo reconstruir una ciudad que restaurarla al estado que tenía antes de su destrucción. Otro serio problema que surge si se toma el decreto de Ciro como punto de partida es el de los 490 años o las setenta semanas: si el decreto fue promulgado en el año 539 a.C., es imposible armonizar la cronología del versículo 26.

Edward Young trata de resolver el problema ofreciendo la siguiente explicación:

> Es mejor, por lo tanto, entender (aunque estoy profundamente consciente de las dificultades) el texto como declarando que entre el *terminus a quo* y la aparición de un ungido, un príncipe, hay un período de 69 sietes que es dividido en dos períodos de duración desigual, 7 sietes y 62 sietes. ¿A qué, entonces se refieren estas dos subdivisiones? Los siete sietes, aparentemente, tienen referencia al tiempo que transcurrirá entre la promulgación de la palabra (orden) y la restauración de la ciudad y el templo;

aproximadamente hasta el final del período de Esdras y Nehemías. Los sesenta y dos sietes siguen a este período. En el versículo 25 estos 62 sietes no son caracterizados, pero en el versículo 26 se nos dice que ocurrirá después de la expiación de los sesenta y dos sietes. Los 62 sietes, por lo tanto, tienen referencia al período que sigue a la era de Esdras y Nehemías hasta la muerte de Cristo.[48]

Esta explicación del profesor Young ofrece un serio problema para el intérprete de las Escrituras. Si los 7 sietes abarcan un período de tiempo que se extiende desde el año 539 a.C. hasta los tiempos de Esdras y Nehemías, eso comprende un total de unos cien años. De ser así, entonces cada hebdómada equivale a unos catorce años. Pero según Young, el segundo bloque de hebdómadas (62 semanas) abarca el período de tiempo desde Esdras y Nehemías hasta Cristo. O sea, un período de unos 450 años. Eso significaría que en este segundo bloque cada hebdómada tendría una duración aproximada de siete años.

Aunque el profesor Young no lo especifica así, da a entender que, en su opinión, la semana setenta abarca el período de la vida de Cristo hasta la destrucción de Jerusalén, es decir, un total de setenta años.

En resumen, la tabulación de Young es extremadamente arbitraria, confusa y contradictoria a las normas de la hermenéutica. Por un lado, afirma que las hebdómadas o semanas son períodos indefinidos de tiempo y por otro hace que unas veces una hebdómada equivalga a catorce años, otras a siete años y por último le concede el valor de setenta años. Lo menos que el venerable profesor pudo haber hecho es haber sido consecuente en su interpretación.[49]

Es evidente que el ángel Gabriel pretendía ser específico en la revelación que transmite a Daniel. De otro modo, sería imposible explicarse que haga referencia a setenta sietes (70 hebdómadas o 490 años) y que luego divida ese período en 7 sietes, 62 sietes y 1 siete. ¿Por qué hablar de cifras tan específicas si la referencia fuese a períodos indefinidos de tiempo? ¿Por qué asignar un valor distinto a cada hebdómada dentro de los tres bloques mencionados? El intérprete tiene la responsabilidad y el deber de considerar esas preguntas con toda seriedad y procurar una respuesta que sea congruente con los principios fundamentales de la interpretación bíblica.

El decreto de Darío: En el año 529/528 a.C. el rey Darío I promulgó una orden dirigida a un tal Tatnai, gobernador de Judá, quien deseaba saber qué derecho tenían los judíos para reconstruir el templo. Los capítulos 5 y 6 de Esdras demuestran que en realidad Darío no promulgó ningún decreto sino que investigó los anales persas y leyó el decreto de Ciro el Grande. Después de la lectura de dicho decreto, Darío solamente confirmó su validez. De modo que no es posible considerar dicha orden como el punto de partida de las setenta hebdómadas.

El decreto de Artajerjes a Esdras: Este tercer decreto (459 a.C.) Ha sido considerado por algunos prominentes expositores como el punto de partida para las setenta semanas.[50] Este edicto estimuló el regreso a Palestina de un mayor número de judíos pero no hay nada en su contenido acerca de la reconstrucción de la ciudad (Esd. 7:11-26). El mencionado decreto trata solamente de la reconstrucción del templo. Este decreto tampoco parece ser el que inicia la cuenta de las setenta semanas.

El decreto de Artajerjes a Nehemías: En el año 444 a.C., el rey Artajerjes dio una orden permitiendo a Nehemías ir a Jerusalén para dirigir la reedificación de la ciudad (Neh. 2:1-8). El profesor Hoehner señala cuatro razones que hacen de éste el más lógico de los referidos decretos para marcar el *terminus a quo* de las setenta semanas.[51]

1. Este decreto contiene una referencia directa a la reedificación de la ciudad (2:3, 5). Del mismo modo menciona las puertas y los muros de Jerusalén (2:3, 8).
2. En 2:8 se menciona el hecho de que Artajerjes escribió una carta a Asaf requiriendo que éste le proveyera material para los muros de la ciudad.
3. Tanto el libro de Nehemías como Esdras 4:7-23 mencionan que la reconstrucción de la muralla se efectuó en «tiempos angustiosos» como los que menciona Daniel 9:25.
4. El hecho de que después de éste no hubo más decretos que se refiriesen a la restauración de Jerusalén.

Añádase a esto que una de las fechas más precisas en la cronología de la antigüedad es la que fija el reinado de Artajerjes. Su ascenso al trono ocurrió en el año 465 a.C., siendo el primer año de su reinado el 464 a.C. y el año 20 de su reinado está fijado precisamente en 444 a.C.[52] En conclusión, de los cuatro decretos que de alguna manera se relacionan con el punto de partida de las setenta hebdómadas, el que mejor armoniza con la revelación bíblica es el llamado decreto de Artajerjes a Nehemías, promulgado en el año 444 a.C.

La expresión «hasta el Mesías Príncipe» es de suma importancia. Dicha frase marca indudablemente el *terminus ad quem* (fecha de terminación) de las primeras sesenta y nueve semanas o hebdómadas. O sea, que desde la salida de la orden para restaurar y edificar a Jerusalén (444 a.C.) hasta «el Mesías Príncipe», transcurre un período de tiempo de 69 hebdómadas o 483 años. La duración de esos años fue de 360 días a causa del concepto de «año profético».[53]

El uso bíblico de años de 360 días como meses de 30 días no es difícil de comprobar. En Génesis 7:11 y 8:4 se nos dice que el diluvio duró cinco meses y seguidamente (7:24; 8:3) se nos aclara que su duración fue de 150 días. De modo que si cinco meses equivalen a 150 días, entonces cada mes consistía de 30 días. También en el libro del Apocalipsis las expresiones 42 meses y 1.260 días se usan intercambiablemente (Ap. 11:2, 3; 12:6; 13:5). De modo que, si 1.260 días equivalen a 42 meses, entonces cada mes consta de 30 días. Concluimos, pues, afirmando que las 69 hebdómadas o 483 años consistían en años como los que se usaban en el mundo bíblico, es decir, con una duración total de 360 días. Siendo así, los 483 años equivalían a un total de 173.880 días.

Resumiendo, el *terminus a quo* o punto de partida de las 70 hebdómadas (490 años) fue la promulgación del decreto de Artajerjes a Nehemías en el año 20 de su reinado, es decir, en el año 444 a.C. Desde la promulgación de dicho decreto *hasta* el Mesías Príncipe transcurrieron 69 hebdómadas (483 años). Esos años eran de 360 días ya que esa era la duración normal de un año en la cultura bíblica. De modo que, desde la promulgación del decreto de Artajerjes hasta el Mesías Príncipe, transcurrieron exactamente 173.880 días.

El profesor Leon Wood ha escrito lo siguiente en relación con la fecha de la terminación de las primeras 69 hebdómadas:

> Tocante al *terminus ad quem*, de nuevo la mayoría de los expositores escoge de entre tres posibles fechas, todas relacionadas con la vida de Cristo: su nacimiento (5/4 a.C.), su bautismo, al principio de su ministerio (26 d.C.), y su entrada triunfal (30 d.C.). Ya que la indicación de Gabriel aquí es simplemente que las sesenta y nueve semanas se extendían «hasta» que Cristo viniese, y, en el versículo siguiente, solamente que sería «después» de esas sesenta y nueve semanas cuando Cristo sería «cortado» (quitada su vida), una vez más, cualquiera de estas tres posibilidades llena los requisitos.[54]

Pero las investigaciones hechas por Harold W. Hoehner[55] indican que la entrada triunfal de Cristo en Jerusalén ocurrió el 30 de marzo del año 33 d.C., siendo esa la fecha que mejor concuerda con el cumplimiento del *terminus ad quem* de las 69 hebdómadas. Debe notarse que la muerte del Mesías ocurre «después» de la terminación de las 69 semanas, como lo indica la palabra *'ahârê* en el original (Dn. 9:26). Las setenta semanas están divididas en tres secciones.

La primera abarca 7 semanas o sietes, es decir, 49 años. La segunda consta de 62 semanas o sietes, o sea, 434 años. Por último, la tercera consta de *una* semana de años, es decir, 7 años. La muerte del Mesías ocurre después de agotado el bloque de 69 semanas (7+62=69), pero no dentro de la semana *setenta*, que aguarda un cumplimiento futuro.

> Y después de las sesenta y dos semanas se quitará la vida al Mesías, mas no por sí; y el pueblo de un príncipe que ha de venir destruirá la ciudad y el santuario; y su fin será con inundación y hasta el fin de la guerra durarán las devastaciones (9:26).

Este versículo constituye una de las más claras profecías tocante a la muerte del Mesías. La crítica racionalista pasa por alto esta referencia al hecho histórico de la crucifixión aquí profetizado. Si como cree la escuela liberal, el libro de Daniel fue escrito por el año 165 a.C., ¿cómo se explica que el autor de dicho libro profetizase la muerte del Mesías doscientos años antes de que ocurriese? La respuesta es clara. Daniel escribió toda su profecía en el año 535 a.C. bajo la dirección del Espíritu Santo. De modo que ninguna parte de esta profecía es *vaticinia post eventum*. El profeta dice que «después» (*'ahârê*) del bloque de 62 semanas el Mesías sería «cortado» (*yikkârêt*). En otras palabras, la muerte del Mesías ocurre *«después»* de 7 más 62 semanas de años. Lo que equivale a decir que el Mesías es crucificado *«después»* de las 69 semanas o hebdómadas. Nótese que el texto no dice que el Mesías fue «cortado» dentro del período de sesenta y nueve semanas ni dentro del de la semana número 70.[56] Como ha escrito el teólogo Robert H. Gundry:

> Si la muerte del Mesías ocurrió en medio de la setenta semana, es muy extraño que se diga que su vida es quitada «después» de sesenta y nueve semanas (el total de la suma de las siete y las sesenta y dos semanas). Mucho más naturalmente, el texto habría expresado «durante» o «en medio de» la semana setenta, como ocurre en el versículo 27 tocante a la cesación de los sacrificios. La única explicación adecuada para esa rara expresión es que la semana setenta no sigue inmediatamente después de la sesenta y nueve, sino que hay un intervalo de separación entre ambas. La crucifixión, entonces, ocurre poco «después» de la [semana] sesenta y nueve, pero no dentro de la setenta a causa de la intervención de un lapso de tiempo. La posibilidad de un lapso de tiempo, entre la semana sesenta y nueve y la setenta está establecido por el fenómeno antiguotestamentario generalmente aceptado de la perspectiva profética, en que espacios de tiempo como el que ocurre entre la primera y la segunda venida no fueron percibidos.[57]

La cuestión de la relación entre la semana 69 y la 70 ha sido tópico de intenso debate entre exégetas de las distintas escuelas. Más adelante se dará atención a este asunto más detalladamente.

La frase «mas no por sí» es extremadamente difícil de expresar. Edward Young observa acertadamente que dicha frase indica que «todo lo que propiamente debe pertenecer al Mesías, Él no lo tiene cuando muere».[58] Dicha expresión, tal como ha sido traducida en la versión Reina-Valera, no expresa la idea del original. La palabra 'ayin usada en el hebreo es un sustantivo que significa «nada», «vacío». De modo que una mejor traducción del texto sería: «Y después de las sesenta y dos semanas el Mesías será cortado y no tendrá nada...». Un posible significado de esa extraña frase podría ser que Cristo murió aparentemente sin amigos ni honor. Fue rechazado por los hombres, tratado como un criminal, y aún abandonado por el Padre. En el área de cosas atractivas y deseables, su porción equivalía a «nada».[59] El Mesías Príncipe fue cortado sin tener aquello que era propio de Él. Una de las cosas que propiamente le pertenece es *el reino*. Ese reino será establecido cuando el *Mesías Nâgîd* de Israel regrese a la tierra con poder y gloria. Otra posible interpretación, más afín con el contexto, es la que dice que cuando el Mesías muere (su primera venida) no logra las seis cosas mencionadas en 9:24 para la nación de Israel, puesto que la nación lo rechazó (Jn. 1:11). El cumplimiento de esas seis cosas en la nación de Israel aguarda la segunda venida del Mesías. Ese magno acontecimiento tendrá lugar al final de la *última de las setenta semanas*.

> Y el pueblo de un príncipe que ha de venir destruirá la ciudad y el santuario (9:26).

Es necesario notar en esta oración gramatical la diferencia entre «el pueblo» y «el príncipe que ha de venir». El acontecimiento referido en dicha frase es, como opina la gran mayoría de expositores conservadores», la destrucción de Jerusalén por los romanos en el año 70 d.C. Pero debe observarse que ese texto da la clave para le identificación de la procedencia del anticristo (el cuerno pequeño, Dn. 7:24). El pueblo que destruyó la ciudad y el santuario en el año 70 d.C. fue el romano. Según el texto de Daniel 9:26, el «príncipe que ha de venir» pertenece al mismo pueblo que destruyó la ciudad santa en el primer siglo de nuestra era.

«Y su fin será con inundación» parece referirse a la magnitud de la destrucción de Jerusalén. El versículo 26 termina con la frase «y hasta el fin de la guerra durarán las devastaciones». Esa expresión puede referirse al hecho de que la ciudad de Jerusalén continuará bajo un estado de guerra hasta el fin (Lc. 21:24).

Antes de considerar el versículo 27 se hace necesario regresar a la cuestión de la secuencia de sucesos de las setenta hebdómadas. Existen, por lo general, dos escuelas de pensamiento entre los conservadores. Hay aquellos que opinan que la totalidad de las setenta semanas ya se ha cumplido. Los que así piensan, consideran que dichas semanas tuvieron un cumplimiento continuo que culminó con la destrucción del templo en el año 70 d.C.[60] Hay otros que mantienen que las primeras sesenta y nueve hebdómadas tuvieron su cumplimiento entre el tiempo de Nehemías y la entrada triunfal de Cristo en Jerusalén (posiblemente el año 33 d.C.). Esta escuela (premilenarista) opina que la muerte de Cristo ocurrió «*después*» del cumplimiento de la semana 69 pero no dentro o durante la semana 70.[61] Esta línea de pensamiento, por lo tanto, sostiene que existe un lapso de tiempo entre el cumplimiento de la semana 69 y la 70. Es decir, la posición premilenarista mantiene que las 69 semanas se han cumplido históricamente.

La semana setenta está aún por cumplirse. Esa última semana es equivalente a los siete años de la tribulación escatológica. Hasta ahora, sólo se han cumplido 69 de las 70 semanas. El llamado «domingo de ramos» Cristo entró en la ciudad de Jerusalén, fue aclamado por la multitud, pero rechazado por los representantes oficiales de la nación de Israel. Él se ofreció como el Mesías-Salvador, pero el sanedrín prefirió a otro y rechazo al único que puede salvar. Aquel día se agotó la semana 69, ya que la vida fue quitada al Mesías «después» de dicha semana pero no dentro de la semana setenta. Dios, soberanamente, ha colocado un paréntesis entre la semana 69 y la 70. Eso no debe causar ningún asombro.

Como señala Gundry,[62] existen pasajes bíblicos en que dos sucesos que han de ocurrir en épocas distintas se mencionan en un mismo versículo o grupo de versículos. Por ejemplo, las venidas de Cristo se mencionan en Isaías 61:1-2. Cuando Cristo citó ese pasaje en Lucas 4:18-19, omitió las palabras que hacían referencia a su segunda venida, estableciendo así la existencia del lapso de tiempo entre ambos hechos. Dicho sea de paso, ese lapso de tiempo ya casi alcanza 2.000 años de duración.[63]

Los que creen que la semana setenta tuvo su cumplimiento en el pasado se ven obligados a forzar la exégesis del versículo 27. En la versión Reina-Valera 60 dice: «Y por otra semana confirmará el pacto con muchos». Hay varios aspectos exegéticos en esa frase que requieren una consideración seria y cuidadosa. La expresión «otra» es la palabra hebrea '*ehâd*, que significa «una».[64] Pero también ocurre que la expresión «una semana» podría ser el sujeto o predicado del verbo, es decir, gramaticalmente existe la posibilidad de que se leyese: «Y una semana confirmará el pacto...» o «confirmará el pacto (por) una semana». Con referencia a esas dos posibilidades el erudito C.F. Keil afirma: «La confirmación del pacto no es obra del tiempo, sino el acto de una persona específica».[65] Eruditos de la talla de Young, Montgomery, Wood, Culver, Leupold, Walvoord y otros toman la expresión *«una semana»* como complemento y no como sujeto en la referida oración.[66]

El problema crucial, sin embargo, radica en la pregunta: ¿Cuál es el sujeto del verbo *higbîr*, traducido «confirmará»? Existen dos posibilidades: (1) el Mesías Príncipe (Cristo), y (2) el príncipe que ha de venir (el anticristo). Los intérpretes de la escuela amilenarista, por lo general, opinan que el sujeto es el Mesías, es decir, que es Cristo quien «confirma» el mencionado pacto. Pero hay excepciones enter los amilenaristas. Por ejemplo, H.C. Leupold dice:

> La persona bajo consideración que ejecuta el pacto es naturalmente todavía el anticristo. El verbo *higbîr* no puede tener solamente el significado de «él confirmará el pacto» ya que el verbo empleado es más enfático. Por lo tanto, traducimos: «Él hará que prevalezca un pacto». La idea es que al tratar de tomar el lugar de Cristo, así él [el anticristo] imitará a Cristo de alguna manera.[67]

Los expositores de la escuela premilenarista unánimemente entienden que el sujeto del verbo *higbîr* es «el príncipe que ha de venir», o sea, el anticristo. Por ejemplo, Harold W. Hoehner ha escrito:

> La persona que confirma el pacto en Daniel 9:27 no puede referirse a Cristo. (1) El antecedente más cercano es «el príncipe que ha de venir», en el versículo 27. (2) En ningún momento en el ministerio de Cristo confirmó Él un pacto ya existente... (3) Si Cristo confirmó un pacto en su primera venida, ¿cuándo lo quebrantó? ¿Quebrantaría Cristo un pacto que haya hecho? De modo que el confirmador del pacto no se refiere a Cristo sino a un príncipe que aún está por venir.[68]

Pero hay aún algo más tocante al verbo traducido en la Reina-Valera «confirmará». Dicho verbo en el original es la forma *hifil* de *gâbar*. La forma *hifil* expresa una idea causativa.[69] De modo que el verbo *higbîr* podría traducirse de esta manera: «Él hará prevalecer», «Él causará un pacto fuerte». La idea central en ese verbo es «imponer por la fuerza» o «forzar a algo a alguien». De modo que el pacto del cual se habla aquí será algo *impuesto* o *forzado* a aquellos con quienes se concretará. Edward J. Young enseña que Cristo es el sujeto del verbo porque, en su opinión, el Señor cumplió las estipulaciones del pacto de la Gracia.[70] Sin embargo, existe una gran diferencia entre cumplir los preceptos de un pacto y «hacer que un pacto prevalezca» o como enfatiza el texto «forzar un pacto a los muchos». Pero más enigmático sería aún el uso de la expresión *una semana*. ¿No es esta una conclusión contradictoria por parte del muy respetable profesor Young? Si es Cristo el sujeto del verbo y si lo que quiere decir el texto es que el Señor cumplió las estipulaciones del pacto de la Gracia, ¿qué sentido tiene decir que fue por una semana?

Hay otra cuestión que merece atención. Los traductores se ven obligados a suplir una preposición en la traducción del versículo 27, pues en el original no aparece nada delante de la expresión «una semana». Pero casi todos los traductores suplen algo. Algunos usan las preposiciones «por», «en» o «para». Pero aunque se rehúse suplir la mencionada proposición, todavía la mejor traducción del texto es: «Y Él hará prevalecer [impondrá] un pacto a los muchos una semana». Lo inconsecuente es que se haga algo como lo que ha hecho Philip Mauro, quien objeta a que se supla *una sola palabra* (en este caso «por»); sin embargo, él se toma la libertad de suplir por lo menos *cuatro palabras* («...de que estamos hablando»).[71] No es difícil observar que la traducción de Mauro resulta, más bien, en una manipulación del texto con el fin de apoyar su postura amilenarista.

En resumen, la enseñanza más clara del texto es que la semana número setenta es aún futura. Esa semana consiste de los últimos siete años de los 490 que están directamente relacionados con «el pueblo» y «la ciudad» de Daniel (9:24). Esos siete años se caracterizarán, entre otras cosas, por la aparición del «cuerno pequeño» (Dn. 7:8, 24, 25) o anticristo. Ese personaje impondrá un pacto «a los muchos» de la nación de Israel. Durante la parte final de esos siete años (los últimos 42 meses, Ap. 11:2; 13:5), que Daniel llama «tiempo y tiempos, y medio tiempo» (7:25), desencadenará una persecución universal del pueblo judío. Cuando eso ocurra se cumplirán las palabras de Zacarías 13:8 y 14:1-4. También habrá un cumplimiento literal de las palabras del apóstol Pablo en Romanos 11:25-26: «Porque no quiero, hermanos, que ignoréis ete misterio, para que no seáis arrogantes en cuanto a vosotros mismos: que ha acontecido a Israel endurecimiento en parte, hasta [*áchris oû*] que haya entrado la plenitud de los gentiles; y luego todo Israel será salvo, como está escrito: Vendrá de Sion el Libertador, que apartará de Jacob la impiedad». Cuando Pablo habla de «todo Israel» significa el remanente mencionado en Romanos 9:27.

Ese *remanente* equivale a lo que dice Zacarías 13:8-9:

> Y acontecerá en toda la tierra, dice Jehová, que las dos terceras partes serán cortadas en ella, y se perderán; mas la tercera parte quedará en ella. Y meteré en el fuego a la tercera parte, y los

fundiré como se funde la plata, y los probaré como se prueba el oro. Él invocará mi nombre, y yo le oiré, y diré: Pueblo mío; y él dirá: Jehová es mi Dios.

El Mesías vendrá y salvará a aquellos que de entre la totalidad de Israel hayan puesto su fe en Él. Será en ese remanente fiel en quien las promesas de los pactos antiguotestamentarios se cumplirán dentro de la estructura del tiempo. O sea, durante el reino mesiánico de nuestro Señor.

El ángel Gabriel continúa su revelación a Daniel diciendo: «A la mitad de la semana hará cesar el sacrificio y la ofrenda». La expresión «a la mitad» sugiere que algo ocurre precisamente en medio del período de tiempo denominado «la semana» (7 años). Debe notarse el artículo definido en la expresión «la semana» (*hashshâbûa'*). La persona que hace prevalecer o impone el pacto a los muchos de la nación de Israel causa la cesación de los sacrificios. Este acontecimiento tiene relación directa con la referencia que Jesús hizo a «la abominación desoladora de que habló el profeta Daniel» (Mt. 24:15). El Señor relaciona el período de tribulación escatológica que vendrá sobre Israel con la profecía de Daniel.

Después con la muchedumbre de las abominaciones vendrá el desolador (9:27).

La palabra «muchedumbre» (*kenap*) significa literalmente «alas». De modo que la expresión puede leerse así: «Después con las alas de abominaciones vendrá la desolación» (o el desolador). Esta es una descripción de lo que ha de ocurrir durante ese período final de la semana setenta de Daniel. Pero la duración será «hasta que venga la consumación». La carrera del anticristo termina con la manifestación del Hijo de Dios, quien con el espíritu de su boca destruirá al hombre de pecado (2 Ts. 2:8). Dios cumplirá su plan poniendo fin a la era de rebelión e iniquidad y trayendo la justicia de los siglos a la tierra. La «abominación desoladora» se refiere a la persona misma del anticristo quien ocupará la ciudad de Jerusalén y se autoproclamará «dios», exigiendo que todos le adoren. Ese personaje repudiable y blasfemo perseguirá a los santos de aquel período y blasfemará contra el Dios soberano. Se la permitirá gobernar extensamente sobre la tierra por un período de 42 meses, es decir, tres años y medio (véase Ap. 13:5-8).

RESUMEN Y CONCLUSIÓN

El capítulo 9 comienza con la oración de Daniel. El profeta conocía bien el Antiguo Testamento y, evidentemente estaba familiarizado con el libro de Jeremías. Daniel entendió mediante la lectura de Jeremías 25:11-

14 y 29:10 que el cautiverio en Babilonia duraría 70 años. El profeta sabía que el cumplimiento de esos años estaba muy cerca ya que él fue de los primeros en ser llevado cautivo por Nabucodonosor. Además, sabía que, según Deuteronomio 30, Dios perdonaría a su pueblo tan pronto hubiese arrepentimiento y confesado sus pecados. Con ese conocimiento, el anciano profeta se entregó a la oración, intercediendo y confesando los pecados de la nación de Israel. Daniel apela a la fidelidad de Dios y a su compromiso de cumplir el pacto que había hecho con Abraham.

En respuesta a la oración de Daniel, quien estaba preocupado por la situación de la nación de Israel, Dios le reveló la profecía de las setenta hebdómadas. Esas setenta hebdómadas o semanas constituyen un período de 490 años relacionados con el pueblo y la ciudad de Daniel. Cuando ese tiempo se agote Dios habrá cumplido los seis actos de su plan que conducen a la restauración del remanente de la nación de Israel:

1. Terminar la prevaricación.
2. Poner fin a los pecados.
3. Expiar la iniquidad (hacer reconciliación por los pecados).
4. Traer la justicia de los siglos.
5. Sellar la visión y la profecía.
6. Ungir al lugar santísimo.

Esas seis obras de Dios aún no se han cumplido en el remanente de Israel porque las *«setenta semanas»* o 490 años no se han agotado. Aún falta por cumplirse la última semana. Philip Mauro se equivocó rotundamente cuando hace más de medio siglo escribió:

> Cuando nuestro Señor ascendió al cielo y el Espíritu Santo descendió, no quedaba ni uno solo de los aspectos de Daniel 9:24 que no hubiese absolutamente cumplido.[72]

Mauro pasó por alto que las setenta semanas *«están determinadas»* sobre el pueblo y la ciudad de Daniel (Dn. 9:24). El pueblo de Daniel era Israel y su ciudad era Jerusalén. Sólo una interpretación alegórica del pasaje puede hacer que diga otra cosa. Ni aún amilenaristas como C. F. Keil y H. C. Leupold.[73] concuerdan con la opinión de Mauro. Keil afirma: «Del contenido de estas seis declaraciones se desprende que la terminación de las setenta semanas coincide con el final del curso presente del mundo».[74] Cuando la última de las setenta semanas se cumpla, el Mesías establecerá su reino de paz, justicia, santidad y verdad. Entonces esos seis aspectos del plan de Dios para con Israel se cumplirán en el remanente fiel. De ese modo, Dios cumplirá sus promesas hechas a Abraham, Isaac, Jacob y David.

NOTAS

1. Daniel fue llevado cautivo a Babilonia en el año 605 a.C. Suponiendo que tuviera entonces unos 17 años de edad, eso significa que cuando recibió la revelación de las 70 hebdómadas tenía entre los 84 y 85 años.
2. Aquí vemos un cuadro claro de la relación entre el Señor y el vasallo.
3. El nombre *Yahveh* se usa siete veces en el libro de Daniel; todas en el capítulo 9.
4. Charles C. Ryrie, *La gracia de Dios* (Grand Rapids: Editorial Portavoz, 1979), pp. 16-22.
5. *Ibíd.*, p. 17.
6. Nótese el uso de la primera persona plural.
7. Montgomery, *A Critical and Exegetical Commentary on the Book of Daniel*, p. 364.
8. Walvoord, *Daniel*, p. 208.
9. Helmer Ringgren, *Israelite Religion* (Filadelfia: Fortress Press, 1965), pp. 35-36.
10. La forma *hifil* es causativa.
11. Véase Wood, *A Commentary on Daniel*, pp. 243-244, y Walvoord, *Daniel*, pp. 216- 223.
12. Young, *The Prophecy of Daniel*, pp. 191-221.
13. Keil, «Ezekiel XXV to Malachi», pp. 657-707.
14. Walvoord, *Daniel*, pp. 216-237.
15. Brown, Driver y Briggs, eds., *A Hebrew and English Lexicon of the Old Testament*, p. 367.
16. Moses Stuart, *A Commentary on the Book of Daniel* (Boston: Crocker y Brewster, 1850), p. 267. Citado por Fredrich Holtzman, «A Re-Examination of the Seventy Weeks of Daniel» (tesis inédita, Dallas Theological Seminary, 1974), p. 7.
17. Brown, Driver y Briggs, eds., *A Hebrew and English Lexicon of the Old Testament*, pp. 988-989.
18. Young, *The Prophecy of Daniel*, p. 196.
19. *Ibíd.*
20. Edward J. Young, *The Messianic Prophecy of Daniel* (Grand Rapids: Eerdmans, 1954), p. 56.
21. Véase Walvoord, *Daniel*, pp. 232-237.
22. Young, *The Prophecy of Daniel*, p. 196.
23. Harold W. Hoehner, «Chronological Aspects of the Life of Christ, Part. VI: Daniel's Seventy Weeks and New Testament Chronology», *Bibliotheca Sacra*, 132 (enero-marzo, 1975), p. 50.
24. Farrar, *The Book of Daniel*, 1895, p. 277.
25. Young sugiere que la referencia es a la apostasía y a la rebelión que Daniel ha confesado en su oración (véase *The Prophecy of Daniel*, p. 198).
26. Walvoord, *Daniel*, p. 221.
27. Young, *The Prophecy of Daniel*, pp. 197-199; Grau, evidentemente, adopta la misma postura (véase, *Las profecías de Daniel*, p. 152).
28. *Ibíd.*

29. Véase Walvoord, *Daniel*, p. 220.
30. Keil, «Ezekiel XXV to Malachi», p. 662.
31. Young, *The Prophecy of Daniel*, p. 200.
32. Leon Wood, *A Commentary on Daniel* (Grand Rapids: Zondervan, 1973), p. 250.
33. *Ibíd.*, p. 201.
34. Wood, *A Commentary on Daniel*, p. 250.
35. Keil, «Ezekiel XXV to Malachi», p. 665.
36. Young, p. 201. Lo mismo opina Grau, *Las profecías de Daniel*, p. 155.
37. Wood, p. 251.
38. La Palabra de Dios enseña que habrá un remanente creyente de la nación de Israel que heredará las promesas hechas en los pactos. En los días finales cuando aparezca el cuerno pequeño (Dn. 7:8), Israel experimentará juicio y persecución (Zac. 13:8; 14:1-2; Dn. 12:1). Pero al final de ese juicio un remanente será salvo (Ro. 9:27). Es a ese remanente al que Pablo llama «todo Israel» en Romanos 11:26. «Todo Israel» no significa «todo judío», sino los que quedan después de haber pasado los juicios de la tribulación. Ese remanente fiel disfrutará plenamente de las bendiciones que se derivan del pacto abrahámico.
39. Hoehner, «Daniel's Seventy Weeks and New Testament Chronology», pp. 50-52.
40. *Ibíd.*
41. *Ibíd.*
42. Montgomery, *A Critical and Exegetical Commentary on the Book of Daniel*, p. 380.
43. Anderson, *El príncipe que ha de venir*, p. 91.
44. Keil, «Ezekiel XXV to Malachi», pp. 668-670.
45. Leupold, *An Exposition of Daniel*, pp. 418-424.
46. Young, *The Prophecy of Daniel*, pp. 202-204.
47. Hoehner, «Daniel's Seventy Week and New Testament Chronology», p. 52. En su artículo Hoehner demuestra que los pasajes usados por Young como prueba de su opinión no son correctos. El primero es Esdras 4:12, tiene que ver con el reinado de Artajerjes (Esd. 4:13, 16) y el segundo es Esdras 9:9, que también se refiere al reinado de Artajerjes y no al de Ciro.
48. Young, *The Prophecy of Daniel*, pp. 205-206.
49. Grau sigue la misma línea de pensamiento del profesor Young y, consecuentemente, cae en la misma incongruencia. Véase Grau, *Las profecías de Daniel*, p. 152.
50. Boutflower, *In and Around the Book of Daniel*, pp. 179-193 y J. Barton Payne, *The Imminent Appearing of Christ* (Grand Rapids: Eerdmans, 1962), pp. 148-150.
51. Hoehner, pp. 56-57.
52. Schultz, *Habla el Antiguo Testamento*, pp. 247, 259-260, y Bright, *La historia de Israel* (Bilbao: Desclée de Brouwer, 1977), p. 413.
53. McClain, *Daniel's Prophecy of the Seventy Weeks*, p. 16; Anderson, *El príncipe que ha de venir*, pp. 101-106.

54. Wood, *A Commentary on Daniel*, p. 252.
55. Hoehner, «Chrolonogical Aspects of the Life of Christ, Part V: The Year of Christ's Crucifixion», *Bibliotheca Sacra, 131* (octubre-diciembre, 1974), pp. 332-348.
56. Young opina que la muerte del Mesías ocurrió en medio de la semana 70. Pero esa conclusión no encuentra ninguna evidencia en el texto de Daniel 9:24-27. Véase Young, *The Prophecy of Daniel*, p. 206.
57. Robert H. Gundry, *The Church and the Tribulation* (Grand Rapids: Zondervan, 1973), p. 190.
58. Young, *The Prophecy of Daniel*, p. 207.
59. Wood, *A Commentary on Daniel*, p. 255.
60. Ese es el modo de pensar generalizado entre expositores de la escuela amilenarista.
61. Los que así piensan pertenecen a la escuela premilenarista.
62. Véase p. 187 de este libro.
63. Otros pasajes que mencionan dos eventos juntos con cumplimientos por separado son Isaías 9:6 y Joel 2:28-32.
64. Es la misma palabra que se usa en Génesis 2:24. El hombre unido a su mujer forman *una* sola carne.
65. Keil, «Ezekiel XXV to Malachi», p. 679.
66. La sugerencia de Philip Mauro de traducir el texto «una semana confirmará el pacto» es absolutamente absurda. Tanto es así que ni aún sus colegas amilenaristas concuerdan con dicha traducción (véase Grau, *Las profecías de Daniel*, p. 163).
67. Leupold, *Exposition of Daniel*, pp. 431-432.
68. Hoehner, «Daniel's Seventy Weeks and New Testament Chronology», p. 60.
69. J. Weingreen, *A Practical Grammar for Classical Hebrew* (Oxford: Clarendon Press, 1959), p. 112.
70. Young, *The Prophecy of Daniel*, p. 212.
71. Véase Grau, *Las profecías de Daniel*, p. 163.
72. Philip Mauro, *The Seventy Weeks and the Great Tribulation* (Boston: Hamilton Brothers, 1923), p. 53.
73. Leupold, *Exposition of Daniel*, pp. 415-416.
74. Keil, «Ezekiel XXV to Malachi», p. 666.

D O C E

La visión de la consumación del plan de Dios para Israel (10:1—11:1)

Los capítulos 10, 11 y 12 del libro de Daniel presentan el panorama de la consumación del plan de Dios para con el pueblo de Israel. De modo que se hace necesario, para un mejor entendimiento de la verdad revelada en ellos, considerarlos como una unidad. En el capítulo 10, el profeta tuvo la visión de un personaje celestial quien le revela (capítulo 11) en forma detallada algunos de los sucesos mencionados en el capítulo 8. Pero comenzando en 11:36 y hasta el 12:13 el profeta recibe información de hechos relacionados con el tiempo de la tribulación escatológica que Israel experimentará cuando el anticristo haga su aparición en el escenario de la historia.

MARCO HISTÓRICO DE LA VISIÓN (10:1-3)

En el año tercero de Ciro rey de Persia fue revelada palabra a Daniel, llamado Beltsasar; y la palabra era verdadera, y el conflicto grande; pero él comprendió la palabra, y tuvo inteligencia en la visión. En aquellos días yo Daniel estuve afligido por espacio de tres semanas. No comí manjar delicado ni entró en mi boca carne ni vino, ni me ungí con ungüento, hasta que se cumplieron las tres semanas (10:1-3).

Como en ocasiones anteriores, Daniel fija históricamente el tiempo de la visión. Dice que fue «en el tercer año de Ciro rey de Persia». De modo que esta cuarta visión ocurrió entre los años 536 y 535 a.C. O sea, que la revelación fue dada a Daniel unos setenta años después de haber llegado a Babilonia como cautivo. Debe notarse también que unos dos años antes, Ciro había promulgado el decreto autorizando a los judíos a regresar a Palestina. Es evidente que Daniel no regresó a Jerusalén con los judíos que lo hicieron, sino que permaneció al servicio del gobierno medo-persa. Es posible que el profeta prefiriese quedarse en el exilio a causa de su avanzada edad (cerca de 87 años) o tal vez por el hecho de que desde su elevada posición en el gobierno podía ayudar a sus compatriotas más eficazmente.

Daniel se identifica por su nombre babilónico (Beltsasar). Como se recordará, ese nombre le fue dado a su llegada a Babilonia con el propósito de hacer que Daniel se incorporase a la cultura de los caldeos. Walvoord sugiere que Daniel usa el nombre Beltsasar para enfatizar el hecho de que es la misma persona que unos setenta años antes había sido llevada cautiva a Babilonia.[1]

La «palabra era verdadera» se refiere, sin duda, a la revelación que había sido dada a Daniel. El vocablo traducido «conflicto» en hebreo es *sâbâ'*, que en ocasiones es traducido «guerra» (1 Cr. 5:18; 7:11). Daniel recibió la revelación en medio de «gran conflicto» a causa de la oposición satánica que encontró. Es evidente, por el contexto, que el mismo Satanás se opuso a que el profeta recibiese la comunicación divina. El período de tiempo que dicha revelación abarca coincide con un tiempo de angustia para la nación de Israel. Daniel confiesa haber entendido tanto el contenido de la revelación como su aplicación.

La revelación recibida por Daniel, evidentemente, le afectó profundamente. El profeta dice que «estuvo afligido por espacio de tres semanas». La expresión «tres semanas» es digna de notarse, ya que Daniel literalmente dice «tres semanas de días» (*shâbhu' îm yômim*). La razón de tal expresión seguramente es para distinguir este uso de la palabra *«semana»* del que aparece en el capítulo 9:24-27. Durante los días de su aflicción, el profeta se abstuvo de comer manjar delicados, carne o vino, y de ungirse. El ungimiento era un acto que simbolizaba gozo. Daniel, en señal de aflicción, deja de ungirse por espacio de tres semanas.

LA VISIÓN DEL PERSONAJE CELESTIAL (10:4-8)

Y el día veinticuatro del mes primero estaba yo a la orilla del gran río Hidekel. Y alcé mis ojos y miré, y he aquí un varón vestido de lino, y ceñidos sus lomos de oro de Ufaz. Su cuerpo era como berilo, y su rostro parecía un relámpago, y sus ojos como antorchas de fuego, y sus brazos y sus pies como de color de bronce bruñido, y el sonido de sus palabras como el estruendo de una multitud (10:4-6).

El mes al que Daniel se refiere es el de Nisán. Las dos grandes fiestas en ese mes eran la de la pascua (el día 14) y la de los panes sin levadura (del 15 al 21). De modo que la visión tuvo lugar tres días después de la terminación de la fiesta de los panes sin levadura.

El río Hidekel es una referencia al río Tigris.[2] Es decir, que Daniel estaba lejos de la capital cuando tuvo la visión. Un escritor sugiere la posibilidad de que Daniel estaba cumpliendo con su responsabilidad administrativa y por eso estaba fuera de la capital.[3] De todos modos, no parece haber ninguna razón histórica o de otra índole para impugnar la referencia al río Hidekel o Tigris.

Daniel usa la forma verbal llamada perfecto dramático para describir la visión. Es como si dijese: «Alcé mis ojos y de pronto ante mí estaba un hombre...». La palabra «varón» es el hebreo *'ish*, que significa una persona del sexo masculino. La razón por la que se usa estriba en que el personaje a quien Daniel vio tenía la forma de un hombre.

En cuanto al personaje de la visión, existen varias opiniones. Por ejemplo, H.C. Leupold lo identifica como un ángel poderoso del mismo rango que Miguel, pero diferente.[4] Edward J. Young,[5] por otra parte, opina que es el mismo Señor Jesucristo quien aparece en forma visible antes de su encarnación (a esto se le llama teofanía o cristofanía). Un examen cuidadoso del pasaje favorece la opinión de Young y otros eruditos quienes consideran que el *«varón»* de Daniel 10:4-6 es el Ángel de Jehová o el Cristo pre-encarnado.[6] Debe mencionarse que algunos expositores se resisten a identificar a dicho *«varón»* como Cristo por el hecho de que en Daniel 10:13 dice que es asistido o ayudado por Miguel. La pregunta que ha surgido es: ¿Por qué ha de necesitar Cristo ayuda de otro ángel?[7] Aunque la objeción tiene su validez, es preferible considerar dicho personaje como una teofanía, particularmente si comparamos el pasaje en cuestión con Apocalipsis 1:9-16.

Daniel describe al varón de la visión de la manera siguiente:

1. «Vestido de lino.» Generalmente el lino simboliza la pureza (Lv. 6:10; Ap. 15:6; 19:14).
2. «Ceñidos sus lomos con oro de Ufaz.» Esta frase describe un cinturón tejido con fibras de oro que bordeaba la cintura del varón.
3. «Su cuerpo era como berilo.» La palabra *«berilo»* proviene del hebreo *tarshîsh* y a veces se traduce como «crisólito», «topacio» o «jaspe amarillo.»[8] La mencionada piedra tenía su origen en el sur de España y se caracterizaba por su deslumbrante belleza.
4. «Su rostro parecía un relámpago.» En el sentido de su brillantez.
5. «Sus ojos como antorchas de fuego.» A pesar de que su rostro eran tan brillante, Daniel puede distinguir sus ojos y los compara con «antorchas de fuego.»
6. «Sus brazos y sus pies como color de bronce bruñido.» El bronce bruñido también sugiere brillo y resplandor. De modo que aquel personaje se presenta en un aspecto glorioso y cautivador.
7. «El sonido de sus palabras como estruendo de una multitud.» Por

último, el profeta describe la voz de aquel personaje como potente, autoritativa, como alguien a quien hay que obedecer.

Sugerimos, por lo tanto, que Daniel tuvo una visión de la segunda Persona de la Trinidad, el Eterno Hijo de Dios antes de su encarnación:

> Y sólo yo, Daniel, vi aquella visión, y no la vieron los hombres que estaban conmigo, sino que se apoderó de ellos un gran temor, y huyeron y se escondieron. Quedé, pues, yo solo, y vi esta gran visión, y no quedó fuerza en mí, antes mi fuerza se cambió en desfallecimiento, y no tuve vigor alguno (10:7-8).

Por alguna causa, explicable solamente por el hecho de que los hombres que acompañaban a Daniel eran paganos, sólo él contempló la visión del Cristo preencarnado. De todos modos, el suceso los impresionó en forma tal que se llenaron de temor y huyeron a esconderse. La expresión «huyeron y se escondieron» sugiere que aquellos hombres querían esconderse y huyeron con tal propósito.

Seguramente al quedar solo, Daniel pudo percibir mejor la visión que él mismo llama «esta gran visión». Tan profundamente había afectado a Daniel aquella experiencia que confiesa haber quedado sin fuerzas, debilitado, exhausto.

EL MENSAJERO CELESTIAL EXPLICA SU PROPÓSITO A DANIEL (10:9-14)

> Pero oí el sonido de sus palabras; y al oír el sonido de sus palabras, caí sobre mi rostro en un profundo sueño, con mi rostro en tierra. Y he aquí una mano me tocó, e hizo que me pusiese sobre mis rodillas y sobre las palmas de mis manos (10:9-10).

Daniel escuchó la voz del personaje celestial a pesar de su debilidad. Pero, evidentemente, las palabras que escuchó lo conmovieron aún más y cayó rostro en tierra como sumido en un profundo sueño. Fue entonces cuando el profeta sintió el toque de una mano (seguramente la mano del varón de la visión). Aquel toque hizo que Daniel se apoyase en sus rodillas y manos. La versión castellana Reina-Valera omite la palabra *nog'â* que significa «me dejó temblando». De modo que cuando aquella mano tocó a Daniel haciéndolo apoyarse en sus rodillas y manos, el profeta estaba temblando notablemente.

> Y me dijo: Daniel, varón muy amado, está atento a las palabras que te hablaré, y ponte en pie; porque a ti he sido enviado ahora. Mientras hablaba esto conmigo, me puse en pie temblando (10:11).

El personaje celestial habla a Daniel llamándolo «varón muy amado» (*'ish-hâmudôt*). La expresión «muy amado» literalmente significa «alguien considerado precioso». En Daniel 9:23, se dice que Daniel era «muy amado». Es evidente que el testimonio de aquel profeta, su vida de dedicación y su incuestionable fidelidad delante de Dios le hacía acreedor de ese título.

La expresión «ponte en pie» sugiere que Daniel aún estaba en su posición anterior, o sea, apoyado en sus manos y rodillas. A pesar de las palabras estimulantes del personaje celestial, Daniel aún está afectado por la visión, como lo indica el hecho de que se puso en pie temblando.

> Entonces me dijo: Daniel, no temas; porque desde el primer día que dispusiste tu corazón a entender y a humillarte en la presencia de tu Dios, fueron oídas tus palabras; y a causa de tus palabras yo he venido. Mas el príncipe del reino de Persia se me opuso durante veintiún días; pero he aquí Miguel, uno de los principales príncipes, vino para ayudarme, y quedé allí con los reyes de Persia (10:12-13).

El personaje celestial dijo a Daniel: *al-tîra*, que significa «cesa de temer», o «para de tener miedo». H.C. Leupold ha escrito:

> Los temores que el hombre penitente tiene de Dios carecen de fundamento. Dios siempre está favorablemente predispuesto hacia él. El hombre por naturaleza sospecha tanto de Dios que no muy fácilmente deja de desconfiar en Él.[9]

El profeta Daniel se había entregado de todo corazón a entender las revelaciones que Dios le había dado con anterioridad, pero al mismo tiempo se había humillado delante de la presencia del Señor. Seguramente eso significa que Daniel se había entregado a la oración, muy posiblemente acompañada del ayuno, cosa acostumbrada entre judíos devotos.

La referencia al «príncipe del reino de Persia», como señala Edward J. Young,[10] tiene que relacionarse con un ser sobrenatural ya que se trata de una guerra espiritual. Otro autor señala que este personaje sobrepasa en poder a un simple ser humano ya que requería la presencia del arcángel Miguel para dominarlo.[11] Leupold también reconoce que «el príncipe del reino de Persia» es una referencia a un poder diabólico.[12]

El arcángel Miguel es mencionado cinco veces en la Biblia, tres en Daniel (10:13, 21; 12:1), una en Judas (versículo 9) y otra en Apocalipsis 12:7. Su nombre significa «¿Quién es como Dios?» y es el único ser angelical específicamente designado en la Biblia como «arcángel», aunque pudiera haber otros con rango similar. Según Daniel 10:21 y 12:1, Miguel guarda una relación especial con la nación de Israel.[13]

> He venido para hacerte saber lo que ha de venir a tu pueblo en los postreros días; porque la visión es para esos días (10:14).

El varón de la visión ha venido para hacer saber a Daniel «lo que ha de venir a tu pueblo en los postreros días». La expresión «los postreros días» (*ah rit hayyamim*) es, sin duda, de importancia. Dicha frase aparece en Daniel 2:28 y aparece por primera vez en el Antiguo Testamento en Génesis 49:1. De modo que, contextualmente, la mencionada expresión tiene una conexión directa con lo que iba a ocurrir a Israel en la época posterior a Daniel, es decir, en los tiempos de Antíoco Epífanes. Pero ciertamente ese no es el límite de «los postreros días» para la nación de Israel. Como afirma el profesor Walvoord:

> Los postreros días contemplan la historia total de Israel como teniendo su clímax en la segunda venida de Cristo y el establecimiento del reino terrenal.[14]

La preocupación de Daniel, indudablemente, concernía al futuro inmediato de Israel. Pero el Señor extiende la revelación más allá, proyectando la información hasta los tiempos escatológicos, cuando la nación de Israel será perseguida por el «cuerno pequeño» de Daniel 7 y el remanente fiel será librado por la venida en gloria de Jesucristo.

EL PROFETA DANIEL ES CONFORTADO
Y FORTALECIDO (10:15–11:1)

> Mientras me decía estas palabras, estaba yo con los ojos puestos en tierra, y enmudecido. Pero he aquí, uno con semejanza de hijo de hombre tocó mis labios. Entonces abrí mi boca y hablé, y dije al que estaba delante de mí: Señor mío, con la visión me han sobrevenido dolores, y no me queda fuerza. ¿Cómo, pues, podrá el siervo de mi señor hablar con mi señor? Porque al instante me faltó la fuerza, y no me quedó aliento (10:15-17).

Después de haber mirado a Aquel que le hablaba, Daniel bajó sus ojos y enmudeció como demostración de la debilidad que le embargaba. Fue entonces cuando «uno con semejanza de hijo de hombre», es decir, alguien con forma humana «tocó sus labios». El acto de tocar los labios de Daniel era para darle fuerzas para que hablase. El profeta se refiere al personaje llamándole *'adônai*, que literalmente significa «mi señor».

Dicha expresión se usa en señal de respeto y reverencia. Probablemente, como ya se ha indicado, el personaje «con semejanza de hijo de hombre» es una manifestación del Mesías antes de su encarnación. Recuérdese que en Daniel 7:3, el profeta vio a uno como «hijo de hombre» que venía con las nubes del cielo.

Daniel explica que el impacto de la visión le ha causado los «dolores» (palabra que se usa para expresar el nacimiento de un niño en 1 S. 4:19 y en Is. 13:8) y falta de fuerzas. Era de esperarse que Daniel hubiese estado atento en presencia de Aquel glorioso personaje, pero su debilidad física sencillamente se le permitía hablar ni escuchar con atención al ser celestial.

> Y aquel que tenía semejanza de hombre me tocó otra vez, y me fortaleció, y me dijo: Muy amado, no temas; la paz sea contigo; esfuérzate y aliéntate. Y mientras él me hablaba, recobré las fuerzas, y dije: Hable mi señor porque me has fortalecido (10:18-19).

Daniel es fortalecido sobrenaturalmente mediante el toque del Personaje celestial con apariencia humana. Por tercera vez el profeta es llamado «muy amado» y también de nuevo es ordenado a dejar de temer. Las palabras traducidas al castellano «esfuérzate y aliéntate» son las mismas en el original que se repiten por razón de énfasis. En el original solamente dice: «Sé fortalecido, sé fortalecido». El testimonio del profeta es que en verdad «fue fortalecido».

> Él me dijo: ¿Sabes por qué he venido a ti? Pues ahora tengo que volver para pelear contra el príncipe de Persia; y al terminar con él, el príncipe de Grecia vendrá. Pero yo te declararé lo que está escrito en el libro de la verdad; y ninguno me ayuda contra ellos, sino Miguel vuestro príncipe (10:20-21).

Este pasaje es una demostración de la batalla espiritual que ahora se libra en esferas que pasan desapercibidas ante los ojos humanos. La enseñanza clara del pasaje parece ser que estas naciones mencionadas tienen una especie de ángel o ser sobrenatural que administra sus asuntos. Siendo ese el caso, entonces Miguel es el arcángel que está encargado de proteger los asuntos de la nación de Israel.[15] Aquí en este pasaje se le llama «vuestro príncipe» y en 12:1 dice que es «el gran príncipe que está de parte de los hijos de tu pueblo [Israel]».

Las cosas que serían reveladas a Daniel estaban «escritas en el libro de la verdad». Es decir, eran cosas que pertenecían a los propósitos inmutables de Dios. ¡Qué estupendo es saber que Dios tiene control de todo lo que ocurre en el universo! Las maquinaciones de los hombres no causan sorpresa a Dios. El Dios eterno conoce el fin desde el principio.

Y yo mismo, en el año primero de Darío el medo, estuve para animarlo y fortalecerlo (11:1).

Una vez más, Daniel ubica históricamente la situación en que estaba viviendo. Darío el medo (Gubaru o Gobrías) gobernaba en Babilonia bajo la autoridad de Ciro el Grande. O sea que Ciro y Darío gobernaron simultáneamente aunque la autoridad de Ciro era mayor que la de su colega.

RESUMEN Y CONCLUSIÓN

En conclusión, el capítulo 10 de Daniel es introductorio a la última sección del libro. El profeta es asegurado por medio de esta visión que Dios está en el control de la situación. El Señor revela a Daniel los acontecimientos relacionados tanto con el futuro cercano como con el lejano de Israel. Los sucesos relacionados con la historia de Antíoco IV Epífanes seguramente presentaban un cuadro anticipatorio de lo que ha de ocurrir a Israel en los postreros tiempos. Lo que Dios reveló a Daniel en los capítulos 11 y 12 concierne a los tiempos de la gran tribulación escatológica o, como dice Jeremías 30:7 «...tiempo de angustia para Jacob.»

En el capítulo 11:2-35, Daniel recibe la revelación de lo que ocurriría a Israel hasta los tiempos de Antíoco Epífanes. Seguidamente, Dios le revela (11:36–12:13) lo que sucederá a la nación en los días finales. Esos días finales tienen que ver con la tribulación escatológica que tendrá lugar cuando el hombre de pecado, el anticristo, haga su aparición y la ira de Dios sea consumada. La angustia sufrida por Daniel refleja su amor y plena identificación con su nación a pesar de que aquel pueblo vivía de espaldas a Dios.

NOTAS

1. Walvoord, *Daniel*, p. 239.
2. James Montgomery considera que la referencia es al Éufrates por la presencia de la expresión «gran río», pero su argumento no tiene gran peso. Véase Montgomery, *A Commentary on Daniel*, p. 408.
3. Walvoord, *Daniel*, p. 242.
4. Leupold, *An Exposition of Daniel*, p. 448.
5. Young, *The Prophecy of Daniel*, p. 225.
6. Walvoord, *Daniel*, p. 243.
7. Wood, *A Commentary on Daniel*, p. 268.
8. Véase Walvoord, *Daniel*, p. 243.

9. Leupold, *Exposition of Daniel*, p. 454.
10. Young, *The Prophecy of Daniel*, pp. 226-227.
11. Wood, *A Commentary on Daniel*, p. 272.
12. Leupold, *Exposition of Daniel*, p. 457.
13. La expresión «uno de los principales príncipes» usada en Daniel 10:13 sugiere que tal vez Miguel no sea el único arcángel en el ejército celestial.
14. Walvoord, *Daniel*, p. 248.
15. El hecho de que un ser celestial con apariencia de «hijo de hombre» fuese asistido por el arcángel Miguel no debe causar sorpresa. Los juicios de los postreros días serán ejecutados por la mediación de ángeles.

TRECE

Historia de Israel hasta los tiempos del fin (11:2-45)

El capítulo 11 del libro de Daniel contiene un mensaje profético que concierne a la historia de Israel y su relación con las naciones gentiles.

La primera parte de este capítulo trata sobre una etapa de la historia del pueblo judío que vio su cumplimiento entre los reinados de Darío el medo (539 a.C.)[1] y Antíoco IV Epífanes (175 al 163 a.C.). La segunda parte de este capítulo (11:36-45) contempla la historia de Israel en tiempos escatológicos y está íntimamente relacionada con el capítulo 12. La verdad central de este trozo de la profecía es que Dios es el soberano de la historia. Él controla tanto la historia de Israel como la de los gentiles.

HISTORIA DE ISRAEL HASTA LA CUÁDRUPLE DIVISIÓN DEL IMPERIO GRECO-MACEDÓNICO (11:2-4)

Y ahora yo te mostraré la verdad. He aquí que aún habrá tres reyes en Persia, y el cuarto se hará de grandes riquezas más que todos ellos; y al hacerse fuerte con sus riquezas, levantará a todos contra el reino de Grecia (11:2).

La profecía de Daniel presenta acontecimientos históricos con tal claridad que la crítica incrédula se resiste a considerarlos como profecías auténticas. La escuela modernista considera que el autor del libro escribió hechos que ya habían ocurrido.[2] Según esta escuela, es imposible que alguien pudiese escribir con tanta precisión lo que aún estaba por ocurrir. La escuela conservadora sostiene que Daniel escribió bajo la superintendencia del Espíritu Santo. De modo que, por intervención divina pudo escribir las sorprendentes profecías contenidas en el libro.

La revelación dada a Daniel es designada como «la verdad» ('êmet). En contraste con la opinión de la crítica que considera que el libro de Daniel es una obra espuria, Dios declara, sin embargo, que la revelación es verdadera.

206

El personaje celestial declara: «He aquí aún habrá tres reyes en Persia». Cuando esta revelación fue dada, Ciro era el rey del imperio mientras Darío el medo (Gubaru) reinaba en Babilonia bajo la autoridad de Ciro. Los tres reyes referidos, evidentemente, son Cambises II (530-522 a.C.),[3] Gautama o Seudo-Esmerdis (522 a.C.) y Darío I el Grande (522-486 a.C.). Estos tres monarcas reinaron sucesivamente después de la muerte de Ciro.

Según la revelación, «el cuarto rey se hará de grandes riquezas más que todos ellos; y al hacerse fuerte con sus riquezas, levantará a todos contra el reino de Grecia». Darío I murió en el año 486 a.C., y le sucedió en el trono su hijo Jerjes (486-465 a.C.).[4] Entre los años 481-480 a.C., Jerjes lanzó una masiva invasión contra Grecia.[5] Después de algunas victorias iniciales, los griegos lograron infligir serias derrotas al ejército invasor y Jerjes se vio obligado a retirarse al Asia.

El historiador griego Herodoto menciona en su *Historia* cifras que parecen exageradas al referirse a las fuerzas invasoras comandadas por Jerjes. Sin embargo, es muy posible que el ejército medo-persa consistiese de unos 200.000 hombres y 700 barcos de guerra.[6] Eso explica, por lo menos en parte, la frase «levantará a todos contra el reino de Grecia».

Se levantará luego un rey valiente, el cual dominará con gran poder y hará su voluntad (11:3).

Esta es, sin duda, una referencia a Alejandro Magno. El famoso conquistador macedonio nació en Pella en el año 356 a.C. Su padre, Filipo, elevó a Macedonia hasta convertirla en el estado dominante del mundo griego. A raíz de la muerte de Filipo y cuando apenas contaba 20 años de edad, Alejandro ascendió al trono de Macedonia. En el año 334 a.C., el joven monarca se preparó para lanzar una fulminante campaña militar que lo llevó a la supremacía del poder mundial y lo hizo señor de un vasto imperio. Su conquista, además de militar, fue cultural. La cultura griega se extendió prácticamente a todos los países del Oriente Medio en lo que se ha llamado el movimiento de helenización. Alejandro designó al sabio Aristóteles para que encabezara el equipo de los maestros que enseñarían la cultura griega a los pueblos conquistados.

Pero cuando se haya levantado, su reino será quebrantado y repartido hacia los cuatro vientos del cielo; no a sus descendientes, ni según el dominio con el que dominó; porque su reino será arrancado, y será para otros fuera de ellos (11:4).

Si las conquistas de Alejandro fueron sorprendentes y súbitas, también lo fue su desaparición del escenario de la historia. De manera inesperada y cuando se hallaba en el cenit de su brillante carrera, Alejandro murió misteriosamente en la ciudad de Babilonia a la edad de 33 años. Al no haber dejado heredero, el imperio greco-macedónico fue dividido entre los cuatro famosos generales del ejército de Alejandro.[7] Una de las cosas positivas de Alejandro Magno fue la gran simpatía que demostró hacia el pueblo judío. Después de la construcción de la ciudad de Alejandría (330 a.C.), muchos israelitas se trasladaron a dicha ciudad y adoptaron allí la cultura helénica. Fue allí donde años más tarde se traduciría el Antiguo Testamento del hebreo al griego en la versión llamada la *Septuaginta*. Esa fue la Biblia generalmente usada por los apóstoles.

HISTORIA DE ISRAEL DESDE LA DIVISIÓN DEL IMPERIO DE ALEJANDRO HASTA ANTÍOCO EPÍFANES (11:5-20)

De los cuatro reinos en que el imperio de Alejandro fue dividido, dos guardan gran importancia en relación con la historia de Israel, a saber, el reino de los ptolomeos en Egipto y el de los seleucidas en Siria. Las luchas constantes entre ambos reinos afectaron al pueblo de Israel que a veces se vio sorprendido entre dos fuegos.

GUERRA ENTRE LOS PTOLOMEOS Y SELEUCIDAS (11:5-20)

Y se hará fuerte el rey del sur; mas uno de sus príncipes será más fuerte que él, y se hará poderoso; su dominio será grande (11:5).

La expresión «rey del sur» se usa para designar a Ptolomeo Soter, quien había recibido el área de Egipto cuando el imperio de Alejandro fue dividido. En el año 323 a.C. y a raíz de la muerte de Alejandro, Ptolomeo había sido designado como sátrapa en Egipto. Pero como resultado de las luchas internas que se sucedieron, en el año 301 a.C. Ptolomeo se proclamó rey de Egipto y reinó hasta su muerte en el año 285 a.C.

La frase «mas uno de sus príncipes» parece ser una referencia a Seleuco I Nicator quien, al igual que Ptolomeo, a raíz de la muerte de Alejandro recibió un segmento del imperio y gobernó con el título de sátrapa hasta el año 304 a.C., en que se proclamó a sí mismo rey de Siria.

Por algunos años Ptolomeo Soter y Seleuco Nicator formaron una alianza para librarse del creciente poder de Antígono, quien gobernaba en Babilonia. Dicha alianza hizo posible que Seleuco tomase posesión de un amplio territorio que incluía la India y Asia Menor. Eventualmente, y como resultado de la derrota de Antígono en el año 312 a.C., Seleuco incorporó a su territorio los reinos de Babilonia, Media y Siria. De modo que la profecía bíblica es absolutamente correcta cuando afirma que el rey del norte se haría fuerte y poderoso y su dominio sería grande.

Al cabo de años harán alianza, y la hija del rey del sur vendrá al rey del norte para hacer la paz. Pero ella no podrá retener la fuerza de su brazo ni permanecerá él, ni su brazo; porque será entregada ella y los que la habían traído, asimismo su hijo y los que estaban de parte de ella en aquel tiempo (11:6).

Ptolomeo Soter murió en el año 285 a.C. y fue sucedido en el trono de Egipto por su hijo Ptolomeo Filadelfo (283-246 a.C.). La política de Ptolomeo Filadelfo (conocido también como Ptolomeo II) hacia los judíos fue más favorable.[8] Este rey mostró gran interés hacia la cultura y el pueblo judío. Promovió la traducción del Antiguo Testamento del hebreo al griego (la *Septuaginta*). Procuró la reconciliación con los judíos palestinos y construyó varias ciudades en territorio palestino con el propósito de ganar la amistar y a la vez influenciar al pueblo judío.[9]

Mientras tanto, en Siria, Seleuco Nicator había muerto en el año 281 a.C. y su hijo Antíoco Soter había pasado a ocupar el trono (281-262 a.C.). Pero el relato bíblico pasa por alto su reinado, seguramente porque no está relacionado con el desarrollo de la historia del pueblo judío que es el tema más claro de este capítulo. Después de la muerte de Antíoco Soter (262 a.C.), su hijo Antíoco II Teo asciende al trono (261-246 a.C.). Este es el personaje al que Daniel 11:6 hace especial referencia.

Según esta profecía, hubo una alianza entre el rey del norte y el del sur. La hija de Ptolomeo Filadelfo llamada Berenice contrajo matrimonio con Antíoco II Teo por el año 243 a.C. Antíoco estaba casado con una mujer llamada Laodicea, pero se vio obligado a divorciarse de ella para poder contraer matrimonio con Berenice. Dos años más tarde (246 a.C.) Ptolomeo Filadelfo murió y Antíoco abandonó a Berenice y de nuevo tomó a Laodicea como esposa. Fue entonces cuando Laodicea, tal vez como venganza, ordenó la muerte de Berenice y asimismo envenenó a su esposo. De ese modo trágico se cumplió de modo literal la profecía de Daniel 11:6.

Pero un renuevo de sus raíces se levantará sobre su trono, y vendrá con ejército contra el rey del norte, y entrará en la fortaleza, y hará en ellos a su arbitrio, y predominará (11:7).

El trono de Egipto fue ocupado entre los años 246 y 221 a.C. por Ptolomeo I Evergetes, hermano de Berenice, quien se propuso tomar venganza contra el rey de Siria. A su vez, el trono de Siria es ocupado ahora por Seleuco Calínico (247-226 a.C.). Ptolomeo organizó una invasión de Siria que tuvo gran éxito en sus comienzos. Pero se vio obligado a regresar a Egipto para aplacar una revuelta que había ocurrido en su ausencia.[10]

Y aún los dioses de ellos, sus imágenes fundidas y sus objetos
preciosos de plata y de oro, llevará cautivos a Egipto; y por años
se mantendrá él contra el rey del norte (11:8).

El éxito de Ptolomeo Evergetes alcanzó grandes proporciones, hasta
tal punto que logró transportar a Egipto un botín de gran valor, incluyendo imágenes y objetos que el rey persa, Cambises, había sustraído
de Egipto en el año 525 a.C.[11]

La expresión «y por años se mantendrá él contra el rey del norte»,
literalmente significa que por algunos años no habría guerra entre ambos reyes. Eso se debió a que en el año 241 Ptolomeo y Seleuco firma-
ron un acuerdo de paz.[12] Ambos reyes reconocieron que sus reinos habían
sido debilitados por guerras hasta cierto punto innecesarias y decidieron
hacer las paces.

Así entrará en el reino el rey del sur, y volverá a su tierra (11:9).

La traducción que de ese versículo aparece en la versión Reina-Valera
no es del todo clara. En el original dice: «Y uno vendrá contra el reino
del rey del sur, pero él regresará a su tierra». Lo que este versículo sugiere es que, en una fecha posterior, Seleuco hizo un intento por recupe-
rar parte de lo que había perdido en su primera guerra contra Ptolomeo
Evergetes. Este intento terminó en fracaso y Seleuco tuvo que regresar a
su tierra con las manos vacías.[13]

Mas los hijos de aquél se airarán, y reunirán multitud de grandes ejércitos; y vendrá apresuradamente e inundará y pasará
adelante; luego volverá y llevará la guerra hasta su fortaleza. Por
lo cual se enfurecerá el rey del sur, y saldrá y peleará contra el
rey del norte; y pondrá en campaña multitud grande, y toda aquella multitud será entregada en su mano (11:10-11).

Lo que Seleuco fue incapaz de conseguir, sus hijos trataron de realizar. A su muerte en el año 226 a.C., Seleuco Calínico dejó dos hijos. El
mayor de ellos, Seleuco III Cerauno, reinó entre 226-223 a.C., pero después de su breve reinado murió durante una campaña militar en el Asia
Menor. Fue así que Antíoco el Grande, hijo menor de Seleuco Calínico,
ocupó el trono de Siria entre los años 223 al 187 a.C. Con el propósito
de consolidar su imperio que sufría de la fragmentación producida por
los conflictos anteriores, Antíoco el Grande comenzó la «cuarta guerra
siria» contra Ptolomeo IV, Filopator, quien gobernaba en Egipto.

El primer esfuerzo bélico de Antíoco fue un ataque contra el Líbano que no tuvo éxito, principalmente a causa de la destreza militar del general del ejército egipcio, llamado Teodoreto. Pero Antíoco el Grande lanzó un segundo ataque que culminó con la captura de Seleucia y en el año 219 a.C. también logró capturar las ciudades de Tiro y Tolomais. Al parecer, el propósito principal de Antíoco el Grande era la captura de Palestina, que por varios años había estado en manos del rey de Egipto. A través de las intensas luchas entre los ejércitos de Siria y Egipto, el pueblo judío sufría los embates de la guerra sin importar de qué lado estuviese la victoria.

> Y al llevarse él la multitud, se elevará su corazón y derribará a muchos millares; mas no prevalecerá. Y el rey del norte volverá a poner en campaña una multitud mayor que la primera, y al cabo de algunos años vendrá apresuradamente con gran ejército y con muchas riquezas (11:12-13).

El rey del sur (Egipto), contemporáneo con Antíoco el Grande, era Ptolomeo IV Filopator (221-203 a.C.), caracterizado por ser indolente y voluble. Ptolomeo IV prácticamente abandonó los asuntos de su reinado y los dejó en manos de su primer ministro, Sosibio, entregándose a los placeres, las artes y las religiones de misterio.[14] A pesar de su indolencia, Ptolomeo reunió un ejército de unos 70.000 hombres y 73 elefantes. Por su parte Antíoco el Grande había reunido un ejército de cerca de 70.000 hombres y 103 elefantes. El encuentro bélico tuvo lugar en Rafia. El ejército de Antíoco fue derrotado decisivamente por las fuerzas de Ptolomeo. Como lo indica el versículo 13, Antíoco no se contentó con aquella derrota. En los años subsiguientes el rey del norte hizo los preparativos necesarios para vengarse. El momento adecuado parece haber sido la muerte de Ptolomeo IV Filopator, en el año 203 a.C.

Aprovechando que el sucesor de Ptolomeo era su pequeño hijo de unos cinco años de edad, Antíoco inició su campaña contra Egipto. El regreso de Antíoco ocurrió unos 14 años después de la derrota en Rafia. El cumplimiento de estas profecías demuestra sin lugar a duda la exacta fidelidad de la Palabra de Dios.

> En aquellos tiempos se levantarán muchos contra el rey del sur; y hombres turbulentos de tu pueblo se levantarán para cumplir la visión, pero ellos caerán. Vendrá, pues, el rey del norte, y levantará baluartes, y tomará la ciudad fuerte; y las fuerzas del sur no podrán sostenerse, ni sus tropas escogidas, porque no habrá fuerzas para resistir (11:14-15).

La oposición contra el rey del sur (Ptolomeo IV Filopator) adquirió fuerza. En el año 202 a.c., Antíoco pactó con Filipo V de Macedonia.[15] Por medio del mencionado pacto, ambos monarcas habían acordado repartirse a Egipto entre los dos.

La expresión «hombres turbulentos de tu pueblo» es una referencia a judíos que también se habían organizado en contra de Ptolomeo IV. Estos judíos habían buscado el favor de Antíoco y ahora se confabulaban en contra de Ptolomeo, posiblemente resentidos por el hecho de que con la excepción de 14 años, Palestina había permanecido bajo el control de los ptolomeos desde los tiempos de Alejandro Magno.

La frase «para cumplir la visión» sugiere que aquellos que se opusieron a Ptolomeo pretendían cumplir las profecías de Daniel. De ser así, ello indicaría que el libro de Daniel era ya ampliamente conocido a fines del siglo III a.C.

Parece ser que la información del versículo 14 es un paréntesis y que el versículo 15 continúa el relato que aparece en el 13. La venida del rey del norte se refiere a la campaña iniciada en el año 202 a.C. cuando Antíoco invadió Gaza.[16] En su ataque inicial, Antíoco logró la captura de Sidón y Paneas. Las fuerzas egipcias parecían impotentes contra los avances del rey del norte.

> Y el que vendrá contra él, hará su voluntad, y no habrá quien se le pueda enfrentar; y estará en la tierra gloriosa, la cual será consumida en su poder. Afirmará luego su rostro para venir con el poder de todo su reino; y hará con aquel convenios, y le dará una hija de mujeres para destruirle; pero no permanecerá, ni tendrá éxito. Volverá después su rostro a las costas, y tomará muchos; mas un príncipe hará cesar su afrenta, y aún hará volver sobre él su oprobio. Luego volverá su rostro a las fortalezas de su tierra; mas tropezará y caerá, y no será hallado (11:16-19).

La frase «el que vendrá contra él» es una referencia a Antíoco el Grande, quien no tan solamente pudo humillar a los egipcios sino que también invadió con éxito Palestina («la tierra gloriosa»). Los judíos, evidentemente, vieron con buenos ojos el cambio de gobierno.[17] Esta invasión de Palestina fue acompañada de la correspondiente destrucción y del sufrimiento de los habitantes de la tierra.

Después de establecer su dominio sobre Palestina, Antíoco planeó hacer lo mismo con Egipto, pero no ya usando la fuerza, sino la diplomacia. Antíoco hizo una especie de convenio con Ptolomeo V Epífanes que incluía el casamiento de Cleopatra, hija de Antíoco, con Ptolomeo.[18] Aunque el convenio fue pactado por el año 197 a.C., la boda no se efectuó hasta el año 193 a.C. Una de las razones del retraso era, sin duda, que Ptolomeo sólo contaba 10 años de edad en el 197 a.C. La expresión «hija de mujeres» se refiere a la categoría de Cleopatra y posiblemente a su belleza y juventud.[19] La estratagema de Antíoco fue un rotundo fracaso, ya que ni aún su hija, Cleopatra, se prestó a cooperar con él.

El próximo paso de Antíoco fue invadir las islas del Mar Egeo. Seguidamente, emprendió una campaña en el Asia Menor y aún partes de Grecia. En el año 196 a.C., Antíoco fue asistido por Aníbal el cartaginés, quien después de haber sido derrotado por los romanos había buscado refugio en el oriente. El «príncipe que hará cesar su afrenta» parece referirse a Lucio Cornelio Escipión, llamado también Escipión Africano.[20] En el otoño del año 190 a.C. Antíoco fue derrotado en la batalla de Magnesia. Como resultado de la derrota, cedió una gran cantidad de territorio, entregó los elefantes de guerra y los barcos con excepción de diez y pagó un total de 15.000 talentos.[21] Además, se comprometía a no atacar a los aliados de Roma. Después de haber sufrido tan aplastante derrota, Antíoco regresó a su tierra y murió en el año 187 a.C.

> Y se levantará en su lugar uno que hará pasar un cobrador de tributos por la gloria del reino. Pero en pocos días será quebrantado, aunque no en ira, ni en batalla (11:20).

El sucesor de Antíoco el Grande fue su hijo, Seleuco IV Filopator, quien reinó desde el 187 al 176 a.C. Este rey fue notorio por haber enviado cobradores de impuestos a través de sus territorios.[22] Una razón por la que estos impuestos eran necesarios radicaba en la deuda que Antíoco el Grande había contraído con Roma. El reinado de Seleuco IV Filopator duró un total de once años, habiendo muerto de manera misteriosa.[23]

Por más de siglo y medio después de la muerte de Alejandro Magno, el Medio Oriente había sido el escenario de las luchas bélicas entre sus sucesores. Palestina se vio afectada directamente por las pugnas entre el rey del norte (Siria) y el del sur (Egipto). Pero aún faltaba el peor de todos los períodos de esa época, a saber, la carrera de Antíoco IV Epífanes.

LA HISTORIA DE ISRAEL EN TIEMPOS DE ANTÍOCO IV EPÍFANES (11:21-35)

> Y le sucederá en su lugar un hombre despreciable, al cual no darán la honra del reino; pero vendrá sin aviso y tomará el reino con halagos (11:21).

A raíz de la muerte de Seleuco IV, el trono de Siria fue ocupado por su hermano Antíoco IV Epífanes, quien comenzó a reinar a la edad de

40 años. Al ascender al trono en el año 175 a.C., encontró un reino ines-table y las arcas del tesoro vacías.[24] También, Antíoco IV comenzó un vigoroso programa de helenización con miras a promover la unificación de sus dominios. La persona y el carácter de Antíoco IV Epífanes, evi-dentemente, eran tan contrarias a las normas divinas, que se le llama «hombre despreciable». Este es el mismo personaje que aparece en Da-niel 8:9-14 y el que se le identifica también como «un cuerno pequeño» porque su comportamiento fue un anticipo de las actuaciones del anticristo escatológico.

La «honra del reino», en verdad, no pertenecía a Antíoco sino al hijo de Seleuco Filopator, Demetrio Soter, pero haciendo uso de su habili-dad para engañar, Antíoco IV Epífanes se apoderó del trono. Como afir-ma el texto, el nuevo rey «vino sin aviso» y tomó el poder «con halagos», literalmente significa «con intrigas». De modo que Antíoco IV Epífanes no tenía escrúpulos al momento de actuar. Todo le estaba permitido siem-pre y cuando promoviese sus intereses personales.

> Las fuerzas enemigas serán barridas delante de él como con inun-dación de aguas; serán del todo destruidos, junto con el prínci-pe del pacto. Y después del pacto con él, engañará y subirá, y saldrá vencedor con poca gente (11:22-33).

Si las guerras anteriores habían sido devastadoras, las de los tiempos de Antíoco IV aún más.[25] El rey del norte logró reunir un ejército consi-derable de modo que, como dice el texto, «las fuerzas enemigas serán barridas delante de él como con inundación de aguas». La expresión «el príncipe del pacto» es un tanto difícil de identificar. Algunos han suge-rido que se refiere a Ptolomeo Filometor,[26] mientras que otros creen que se refiere a la muerte de Onías III, el sumo sacerdote, asesinado en el año 171 a.C.[27] John F. Walvoord observa que la palabra *«pacto»* se usa en 11:28, 30, 32 con referencia al pueblo de Israel.[28] De modo que es más lógico pensar que la expresión «príncipe del pacto» se refiera al re-presentante legal de la nación de aquel tiempo. Dicha persona era el sumo sacerdote.[29]

La frase «y después del pacto con él» debía traducirse «desde el mo-mento que se unieron con él». La palabra «pacto» en dicha frase no es *berît*, sino el verbo *hâbar*, que significa «asociarse» o «unirse» con al-guien. Es posible que la referencia sea a la actitud de Antíoco IV Epífanes hacia Egipto. Al principio de su reinado, Antíoco ofreció amistad al rey del sur (debe recordarse que el rey estaba casado con Cleopatra, herma-na de Antíoco). Pero, evidentemente, el malvado rey no era capaz de mantener sus promesas.

> Estando la provincia en paz y en abundancia, entrará y hará lo
> que no hicieron sus padres, ni los padres de sus padres; botín,
> despojos y riquezas repartirá a sus soldados; y contra las forta-
> lezas formará sus designios; y esto por un tiempo (11:24).

Uno de los métodos de Antíoco Epífanes era atacar por sorpresa. La
expresión «estando la provincia en paz y en abundancia» quiere decir
que el territorio estaba «en seguridad», es decir, cuando no se esperaba
ataque militar de clase alguna. El libro de 1° Macabeos describe la política de Antíoco Epífanes de este modo:

> Se conmovió la tierra por la consternación de sus moradores, y
> toda la casa de Israel quedó cubierta de confusión. Pasados dos
> años, envió el rey al jefe de los tributos a las ciudades de Judá y
> a Jerusalén con numerosas tropas, y con falsía les habló pala-
> bras de paz, en las que ellos creyeron. Pero de repente se arrojó
> sobre la ciudad, causando en ella gran estrago y haciendo pere-
> cer a muchos del pueblo de Israel.[30]

La sagacidad de Antíoco Epífanes era, evidentemente, sin paralelo en
la historia de Siria. Ni sus padres ni sus abuelos hicieron lo que él se
había atrevido a hacer. No obstante, la soberanía de Dios limita los des-
manes de Antíoco cuando dice: «y esto por un tiempo». Dios puso fin a
su debido tiempo al rey soberbio y despreciable.

> Y despertará sus fuerzas y su ardor contra el rey del sur con gran
> ejército; y el rey del sur se empeñará en la guerra con grande y
> muy fuerte ejército; mas no prevalecerá, porque le harán trai-
> ción (11:25).

Uno de los sueños de Antíoco IV Epífanes era posesionarse de Egipto. De ese modo uniría su territorio por medio de Palestina a la vasta
región de Egipto. Este versículo describe la invasión de Egipto ejecutada por Antíoco en la primavera del año 168 a.C. El rey del sur era a la
sazón Ptolomeo Filometor. Este preparó un gran ejército para enfrentarse con Antíoco, pero fue traicionado por sus propios hijos (sobrinos de
Antíoco Epífanes). Sin embargo, Antíoco tuvo que enfrentarse al poderío romano. El gobierno de Roma, considerando el peligro que representaba la caída de Egipto en manos de Antíoco Epífanes, dio a éste un
ultimátum para que se retirase de aquel territorio.[31]
Los versículos 26 y 27 describen el acuerdo entre Antíoco Epífanes y
sus sobrinos Ptolomeo VI y Ptolomeo VII Evergetes. Pero el plan fracasó a causa de la intervención romana. Fue así como Antíoco se propuso

retener a toda costa la tierra de Palestina. Aquel territorio le servía de protección para cualquier ataque futuro por parte del rey del sur y al mismo tiempo le servía de plataforma para lanzar sus propios ataques.

> Y volverá a su tierra con gran riqueza, y su corazón será contra el pacto santo; hará su voluntad y volverá a su tierra (11:28).

La presión ejercida por el creciente poderío romano hizo que Antíoco regresara a Siria, no sin antes llevar consigo mucha riqueza de Egipto («volverá con gran riqueza»). Pero, seguramente, resentido por su fracaso en Egipto y sabiendo que en su ausencia los judíos habían tratado de rebelarse contra su autoridad, Antíoco Epífanes, de paso por Jerusalén, aprovechó que los judíos estaban adorando durante el día de reposo y ordenó indiscriminadamente la muerte de mujeres y niños. También se llevó gran parte de los utensilios del templo.[32]

> Al tiempo señalado volverá al sur; mas no será la postrera venida como la primera. Porque vendrán contra él naves de Quitim, y él se contristará, y volverá, y se enojará contra el pacto santo, y hará según su voluntad; volverá, pues, y se entenderá con los que abandonen el pacto santo (11:29-30).

La expresión «el tiempo señalado» se refiere a la segunda invasión contra Egipto planeada por Antíoco Epífanes y llevada a cabo en el año 168 a.C.[33] Esta vez, sin embargo, Antíoco corrió peor suerte. Las «naves de Quitim» se refieren a barcos de guerra procedentes de Chipre. Es muy posible que Antíoco ni siquiera ofreciese combate, sino que se retirase a tiempo.

Fue durante esa retirada cuando Antíoco Epífanes de nuevo pasó por Palestina. Lleno de ira y enojo a causa de su fracaso, Antíoco la emprendió contra los judíos. Su propósito era destruir completamente el sistema de adoración de los judíos. El 16 de diciembre del año 167 a.C., el soberbio monarca erigió un altar al dios Zeus en el sitio donde estaba el altar del holocausto y ofreció un cerdo a dicha divinidad pagana. Los judíos fieles no se doblegaron a los deseos de Antíoco. Pero hubo algunos que traicionaron su religión y a esos se les llama «los que abandonan el pacto santo». Seguramente, a esos judíos traidores es a los que se refería el autor de 1° Macabeos 1:43-45, cuando escribió:

> El rey Antíoco publicó un decreto en todo su reino de que todos formasen un solo pueblo, dejando cada uno sus peculiares leyes. Todas las naciones se avinieron a la disposición del rey. Muchos de Israel se acomodaron a este culto, sacrificando a los ídolos y profanando el sábado.

> Y se levantarán de su parte tropas que profanarán el santua-
> rio y la fortaleza, y quitarán el continuo sacrificio, y pondrán la
> abominación desoladora (11:31).

El insólito ataque de Antíoco Epífanes no doblegó el espíritu de los judíos fieles. Al contrario, la persecución hizo que muchos se unieran para dar comienzo a lo que se conoce como la guerra de los macabeos. El líder del movimiento contra Antíoco fue un anciano sacerdote llamado Matatías. El fiel sacerdote no sólo rehusó la orden de ofrecer sacrificios a un dios pagano, sino que dio muerte al emisario real y destruyó el altar.[34] Seguidamente Matatías y sus hijos (Juan, Simón, Judas, Eleazar y Jonatán) organizaron una guerra de guerrillas que comenzó a causar serios estragos entre las fuerzas de Antíoco.

En el año 166 a.C., sólo unos meses después de comenzada la guerra, Matatías murió y uno de sus hijos, Judas, le sucedió como líder del movimiento. Antíoco pensaba que su ejército aplastaría la rebelión en un corto tiempo, pero se equivocaba. El ejército sirio sufrió derrota tras derrota. En diciembre del año 164 a.C., el ejército de los macabeos marchó triunfante por las calles de Jerusalén. El 25 de diciembre de este año el templo fue purificado y rededicado el culto a *Yahveh*.

Los esfuerzos de Antíoco por conseguir que un número de judíos traicionara al pacto (11:32) fracasaron ante el empuje y la fidelidad de aquellos descritos con «el pueblo que conoce a su Dios». Es evidente que hubo un esfuerzo concentrado de parte de los maestros de Israel, llamados «los sabios del pueblo» para animar al remanente fiel (11:33). Como el versículo 33 sugiere, muchos pagaron con sus vidas, pero permanecieron fieles a la ley de Dios.

> Y en su caída serán ayudados de pequeño socorro; y muchos se
> juntarán a ellos con lisonjas. También algunos de los sabios cae-
> rán para ser depurados y limpiados y emblanquecidos, hasta el
> tiempo determinado; porque aún para esto hay plazo (11:34-35).

Los que sufrieron persecución en tiempos de Antíoco Epífanes ciertamente recibieron el consuelo y la ayuda de los que luchaban de parte de Judas Macabeo. La frase «muchos se juntarán a ellos con lisonjas» es una clara referencia a los apóstatas que solamente buscaban la protección de sus vidas físicas, pero carecían de convicciones religiosas. Aquellos sufrimientos y persecuciones redundarían en una depuración y un limpiamiento de la nación. La bendición de Dios para con la nación de Israel, aún en el tiempo futuro, está relacionada con el limpiamiento de los inicuos y rebeldes (Zac. 13:8-9). Al estudiar estas profecías tocante a la persona de Antíoco IV Epífanes, a las que la Palabra de Dios dedica un total de quince versículos, no es difícil ver por qué este hombre es un prototipo del anticristo escatológico. Su odio hacia el pueblo judío, su desafío a la misma Persona de Dios, sus engaños e iniquidades y su profanación del templo de *Yahveh*. Todo esto presagia lo que aún ha de ocurrir cuando el hijo de perdición aparezca en el escenario de la historia.

EL MISTERIOSO PERSONAJE DE DANIEL (11:36-45)

Otro de los pasajes más controvertidos del libro de Daniel es, sin duda, el que aparece en 11:36-45. El problema que ha ocupado la atención de exégetas de las distintas escuelas de pensamiento es la identificación del personaje que constituye el sujeto de este pasaje. El profesor Edward J. Young reconoce la existencia de *ocho* interpretaciones distintas tocante a esta cuestión.[35] El hecho de que hayan existido y aún existan distintos puntos de vista en cuanto a la identificación de este personaje,[36] hace que la siguiente afirmación del escritor español José Grau sea un tanto pueril:

> El cúmulo de testimonios históricos que corroboran la identificación del personaje de Daniel 11 con Herodes el Grande es tan enorme que ello no sólo hace inevitable esta interpretación, sino que invalida las demás.[37]

El punto de vista que favorece la identificación del personaje de Daniel 11:35-36 con Herodes el Grande fue promovido por Philip Mauro, teólogo de persuasión amilenarista, hace más de una generación. Según Walvoord esa es una de las interpretaciones que ha caído en desuso por carecer de base exegética e histórica.[38]

El notable exégeta C.F. Keil, también de la escuela amilenarista, ha escrito lo siguiente:

> Tocante al rey cuya carrera hasta su final es descrita en los versículos 36-45, las opiniones de los intérpretes difieren. Siguiendo el ejemplo de Porfirio, Efraim Siro y Grotino, casi todos los intérpretes modernos encuentran predicha aquí solamente una descripción de la conducta de Antíoco Epífanes hasta el tiempo de su destrucción; intérpretes creyentes como C.B. Michalis Havernick, y otros, consideran el pasaje en su totalidad como teniendo una referencia típica al anticristo. Por el contrario, Jerónimo, Teodoreto, Ecolampadio, Osiander, Calvino, Geier, y extensamente Kliefoth, interpretan esta sección como una profecía directa referente al anticristo; según esta, *hammelek*, versículo 36, no representa a Antíoco Epífanes, sino al príncipe, i.e., el anticristo, quien es profetizado bajo la figura del cuerno pe-

queño que crece entre los diez cuernos del cuarto imperio mundial, y es descrito en el capítulo 9:26 como *nâgid habbâ'*, tiene que ser introducido como un nuevo sujeto en el versículo 36.[39]

Otro escritor amilenarista, H.C. Leupold, ha hecho la siguiente afirmación tocante al pasaje en cuestión:

> Las posibilidades implicadas son estas: esta sección se refiere a Antíoco Epífanes, o es una sección que de manera general es típica del anticristo, o es una profecía directa tocante al anticristo. Nos adherimos a la última de estas posiciones porque ofrece el menor número de dificultades cuando se considera en su totalidad.[40]

De modo que comentaristas y teólogos desde Jerónimo (siglo v d.C.), Lutero (siglo xvi d.C.), Kliefoth (siglo xix d.C.) hasta Leupold (siglo xx d.C.), ninguno de ellos premilenarista o dispensacionalista, ve en este pasaje una profecía directamente relacionada con la persona del anticristo. Es decir, que todos esos eruditos reconocen la existencia de un paréntesis que ya rebasa dos milenios de tiempo entre Daniel 11:35 y Daniel 11:36. Ciertamente, ninguno de los teólogos mencionados podrá ser acusado de haber sido prejuiciado por Scofield ni por ningún otro dispensacionalista.

De ahí que resulte un tanto desajustada de la realidad y tendente a confundir al lector la afirmación hecha por José Grau cuando escribe:

> La teoría de un abismo de siglos, y aún de milenios entre el versículo 34 [35] y el versículo 35 [36], teoría popularizada en nuestros días por el señor Scofield y, más recientemente, por la literatura de escatología ficción que escribe Hal Lindsey, obliga a traspasar en bloque todo el resto de la profecía (incluyendo la parte que abarca el capítulo 12) a un futuro que es el del fin del mundo, y no al término de la nación judía, como exige el contexto del libro de Daniel.[41]

Uno se pregunta por qué un escritor bien documentado como lo es Grau, omite el hecho de que escritores de distintas épocas y de diferentes escuelas de interpretación también han reconocido la existencia de un «abismo de siglos» de separación entre los mencionados versículos. Es más, muchos de esos intérpretes son de reputación establecida cuya literatura en ningún modo puede ser considerada como «escatología ficción», sino que son autores de obras clásicas. Parece ser que omisiones como éstas resultan del repudio hecho por Grau a la interpretación dispensacionalista de la

Biblia y ese repudio lo ha llevado a hacer afirmaciones que distan mucho de la realidad. Por ejemplo, en su obra *Escatología: Final de los tiempos*, Grau ofrece una cita de un libro escrito por David McPherson. En dicha cita se hace una referencia al Seminario Teológico de Dallas y luego se añade entre paréntesis «el único seminario en el mundo donde se enseña la interpretación dispensacionalista de la Biblia».[42]

La mencionada declaración, que aparece entre paréntesis, constituye una cuestión bastante seria. Primeramente, porque tal paréntesis con semejante contenido no aparece en la obra de David McPherson. De modo que si fue añadida por alguna razón, se debió de haber indicado así. Pero, en segundo lugar, lo cierto es que el Seminario Teológico de Dallas *no es el único en el mundo que enseña la interpretación dispensacionalista de la Biblia.*[43] Una caballerosa rectificación de la referida interpolación se hace necesaria para beneficio tanto del escritor como del lector.

De modo que interpretar el pasaje de Daniel 11:35-45 como escatológico, no es cuestión que pertenezca a la idiosincrasia de estudiantes superficiales de las Escrituras, ni tampoco es algo característico de los seguidores de una escuela teológica determinada. Es más, según el distinguido profesor Edward J. Young, la interpretación que identifica el personaje de Daniel 11:36-45 con el anticristo «puede ser llamada la interpretación tradicional de la Iglesia Cristiana. Fue abogada por Jerónimo, y en esto ha sido seguido por muchos».[44]

Para resumir, aunque existan algunos puntos de correspondencia entre el personaje de Daniel 11:36-45 y algunos líderes del pasado tales como Antíoco Epífanes, Herodes el Grande, Augusto César y otros, lo cierto es que ninguno cumple con exactitud la profecía descrita en el mencionado pasaje. Esto ha hecho que teólogos de reconocida solvencia, como los ya mencionados, entre los que se cuentan tanto amilenaristas como premilenaristas prefieran ver en Daniel 11:36-45 una profecía tocante al anticristo escatológico.

UNA DESCRIPCIÓN DEL CARÁCTER DEL REY SOBERBIO DE DANIEL (11:36-39)

Y el rey hará su voluntad, y se ensoberbecerá, y se engrandecerá sobre todo dios; y contra el Dios de los dioses hablará maravillas, y prosperará, hasta que sea consumada la ira; porque lo determinado se cumplirá (11:36).

Los intérpretes que ven esta profecía cumplida en la persona de Antíoco Epífanes afirman que no existe ninguna transición entre los versículos 35 y 36, sino que es todo un relato continuo. O sea, que el sujeto en cuestión del pasaje de 11:36-45 es el mismo de los versículos anteriores.[45]

En contraste con esta postura, muchos intérpretes tanto de la antigüedad como del presente, afirman que un nuevo sujeto es introducido en el versículo 36.[46]

El versículo comienza con la expresión «...y el rey...» (*hammelek*). Debe notarse la presencia del artículo determinado que ciertamente marca una transición entre el pasaje presente y el anterior (11:20-35). James Montgomery trata de probar que «el rey» en cuestión no es otro que Antíoco Epífanes.[47] Por otra parte, Philip Mauro (seguido por Grau) trata de probar que la profecía fue cumplida por Herodes el Grande.[48]

En defensa de que la profecía fue cumplida en la persona de Herodes el Grande, José Grau afirma:

> La Escritura no habla de ningún rey que se levante en el tiempo del fin de esta presente edad y que responda a todos los detalles con que se le describe en esta profecía.[49]

Esa declaración de Grau necesita ser analizada con cuidado. Primeramente, la Escritura *sí habla* de un rey que se levantará en el tiempo del fin de esta presente edad. Por ejemplo, en Daniel 7:24 se nos dice: «Y los diez cuernos significan que de aquel reino se levantarán diez reyes; y tras ellos se levantará otro, el cual será diferente de los primeros, y a tres reyes derribará». Ese cuerno pequeño a quien expositores como Young[50] y Leupold[51] identifican como el anticristo del fin de los tiempos es específicamente llamado *«rey»*.

En segundo lugar, nótese que José Grau establece un círculo vicioso cuando dice que «la Escritura no habla de ningún rey... que responda a todos los detalles con que se le describe en esta profecía». ¿Por qué razón, si esta es una profecía, tiene la Escritura que mencionar otro pasaje que responda a todos los detalles con que se describe en esta profecía? ¿Podría afirmarse categóricamente que Herodes el Grande cumplió *«en todos los detalles»* la profecía de Daniel 11:36-45? Prueba de que la teoría de que Herodes el Grande cumplió la mencionada profecía es defectuosa puede verse en el hecho de que apenas ha tenido seguidores. Incluso, el mismo profesor Young la considera como «una interpretación forzada».[52] Lo cierto es que Herodes el Grande en ningún sentido cumplió todos los detalles de la profecía de esta porción bíblica, aunque al igual que Antíoco Epífanes, pudiera ser considerado como un precursor del anticristo escatológico.

El pasaje dice que «el rey hará su voluntad». O sea, que hará lo que le plazca. Además, «se ensoberbecerá», es decir, promoverá su propia persona elevándose por encima de los demás. Estas dos características fueron demostradas por hombres como Alejandro Magno, Antíoco Epífanes, Herodes el Grande, Augusto César y otros. Pero en los últimos tiempos alcanzarán un grado máximo en la persona del anticristo.[53]

También el pasaje dice que el personaje aludido aquí «se engrandecerá sobre todo dios». Esa declaración no se cumplió en la persona de Antíoco Epífanes. Como sabemos, Antíoco era un adorador del dios griego Zeus. Tampoco Herodes el Grande cumplió este aspecto de la profecía, a pesar de que Grau,[54] siguiendo a Mauro, sugiere que dicha frase podría traducirse: «Se engrandecerá sobre toda potestad o gobierno», aludiendo que tal declaración se refiere al despotismo de Herodes.[55] Pero como ya se ha indicado, Young considera que esa es una interpretación forzada del texto aún admitiendo que Herodes fue despótico en extremo.[56]

Una interpretación más armoniosa con el tenor general de las Escrituras sería tomar esa referencia como el cumplimiento de lo que Pablo dice en 2ª Tesalonicenses 2:4, tocante al anticristo futuro: «El cual se opone y se levanta contra todo lo que se llama Dios o es objeto de culto; tanto que se sienta en el templo de Dios, como Dios, haciéndose pasar por Dios». Estando en el cenit de su carrera, el rey «contra el Dios de los dioses hablará maravillas» y «hablará cosas sorprendentes». La palabra traducida «hablará maravillas» procede del verbo *pala'* y es la forma *nifal*, participio que literalmente significa «hablar cosas horribles», «hablar cosas increíbles», «hablar cosas sorprendentes». O, como dice Young, «cosas que debido a su carácter blasfemo causarán profunda sorpresa».[57] Decir que este aspecto de la profecía fue cumplido por Herodes cuando ordenó la matanza de los niños de dos años para abajo es histórica y exegéticamente insostenible. Herodes mandó matar a todos los niños porque se vio burlado por los magos y en su temor dio aquella orden nefasta. Mientras que la profecía aquí relatada describe a alguien que tiene tanto poder que desafía al mismo Dios. El texto dice que este personaje «hablará cosas monstruosas contra el Dios de los dioses». Como afirma H.C. Leupold, «oposición tan amarga yace en el mismo nombre que el Nuevo Testamento da a este personaje: *Anticristo*, esto es, "en contra de" el Cristo».[58] La blasfemia del «rey soberbio» y su carrera contra Dios llegará a su fin mediante la soberana intervención de Dios. Este personaje «prosperará hasta que sea consumada la ira; porque lo determinado se cumplirá». Es decir, su prosperidad y aparente éxito terminarán con el derramamiento de la ira de Dios. Tal como ocurre con el cuerno pequeño de Daniel 7, con la bestia de Apocalipsis 13 y con el hijo de perdición de 2 Tesalonicenses 2, así ocurrirá al «rey soberbio». Su destrucción será el resultado de la intervención sobrenatural del Señor cuando venga en su gloria.

Del Dios de sus padres no hará caso, ni del amor de las mujeres; ni respetará a dios alguno, porque sobre todos se engrandecerá (11:37).

Según este texto, hay tres cosas que «el rey soberbio» despreciará: (1) el Dios de sus padres; (2) el amor de las mujeres; y (3) dios alguno. Esta descripción no armoniza con el comportamiento de Antíoco Epífanes ni tampoco con el de Herodes el Grande. La expresión «el Dios de sus padres» ha sido aplicada para tratar de demostrar el posible origen judío del anticristo, y también para tratar que el origen idumeo de Herodes el Grande dio cumplimiento a esta profecía. Ambos esfuerzos han encontrado sus dificultades exegéticas. Una dificultad es que la palabra «Dios» es *elohim* y no *yahveh*. Es más, tanto Leupold[59] como Young,[60] traducen la frase «los dioses de sus padres», reconociendo que esa es la posible idea del texto. En cuanto a la posibilidad de que Herodes cumpliese esta profecía, debe recordarse que el personaje de esta profecía «sobre todo se engrandecerá» («se engrandecerá sobre todas las cosas»). En el caso de Herodes, aunque promovió su propia persona, lo cierto es que el rey idumeo, en el último análisis, estaba sujeto a la autoridad del emperador de Roma. Es más, Herodes se vio obligado a promover la adoración del César.

En cuanto a la expresión «ni el amor de las mujeres», debe observarse que esa frase podría traducirse: «no dará atención al deseo de las mujeres».[61] Philip Mauro pretende hacer referir dicha frase a Cristo.[62] Pero como dice Young, ese punto de vista debe ser rechazado por estar basado en la suposición de que la frase «el deseo de las mujeres» se refiere a algo que las mujeres desean.[63]

La tercera frase, «ni respetará a dios alguno porque sobre todos se engrandecerá», indica el completo desafío que el personaje de esta profecía hace de Dios. No tan solamente rehúsa someterse al Dios o dioses de sus padres, sino que rotundamente rechaza someterse a cualquier deidad. Como afirma Edward Young: «Esto ciertamente no fue verdad de Antíoco Epífanes, ni tampoco de Herodes. La razón del porqué este rey no tiene respeto por dios alguno es que él se eleva por encima de todos ellos».[64]

Ningún personaje hasta el presente ha cumplido este aspecto de la profecía de Daniel 11:36-45. De modo que si ha de haber un cumplimiento literal de la misma, y no hay duda de que lo habrá, éste tiene que ser aún futuro.

Mas honrará en su lugar al dios de las fortalezas, dios que sus padres no conocieron; lo honrará con oro y plata, con piedras preciosas y con cosas de gran precio. Con un dios ajeno se hará de las fortalezas más inexpugnables, y colmará de honores a los que le reconozcan, y por precio repartirá la tierra (11:38-39).

El versículo 38 muestra un interesante contraste. «El rey soberbio» rehúsa reconocer a dios alguno o dioses, pero «en su lugar» (el «su» es plural en el original), es decir, en lugar de cualquier dios o dioses, este personaje «honrará al dios de las fortalezas». La expresión «dios de las fortalezas» (*'elôah mâ'uzzîm*) no debe identificarse con una divinidad personal como Baal o Júpiter, sino más bien al hecho de que este personaje confiará y apelará a la acción bélica para conseguir sus objetivos. Como ha escrito C.F. Keil:

> El «dios de las fortalezas» es la personificación de la guerra y la idea es ésta: no considerará otro dios, sino solamente la guerra; el capturar fortalezas constituirá su dios; y adorará ese dios por encima de todo como su medio para obtener el poder mundial. De este dios, guerra como el objeto de deificación, podría decirse que sus padres no supieron nada, porque ningún otro rey había hecho de la guerra su religión, su dios a quien ofreció en sacrificio todo, oro, plata, piedras preciosas, joyas.[65]

Como es evidente, el sujeto de esta profecía no es en manera alguna una persona religiosa. Por el contrario, renuncia a toda religión. Esto contrasta con las civilizaciones pasadas, incluyendo la romana, en que era popular la consulta a los dioses como medio de buscar sus favores antes de ir a la guerra. El personaje descrito en esta profecía se cree tan autosuficiente, tan seguro de la eficacia de su maquinaria bélica, que considera absurdo invocar la ayuda de Dios.

El comentario que el profesor John F. Walvoord hace tocante a este pasaje resume con claridad el tema de esta profecía:

> Tomando el pasaje de Daniel 11:36-39 como un todo, es evidente que la revelación provee un análisis incisivo de la combinación del materialismo, militarismo y religión, todo lo cual será encarnado en el dictador final del mundo. La situación en el tercio final del siglo XX es en verdad sorprendente a la luz de esta revelación de la consumación de la historia humana. Ya activa en el mundo está la promoción de una iglesia y una religión universal que tendrá su culminación primero en la ramera simbólica de Apocalipsis 17, la forma temprana de la religión mundial, y entonces será reemplazada por la adoración de este rey como la forma final de la religión universal.[66]

En resumen, el personaje descrito en la profecía de Daniel 11:36-39 espera aún su cumplimiento. Aunque a través de la historia hayan habido personajes que de alguna forma se hayan asemejado en su carácter y actividad al «rey soberbio», lo cierto es que ninguno de ellos ha cumplido en todos los detalles la profecía en cuestión. Esta es la opinión de expositores de reconocida solvencia como Culver, Anderson, Keil, Leupold, Walvoord, Young, Pentecost y otros. El personaje de Daniel 11:36-39, por lo tanto, es tomado aquí como equivalente al cuerno pequeño de Daniel 7, la bestia de Apocalipsis 13:1-10 y el hombre de pecado de 2 Tesalonicenses 2, que hará su aparición en el escenario de la historia en el tiempo de la gran tribulación y será destruido por el Señor en su venida.

LA CONSUMACIÓN DE LA IRA SOBRE EL REY SOBERBIO (11:40-45)

Pero al cabo del tiempo el rey del sur contenderá con él; y el rey del norte se levantará contra él como una tempestad, con carros y gente de a caballo, y muchas naves; y entrará por las tierras, e inundará, y pasará. Entrará a la tierra gloriosa, y muchas provincias caerán; mas éstas escaparán de su mano: Edom y Moab, y la mayoría de los hijos de Amón (11:40-41).

El escritor José Grau está en lo correcto cuando hace énfasis en que el contenido del capítulo 11 de Daniel «atañe y afecta directamente al destino del pueblo judío».[67] Lo que no es correcto en ningún sentido es afirmar que el fin de la vida nacional de Israel es cuestión del pasado.[68] Los versículos 11:40-41 contemplan la invasión de la tierra de Israel que el anticristo efectuará en los postreros tiempos, probablemente en el medio de la semana setenta de Daniel 9:27, es decir, justo en medio de la tribulación. La expresión «la tierra gloriosa» se refiere a la tierra prometida por Dios a Abraham y a su descendencia (Gn. 13:14-18).

La expresión «pero al cabo del tiempo» literalmente significa «en el tiempo del fin». Decir que esa expresión se refiere a los tiempos de Herodes es una conclusión arbitraria y exegéticamente dudosa que es rechazada por expositores como Young,[69] Leupold,[70] Keil,[71] Wood[72] y otros. Estos versículos que estamos considerando se relacionan con el conflicto bélico que ocurrirá en la consumación de la edad presente y que están profetizados en pasajes como Ezequiel 38–39; Zacarías 12–14; Apocalipsis 16; 19:11-21.

El versículo 40 menciona tres personajes: (1) el rey del sur; (2) el rey del norte; y (3) el rey soberbio o el anticristo. Las actividades de estos personajes tienen relación directa con la situación futura de la nación de Israel. Es posible que cada uno de estos reyes represente un bloque o confederación de naciones con los que la nación de Israel tendrá que contender en el tiempo del fin.

La enconada lucha descrita en el versículo 40 culmina con la invasión de la tierra de Palestina («la tierra gloriosa») por el ejército del «rey soberbio». En su invasión de Palestina, la armada del anticristo toma la oportunidad para destruir al rey del sur (Egipto) y los territorios circun-vecinos a Israel (Edom, Moab y Amón). Es muy posible que esta activi-dad militar descrita en estos versículos sea equivalente a la campaña de Armagedón (Ap. 16:14-16), que culminará con el ataque masivo que sufrirá la ciudad de Jerusalén descrito en Zacarías 14:1-3.

La versión castellana Reina-Valera dice que «muchas provincias cae-rán», pero en el original dice «muchos caerán». La referencia clara es a la muerte de individuos, probablemente judíos, que serán víctimas de estas campañas bélicas, la persecución ordenada por el anticristo, la in-vasión de «la tierra gloriosa» y la caída de la ciudad de Jerusalén.

> Extenderá su mano contra las tierras, y no escapará el país de Egipto. Y se apoderará de los tesoros de oro y plata, y de todas las cosas preciosas de Egipto; y los de Libia y Etiopía le segui-rán (11:42-43).

Habiendo vencido al rey del sur (11:40), el «rey soberbio» tomará posesión de sus territorios. El país de Egipto no tan sólo tiene importan-cia estratégica, sino también económica. Es por eso que el anticristo «se apoderará de los tesoros de oro y plata y de todas las cosas preciosas de Egipto». La captura de Egipto y sus tesoros al igual que de Libia y Etio-pía demuestran el fenomenal poder controlado por el poderoso dictador del futuro.[73] Una vez conquistados los países de Libia y Etiopía, «segui-rán en los pasos» del conquistador, es decir, unirán sus fuerzas como fieles aliados del anticristo.

> Pero noticias del oriente y del norte lo atemorizarán, y saldrá con gran ira para destruir y matar a muchos. Y plantará las tien-das de su palacio entre los mares y el monte glorioso y santo; mas llegará a su fin, y no tendrá quien le ayude (11:44-45).

Estos versículos con que concluye el capítulo 11 describen lo que «el rey soberbio» hará una vez que haya tomado posesión de las tierras de Egipto y sus alrededores. Cuando parece marchar rumbo a una victoria segura, el anticristo es «atemorizado» por noticias procedentes del «orien-te y del norte». Evidentemente, como dice Leupold, «en todo caso des-pués de sus grandes conquistas, el anticristo no tendrá paz alguna para disfrutarlas».[74]

Hasta el presente ningún personaje ha cumplido los aspectos de la profecía declarados en estos versículos finales. Ni Antíoco Epífanes, ni Herodes el Grande, ni Napoleón Bonaparte, ni Hitler encuadran en la totalidad de lo predicho por Daniel 11:36-45.

La postura que se asume aquí es que «el rey soberbio» no es otro que el anticristo, quien procederá de un bloque de naciones occidentales. Estas naciones occidentales básicamente abarcarán las que en el pasado formaban el antiguo Imperio Romano. De modo que habrá una especie de reorganización, renacimiento o restauración de estados occidentales que se mancomunarán para formar una estructura política similar a lo que una vez fue el Imperio Romano.

Un segundo bloque se naciones será aquel representado en el pasaje que estamos considerando por «el rey del norte». Varios pasajes bíblicos se refieren a dicha confederación, tales como Ezequiel 38:1–39:25; Joel 2:1-27; Isaías 30:31-33; 31:8-9. Como hemos estudiado ya (11:40), el rey del norte se opondrá resueltamente al «rey soberbio». Tocante a esta confederación del norte, el profesor J. Dwight Pentecost ha escrito:

> Por la profecía de Ezequiel sabemos que habrá una gran confederación, que se conocerá como la Confederación del Norte, y que estará bajo el liderazgo de uno que surgirá de la tierra de Magog, es decir, de Rusia. Aliados con Rusia estarán Irán (Persia), algunos estados árabes (Fut o Etiopía), Alemania y algunos pueblos asiáticos que se distinguen con el nombre de Togarma, entre los cuales puede incluirse una coalición extensa de potencias asiáticas. Que ésta no es una lista exhaustiva se ve en Ezequiel 38:6: «Muchos pueblos contigo». Esta profecía prevé una alianza extensa de potencias junto con Rusia, que resistirá a Israel y al Imperio Romano en los postreros días.[75]

A la luz de los acontecimientos que han estado ocurriendo en Europa, en el Oriente Medio, incluyendo a Irán y a Irak, lo que ha comenzado a llamarse «la globalización», la crisis en Rusia y la de los Balcanes, el análisis hecho por Pentecost debe producir en los estudiantes de las Escrituras a una reflexión seria acerca de estas profecías. Al mismo tiempo, debe ponerse cuidado a la hora de hacer conclusiones. La historia debe interpretarse a la luz de la Biblia y no la Biblia a la luz de la historia. El expositor equilibrado evita los sensacionalismos y la colocación de fechas para el cumplimiento de las profecías.

Se menciona también un tercer bloque o confederación de naciones. En Daniel 11:44 se nos dice que «el rey soberbio» es «atemorizado» por «noticias del oriente»; esto sin duda concuerda con Apocalipsis 16:12, donde dice que por intervención divina, el río Éufrates es secado «para que estuviese preparado el camino a los reyes de oriente». Ya que el contexto de Apocalipsis 16 (véase Ap. 16:16) habla de la gran confrontación bélica de los últimos tiempos, es propio concluir que la frase «los reyes del oriente» está directamente relacionada con las «noticias del oriente», que de manera traumática atemorizan al «rey soberbio». De modo que la confederación de naciones asiáticas constituirá una de las más formidables fuerzas que se opondrá al anticristo de los tiempos escatológicos.

En cuanto a la confederación o bloque encabezado por el rey del sur (11:40), se ha sugerido que se refiere a Egipto. Generalmente, en la Biblia la tierra del sur de Palestina es identificada como Egipto. La nación de Egipto, como ya se ha mencionado, será invadida y saqueada por las fuerzas del anticristo (11:43). J. D. Pentecost hace el siguiente planteamiento:

> Al estudiar la alineación de las naciones gentiles para el tiempo del período de la tribulación, encontramos que habrá:
> 1. Una federación de diez reinos de naciones que llegará a ser la forma final del cuarto reino, o sea, el Imperio Romano bajo el liderazgo de la bestia (Ap. 13:1-10).
> 2. Una confederación del norte: Rusia y sus aliados.
> 3. Una confederación del este o asiática.
> 4. Una potencia africana del sur.
> Los movimientos de estas cuatro potencias aliadas contra Palestina, en el período de la tribulación, están claramente expresadas en las Escrituras y constituye uno de los temas principales de la profecía.[76]

La profecía de Daniel dice que el «rey soberbio», atemorizado por las noticias del oriente (la invasión procedente del este) y del norte (la destrucción de los ejércitos procedentes de esa región, Ez. 38–39), «saldrá con gran ira para destruir y matar a muchos». Esta oración es gramaticalmente enfática como lo demuestran las expresiones «gran ira», «destruir» y «matar o aniquilar». Estas noticias y la resultante reacción alcanzarán al anticristo, como señala Young,[77] cuando aún está en Egipto y es de allí de donde se lanza a destruir y aniquilar a sus enemigos. Esa descripción ciertamente no fue cumplida por Antíoco Epífanes, Herodes el Grande, Augusto César ni por ningún otro personaje que haya existido hasta ahora.

> Y plantará las tiendas de su palacio entre los mares y el monte glorioso y santo; mas llegará a su fin, y no tendrá quien le ayude (11:45).

Este versículo sugiere que «el rey soberbio» irá personalmente al frente del ejército invasor. La frase «y plantará las tiendas de su palacio» puede significar que establecerá su «cuartel general» en un sitio que, según la profecía, se encuentra «entre los mares y el monte santo». Esta última expresión es interpretada como una referencia al Mediterráneo, al mar Muerto y la ciudad de Jerusalén.[78] Es entonces, según la profecía de Zacarías 14, que la ciudad de Jerusalén será destruida. Debe notarse que esa destrucción de Jerusalén coincide con la segunda venida de Cristo en gloria (Zacarías 14:3-4). La profecía culmina con la afirmación «mas llegará a su fin, y no tendrá quien lo ayude». Las fuerzas del anticristo serán totalmente vencidas por la intervención personal de *Yahveh* de los ejércitos. La victoria del Señor será absoluta y rotunda sobre las fuerzas del maligno. La nación de Israel, el pueblo pactado de Dios, habrá sufrido de manera indescriptible durante ese período de tribulación. Los rebeldes serán purgados y el remanente fiel dará la bienvenida al Mesías que regresa en gloria. «Vendrá a Sion el Libertador, que apartará de Jacob la impiedad» (Ro. 11:26).

RESUMEN Y CONCLUSIÓN

El pasaje que ha sido estudiado (Dn. 11:2-45), es uno de los trozos de la revelación profética más sorprendentes de Antiguo Testamento. Daniel, como se ha sugerido, escribió su profecía cerca del año 535 a. C. De modo que todo el capítulo 11 señala dos aspectos de la historia de la nación de Israel. El primero (11:2-35), tiene que ver con lo que ocurriría a la nación durante el período comprendido entre el tiempo de Alejandro Magno (334 a. C.) y el de Antíoco IV Epífanes. Ese segmento da atención a la carrera de Antíoco, particularmente los años 171 al 164 a. C., porque dicho rey fue un precursor del anticristo escatológico.

El segundo trozo (11:36-45), contempla la aparición en el escenario de la historia del anticristo a quien Daniel identifica como el «rey soberbio». Dicho personaje invadirá la tierra de Israel y perseguirá a todo aquel que rehúse someterse a su voluntad. Objeto principal de su ira será la simiente de Abraham. No sólo fijará su cuartel general en Jerusalén, sino que también demandará adoración de su persona. Su fin tendrá lugar cuando el Mesías regrese a la tierra con poder y gloria.

NOTAS

1. Como ya se ha indicado, Darío el Medo reinó simultáneamente con Ciro el Grande.
2. La crítica modernista sigue básicamente los argumentos e impugnaciones formuladas por el filósofo neoplatónico Porfirio, en el siglo III de nuestra era. Porfirio pretendía destruir el carácter sobrenatural del cristianismo, y para ello escogió los libros de Daniel y Apocalipsis. Fue Jerónimo quien en el siglo V refutó decisivamente los argumentos de Porfirio en su *Comentario sobre Daniel*.
3. Cambises II es llamado Artajerjes en Esdras 4:7, 11.
4. Jerjes es también llamado Asuero en Ester 1:1 y Esdras 4:6.
5. Véase Botsford y Robinson, *Hellenie History*, pp. 128-146.

6. *Ibíd.*, p. 129.
7. El caso de Alejandro fue, en un sentido, un tanto triste. Tuvo un medio hermano que era retrasado mental. Este fue asesinado en el año 317 a.C. Pero, además, Alejandro fue padre de dos hijos. Uno de ellos llamado Alejandro también, fue asesinado en el año 310 a.C. y el otro, Hércules, corrió la misma suerte poco tiempo después.
8. Harrison, *Introduction to the Old Testament*, p. 1176.
9. *Ibíd.*
10. Botsford y Robinson, *Hellenie History*, p. 393.
11. El título «Evergetes» (Benefactor) dado a Ptolomeo, está relacionado con el haber devuelto aquellas imágenes que Cambises había sacado de Egipto.
12. Botsford y Robinson, *Hellenie History*, p. 394.
13. *The Zondervan Pictorial Encyclopedia of The Bible* (Vol. IV), p. 951.
14. Montgomery, *A Commentary on the Book of Daniel*, p. 433.
15. H.W. Hoehner, «Antiochus», *The Zondervan Pictorial Encyclopedia of the Bible*, Vol. I, p. 190.
16. *Ibíd.*
17. Josefo, *Antigüedades*, XII, 3,3.
18. Grau, *Las profecías de Daniel*, p. 190.
19. Young, *The Prophecy of Daniel*, p. 240.
20. Arthur E.R. Boak, *A History of Rome to 454 a.C.* (Nueva York: The McMillan Co., 1963), p. 129.
21. 15.000 talentos equivaldrían a unos 20 millones de dólares.
22. Los territorios gobernados por Seleuco IV incluían Siria, Palestina, Mesopotamia, Babilonia, Persia y Media.
23. La historia confirma que Seleuco IV fue asesinado por su propio primer ministro, Heliodoro.
24. Para intentar mejorar la situación económica, Antíoco IV Epífanes llegó al extremo de poner a la venta el sumo sacerdocio de Jerusalén (véase Carlos del Valle Rodríguez, *El mundo judío*, Madrid: Universidad Nacional de Educación a Distancia, 1976, p. 41).
25. Los libros apócrifos de I y II Macabeos relatan de manera vívida los acontecimientos de esta época.
26. Edward Young rechaza ambas ideas. Véase *The Prophecy of Daniel*, p. 242.
27. Walvoord, *Daniel*, p. 265 y Wood, *A Commentary on Daniel*, p. 295. (Véase también II Macabeos 4:31-34.)
28. *Ibíd.*
29. *Ibíd.*
30. 1 Macabeos 1:29-32.
31. Hoehner, «Antiochus», *The Zondervan Pictorial Encyclopedia of the Bible*, pp. 192-193.
32. 1 Macabeos 1:20-24.
33. Bright, *La historia de Israel* (Bilbao: Desclée de Brouwer, 1977), p. 447.
34. *Ibíd.*, p. 452.
35. Young, *The Prophecy of Daniel*, pp. 246-247.

36. Entre las diferentes opiniones están las de Jerónimo, Lutero, Calvino, Kliefoth, Keil, Leupold, Stuart, Walvoord, etc.
37. Grau, *Las profecías de Daniel*, p. 207.
38. Walvoord, *Daniel*, p. 271.
39. Keil, «Ezekiel XXV to Malachi», p. 755.
40. Leupold, *Exposition of Daniel*, p. 511.
41. Grau, *Las profecías de Daniel*, p. 235.
42. Grau, *Escatología: Final de los tiempos* (Terrassa: CLIE, 1977), p. 165.
43. Entre los seminarios en Estados Unidos que enseñan la interpretación dispensacionalista están: Talbot Theological Seminary, Grace Theological Seminary, Western Conservative Baptist Seminary, Grand Rapids Baptist Seminary, sólo para mencionar algunos. En América Latina hay el Seminario Evangélico Asociado de Venezuela, Seminario Teológico Centroamericano de Guatemala, entre otros. También hay un número considerable de colegios e institutos bíblicos que siguen la línea dispensacionalista, siendo el más notorio el Moody Bible Institute.
44. Young, *The Prophecy of Daniel*, p. 43.
45. Ejemplos de ese punto de vista aparecen en F.W. Farrar, *Daniel*, pp. 313-318 y Montgomery, *A Commentary on the Book of Daniel*, pp. 462-470.
46. Entre los que así piensan están Jerónimo, Teodoreto, Lutero, Kliefoth, Leupold, Pentecost, Walvoord, Culver, Wood y otros.
47. Montgomery, *A Commentary on the Book of Daniel*, p. 462.
48. Véase Young, *The Prophecy of Daniel*, p. 247 y Grau, *Las profecías de Daniel*, p. 208.
49. Grau, *Ibíd.*
50. Young, *The Prophecy of Daniel*, p. 161.
51. Leupold, *Exposition of Daniel*, p. 322.
52. Young, *The Prophecy of Daniel*, p. 247.
53. Véase, Desmond Ford, *Daniel*, p. 272.
54. Grau, *Las profecías de Daniel*, p. 215.
55. *Ibíd.*
56. Young, *The Prophecy of Daniel*, p. 249.
57. *Ibíd.*, p. 248.
58. Leupold, *Exposition of Daniel*, p. 514.
59. *Ibíd.*, p. 515.
60. Young, *The Prophecy of Daniel*, p. 248.
61. La palabra «deseo» en el original es un nombre y no un participio. De modo que no es correcto traducirla «deseado».
62. La opinión de Mauro es expresada por Grau en *Las profecías de Daniel*, p, 217.
63. Young, *The Prophecy of Daniel*, p. 249.
64. *Ibíd.*
65. Keil, «Ezekiel XXV to Malachi», p. 758.
66. Walvoord, *Daniel*, p. 276.
67. Grau, *Las profecías de Daniel*, p. 222.
68. *Ibíd.*, p. 221.

69. Young, *The Prophecy of Daniel*, p. 251.
70. Leupold, *Exposition of Daniel*, p. 520.
71. Keil, «Ezekiel XXV to Malachi», p. 761.
72. Wood, *A Commentary on Daniel*, p. 308.
73. Leupold, *Exposition of Daniel*, p. 522.
74. *Ibíd.*, p. 523.
75. Pentecost, *Eventos del porvenir*, p. 253.
76. *Ibíd.*
77. Young, *The Prophecy of Daniel*, p. 252.
78. Walvoord, *Daniel*, p. 280.

CATORCE

La nación de Israel y el tiempo del fin (12:1-13)

El pueblo de Israel ha sufrido tres grandes cautiverios. El primero de ellos fue en Egipto (Gn. 15:13-16) y duró cuatro siglos. La segunda gran dispersión tuvo lugar a raíz de la invasión de Nabucodonosor y la resultante transmigración a Babilonia (Dt. 28:62-65; 30:1-3; Jer. 25:11; 29:10). Por último, en el año 70 d.C., a raíz de la destrucción de Jerusalén por los romanos, el pueblo judío fue esparcido prácticamente por todas las naciones del mundo (Lc. 21:24). Desde la destrucción de Jerusalén en el año 70 d.C. hasta el 15 de mayo de 1948 no existió en los anales de las naciones un ente político que respondiese al nombre de la nación de Israel.

El 15 de mayo de 1948, sin embargo, el mundo fue sacudido por la noticia de la formación del estado moderno de Israel. Muchos pensaban que la nación judía era cosa del pasado, que era un cadáver sepultado y olvidado, sin historia, pero la realidad ha sido otra. Como ha escrito John F. Walvoord:

> El hecho histórico es que Israel ha continuado como una entidad reconocible en el mundo a pesar de siglos de dispersión y corrupción de la simiente física.[1]

La historia de Israel no terminó en el año 70 d.C. con la destrucción de Jerusalén. Es más, la existencia de la nación de Israel es indispensable para que las promesas hechas por Dios a Abraham sean cumplidas (Gn. .17:7-8).[2] El hecho de que Israel como nación no ocupaba la tierra que Dios había prometido a Abraham, Isaac y Jacob y su descendencia no significaba en manera alguna que la raza israelita había terminado como tal. La nación de Israel es una realidad histórica viviente. Su historia no terminó en el año 70 d.C.[3] Dios prometió a Abraham lo siguiente: «Porque toda la tierra que ves, la daré a ti y a tu descendencia para siempre» (Gn. 13:15). Tal vez alguien diría que el pueblo árabe es descendencia de Abraham y tiene el mismo derecho a la tierra prometida, pero ese no es el caso. Dios reiteró la promesa a Jacob con estas palabras: «También le dijo Dios: Yo soy el Dios omnipotente: Crece y multiplícate; una nación y conjunto de naciones procederán de ti, y reyes saldrán de tus lomos. La tierra que he dado a Abraham y a Isaac, la daré a ti, y a tu descendencia después de ti daré la tierra» (Gn. 35:11-12).

Las promesas hechas por Dios a los patriarcas Abraham, Isaac y Jacob así como al rey David, tendrán su cumplimiento dentro de la estructura de la historia cuando el Mesías regrese en poder y gloria para comenzar su reinado de paz y justicia. Pero antes de que Israel pueda experimentar las bendiciones de *Yahveh*, tendrá que pasar por un período de tribulación en que los rebeldes serán purgados y el remanente creyente será bendecido en gran manera (Jer. 30:5-9).

La situación presente de Israel, desafortunadamente, es de absoluta apostasía e incredulidad. Pero la caída de Israel no ha sido final ni total. Habrá una restauración (Ro. 11:12, 15, 25-36). Esto no quiere decir que todo judío será salvo, sino aquellos que mediante el arrepentimiento y la fe en el Mesías entren a recibir las bendiciones prometidas en los pactos. Incluso, hoy día, hay israelitas que confían en el Mesías (Jesucristo) como Señor y Salvador de sus vidas. Esos que creen son llamados por Pablo «el remanente» (Ro. 9:27) y ese remanente será el «todo Israel» (Ro. 11:26) que entrará a disfrutar de las bendiciones del reino mesiánico.[4]

ISRAEL Y LA TRIBULACIÓN (12:1)

En aquel tiempo se levantará Miguel, el gran príncipe que está de parte de los hijos de tu pueblo; y será tiempo de angustia, cual nunca fue desde que hubo gente hasta entonces; pero en aquel tiempo será libertado tu pueblo, todos los que se hallen escritos en el libro (12:1).

El capítulo 12 de Daniel es una continuación del tema comenzado en 11:36-45. El pasaje que concluye con el capítulo 11 expone la revelación del anticristo y el conflicto que lo lleva a establecer su cuartel general en la misma tierra de Israel. El capítulo 12 revela el papel de Israel en ese tiempo. La expresión «en aquel tiempo» tiene una relación directa con la frase «el tiempo del fin» en 11:40. Este será el período cuando el anticristo desencadenará su persecución universal del pueblo judío. La gran tribulación de los postreros días para la nación de Israel consistirá de las persecuciones del anticristo. Cronológicamente eso ocurrirá cuando dicho personaje quebrante el pacto firme que él mismo impondrá sobre la nación de Israel (Dn. 9:27).

Que esta tribulación no puede en manera alguna ser cosa del pasado es confirmado por las propias palabras del Señor, cuando dijo: «E inmediatamente después de la tribulación de aquellos días, el sol se oscurecerá, y la luna no dará su resplandor, y las estrellas caerán del cielo, y las potencias de los cielos se conmoverán. Entonces aparecerá la señal del Hijo del Hombre en el cielo, y entonces lamentarán todas las tribus de la tierra, y verán al hijo del hombre viniendo sobre las nubes del cielo con poder y gran gloria» (Mt. 24:29-30). Debe observarse que en Mt. 24:3, los discípulos formularon al Señor la siguiente pregunta: «... Dinos, ¿cuándo serán estas cosas, y qué señal habrá de tu venida, y del fin del siglo?» La respuesta del Señor a los discípulos, sin duda, concierne a los acontecimientos relacionados con su segunda venida y con el fin de la historia tal como la conocemos ahora.

A pesar de que algunos han intentado ubicar los sucesos de Mateo 24 en el pasado (70 d.C.), el contexto no permite semejante conclusión a menos que se pretenda colocar también allá la segunda venida de Cristo. El Señor Jesucristo claramente dijo que su venida «con poder y gran gloria» ocurriría «inmediatamente después de la tribulación de aquellos días». De modo que el expositor serio y que verdaderamente desea honrar la Palabra de Dios, debe preguntarse a la luz del contexto: ¿Cuál es la enseñanza clara del pasaje? Aquel que enseñe que la tribulación anunciada en Mateo 24 y en Marcos 13 ocurrió en el año 70 d.C. tiene que enfrentarse a una alternativa un tanto traumática si desea ser congruente en su interpretación. Tratar de soslayar el problema diciendo que la respuesta se halla en Lucas 21 no es la solución en ningún modo, ya que, como admite el teólogo y notable escritor George Eldon Ladd,

La dificultad de esta posición es que la parousía ocurrirá «inmediatamente después de la tribulación de aquellos días» (Mat. 24:29). Esto coloca la tribulación y la abominación desoladora escatológicamente en los acontecimientos de los últimos días.[5]

Pretender enseñar que Mateo 24:15-28 se refiere al pasado (70 d.C.) y Mateo 24:29-31 se refiere al futuro, pasando por alto la expresión «e inmediatamente después de la tribulación de aquellos días», es exegéticamente insostenible porque pasa por alto el contexto inmediato del pasaje. Dicho sea de paso, los que pretenden hacer tal gimnasia exegética están separando indebidamente dos textos, colocando un paréntesis entre ellos que ya casi alcanza los dos mil años.

La tribulación escatológica afectará no tan solamente a la nación de Israel, sino también a los moradores de la tierra (Ap. 3:10). De modo que la tribulación tiene como propósito traer la ira de Dios dentro de la estructura de la historia sobre gentiles que han rechazado la gracia de Dios y sobre la nación de Israel que será purgada y preparada para que reciba al Mesías.[6]

La revelación dada a Daniel expresa claramente que la referida tribulación será una experiencia sin precedentes: «Y será tiempo de angustia, cual nunca fue desde que hubo gente hasta entonces» (cp. Mt. 24:21). Es evidente que esos son los juicios descritos en el libro del Apocalipsis 6-19. Debe notarse también la promesa: «Pero en aquel tiempo será libertado tu pueblo». La referencia sugerida por la expresión «tu pueblo» tiene que ver con *el pueblo de Daniel*, es decir, el pueblo judío y no, como sugiere José Grau, «el pueblo cristiano».[7] En ningún sentido de la palabra pudo Daniel haber asociado la expresión «tu pueblo» con otra cosa que no fuese el pueblo judío. Nunca en las Escrituras el sustantivo Israel se usa para designar a la iglesia cristiana. Pero, además, el hecho de que se limite epexegéticamente la expresión «tu pueblo» a «todos los que se hallen escritos en el libro» concuerda con la enseñanza bíblica de que no todo israelita será salvo, sino solamente el remanente creyente (Zac. 13:8-9). Esos cuyos nombres están escritos en el libro son llamados «los escogidos» en Mateo 24:22. ¿No constituye una contradicción flagrante decir por un lado que esta profecía se refiere al pueblo de Daniel,[8] que obviamente es el pueblo judío, y por otro decir que se refiere al pueblo cristiano?[9] Lo cierto es que Daniel, quien vivía en Babilonia en el siglo vi a.C. no podía, en ningún sentido de la palabra, referirse al pueblo cristiano. Tal designación constituye un crudo anacronismo.

LA RESURRECCIÓN DE LOS MUERTOS (12:2-3)

Y muchos de los que duermen en el polvo de la tierra serán despertados, unos para vida eterna, y otros para vergüenza y corrupción perpetua (12:2).

La crítica racionalista ha impugnado el libro de Daniel por enseñar la doctrina de la resurrección. La crítica pone objeciones en que alguien del siglo vi a.C. pudiese haber escrito de manera tan clara que habrá una resurrección de los muertos.

La enseñanza clara de este versículo es que habrá una resurrección del cuerpo. El lenguaje del contexto no admite ninguna otra explicación a menos que se alegorice la enseñanza aquí expuesta. Las expresiones «polvo de la tierra» (*'admat-'âpâr*, literalmente «suelo de polvo») y «serán despertados» (*qîs*) no dejan lugar a duda que el texto se refiere a una resurrección del cuerpo físico.[10] Pero aún aquellos que concuerdan en que la referencia es a una resurreción del cuerpo mantienen puntos de vista diferentes, como señala Robert D. Culver:

1. Algunos creen que se refiere a una resurrección general al final de todas las cosas.
2. Otros creen que el pasaje se refiere a una resurreción limi-

tada que tendrá lugar inmediatamente después de la tribulación, y antes de la resurrección general final.

3. Hay quienes entienden que la referencia es a la resurrección de los justos antes de la segunda venida de Cristo, y de los malignos al final de los tiempos, aunque el ángel no menciona la separación de tiempo entre ambas.

4. Por último, hay quienes piensan que tiene que ver con la resurrección de todos los que duermen en el polvo después del tiempo de la gran tribulación, los buenos, en ese tiempo (inmediatamente), y los malos posteriormente, al final de todo el tiempo, sin que el ángel haga mención de la separación de tiempo entre ambas.[11]

Culver[12] observa que el primero de los cuatro puntos de vista es mantenido por muchos amilenaristas y postmilenaristas, mientras que el segundo, tercero y cuarto lo son por distintos premilenaristas.

Para resumir, el versículo en cuestión claramente enseña la doctrina de la resurrección del cuerpo. Esa resurrección está relacionada con los tiempos del fin y particularmente con la segunda venida de Cristo a la tierra. Enseñar otra cosa resulta en una alegorización flagrante del texto bíblico. En segundo lugar, el texto no enseña una resurrección general, como bien ha observado Young al comentar la palabra «*muchos*»:

Esperaríamos que el texto dijese *todos*. Para escaparse del problema, algunos expositores han tomado la palabra «muchos» con el sentido de *todos*. Sin embargo, eso es forzado y anormal. La solución correcta parece encontrarse en el hecho de que la Escritura en esta coyuntura no está hablando de una resurrección general, sino que está expresando la idea de que la salvación que ha de ocurrir en ese tiempo no se limitaba a aquellos que estaban vivos, sino que también se extendía a los que habían perdido sus vidas.[13]

El versículo en cuestión (12:2) muestra un contraste entre «unos», es decir, los que «serán despertados» en el tiempo del cumplimiento de esta profecía y «otros», es decir, los que serán resucitados «para vergüenza y confusión perpetua». Estos últimos son aquellos que serán resucitados para condenación y son los que comparecen ante el juicio del gran trono blanco de Apocalipsis 20:11-15.

Los entendidos resplandecerán como el resplandor del firmamento; y los que enseñan la justicia a la multitud, como las estrellas a perpetua eternidad (12:3).

«Los entendidos» (*hammaskilîm*) son aquellos que han disfrutado de la resurrección para «vida eterna» (12:2) y pasarán a disfrutar de la gloria del reino eterno de nuestro Señor. Son entendidos o sabios en el sentido de que recibieron el mensaje de las buenas nuevas de reino de Dios y se identificaron con la persona del Mesías. A pesar de que estarán en medio de gran tribulación, los entendidos enseñarán la justicia de Dios a la multitud.[14] Es posible que esa expresión («enseñan justicia a la multitud») se refiera a la intensa actividad evangelística que tendrá lugar en los tiempos de la gran tribulación. Los que reciben al Mesías enseñarán a otros el camino de justicia para que también sean salvos.

PROFECÍA TOCANTE A LA LIBERACIÓN FINAL DE ISRAEL (12:4-13)

> Pero tú, Daniel, cierra las palabras y sella el libro hasta el tiempo del fin. Muchos correrán de aquí para allá, y la ciencia se aumentará (12:4).

El profeta Daniel recibe el mandamiento de «cerrar» y «sellar» el libro. La palabra «cerrar» contiene la idea de «preservar», mientras que «sellar» se relaciona con el concepto de «autenticar» o «asegurar». La referencia es, sin duda, a la totalidad de las revelaciones dadas a Daniel a través del libro. La frase «hasta el tiempo del fin», como observa Edward J. Young, tiene que ver con «el tiempo de la consumación, cuando el Señor regresará del cielo»[15] y no, como sugiere José Grau, el fin de la historia del pueblo judío que en su opinión concluyó en el año 70 d.C. o cerca de esa fecha.[16]

La frase que concluye el versículo 4, «muchos correrán de aquí para allá y la ciencia se aumentará», en su contexto se refiere al esfuerzo de muchos por querer comprender la profecía escrita por Daniel. La paráfrasis que el profesor Young hace de este versículo es, ciertamente, apropiada:

> Preserva el libro hasta el final, porque contiene la verdad tocante al futuro. Muchos irán de acá para allá en busca de conocimiento, pero no lo encontrarán.[17]

Este aspecto de la profecía de Daniel tiene que ver aún con el futuro de Israel. Todo intento de colocarla en un pasado distante de casi dos milenios distorsiona el significado del pasaje.

> Y yo Daniel miré, y he aquí otros dos que estaban en pie, el uno a este lado del río, y el otro al otro lado del río. Y dijo uno al varón vestido de lino, que estaba sobre las aguas del río: ¿Cuándo será el fin de estas maravillas? Y oí al varón vestido de lino, que

estaba sobre las aguas del río, el cual alzó su diestra y su sinies-
tra al cielo, y juró por el que vive por los siglos, que será por
tiempo, tiempos y la mitad de un tiempo. Y cuando se acabe la
dispersión del poder del pueblo santo, todas estas cosas serán
cumplidas. Y oí, mas no entendí. Y dije: Señor mío, ¿cuál será
el fin de estas cosas?» (12:5-8).

Al escuchar la voz que le hablaba, Daniel miró y vio que había
dos ángeles a cada lado del río, además de aquél con quien él hablaba. La pregunta formulada en el versículo 6 es de suma importancia:
«¿Cuándo será el fin de estas maravillas?», como señala Young, «la
pregunta no es ¿hasta cuándo durarán estas cosas maravillosas?, sino
¿cuánto durará *el fin* de estas cosas maravillosas?».[18] En otras palabras, la pregunta se relaciona con la duración del período de tribulación que *el pueblo de Daniel* ha de experimentar cuando se
manifieste el anticristo escatológico. La pregunta, por lo tanto, es
congruente con el contexto de toda esta sección (11:36–12:13).[19] El
ángel ha anunciado que habrá un período de tribulación que vendría
sobre el pueblo de Daniel. La pregunta del versículo 6 es: ¿qué tiempo durará esa tribulación?

La respuesta a la pregunta es dada en el versículo 7. De manera solemne y en base a la Palabra de Dios, el ser angelical dice que será
«por tiempo, tiempos, y la mitad de un tiempo». Esa expresión aparece en Daniel 7:25 con relación con la duración del ministerio del
anticristo. En Apocalipsis 12:14 se usa para indicar el período de persecución que la nación de Israel experimentará en los últimos tiempos. De modo que existe una relación estrecha entre Daniel 7:25 y
Apocalipsis 12:14. Creemos que se refieren al mismo período de tiempo. Pero también dice en Apocalipsis 13:5 que la bestia recibe «autoridad para actuar 42 meses». De modo que la expresión «tiempo, tiempos
y medio tiempo» en Daniel 7:25; 12:7 y Apocalipsis 12:14 equivale a
los 42 meses de Apocalipsis 13:5. Ese será el período de tribulación
intensa que la nación de Israel sufrirá cuando «el príncipe que ha de
venir» quebrante el pacto que él mismo impuso sobre la nación judía.

La frase «cuando se acaba la dispersión del poder del pueblo santo»
puede traducirse más correctamente «cuando sea desmenuzado el poder del pueblo santo» o «cuando el quebrantamiento del poder del pueblo santo haya llegado a su fin» (véase Sal. 2:9). Durante la tribulación,
el poder del pueblo judío será totalmente destrozado por el anticristo.
La nación de Israel de manera orgullosa estará confiando en su capacidad militar y en sus arsenales para hacer frente al enemigo, pero será
vencida. Ese estado de calamidad y destrucción moverá al pueblo a
judío suplicar la ayuda de *Yahveh* (Zac. 14:1-4) y serán librados (Dn.

12:1). El profeta deseaba saber más (12:8), pero su deseo no fue satis-
fecho (12:9). La expresión «... Anda, Daniel...» equivale a decir: «No
preguntes, Daniel». Dios vedó a Daniel de saber lo relacionado a la
duración de las calamidades de Israel. Esa revelación la recibiría Juan
en la isla de Patmos.

> Muchos serán limpios, y emblanquecidos y purificados; los im-
> píos procederán impíamente, y ninguno de los impíos entende-
> rá, pero los entendidos comprenderán. Y desde el tiempo que
> sea quitado el continuo sacrificio hasta la abominación
> desoladora, habrá mil doscientos noventa días. Bienaventurado
> el que espere, y llegue a mil doscientos treinta y cinco días. Y tú
> irás hasta el fin, y reposarás, y te levantarás para recibir tu here-
> dad al fin de los días (12:10-13).

Los «muchos» parece referirse al mismo grupo mencionado en 12:3,
es decir, a «los entendidos», «los que enseñan la justicia a la multitud».
«Los impíos», por otra parte, tiene que ver con los judíos que continúan
en apostasía, o sea, aquellos que a pesar de los juicios de la tribulación
continúan en incredulidad y se doblegan a las demandas del anticristo
de la misma manera que hubo judíos que se sometieron a Antíoco IV
Epífanes.

Seguidamente, el ángel da a Daniel una cronología de los hechos.
Según esta cronología, habrá un período de tiempo de 1.290 días «desde
el tiempo que sea quitado el continuo sacrificio hasta la abominación
desoladora». Algunos expositores[20] sugieren que los 1.290 días representan un período de tiempo simbólico.[21] Hay quienes lo identifican con
las persecuciones ocurridas durante el reinado de Antíoco IV Epífanes.[22]
Otros pretenden identificarlos con la destrucción del templo en el año
70 d.C., afirmando que se refiere al período de tiempo entre la entrada
de Cestio en Jerusalén (66 d.C.) y la suspensión de los sacrificios en el
templo (70 d.C.). El principal exponente de esa teoría fue Philip Mauro,
pero Edward J. Young demuestra que tal deducción es errónea, ya que
no se ajusta a la cronología de los hechos ocurridos.[23] Dice Young:

> Debe notarse, sin embargo, que en base a ese esquema los dos
> sucesos son invertidos. Si esto estuviese correcto, esperaríamos
> que el texto dijese, desde la abominación hasta que sea quitado
> el continuo sacrificio hay 1.290 días. De modo que esta cons-
> trucción no hace una justicia adecuada al texto. Además, el tiem-
> po entre estos dos acontecimientos no es 1.290 días, sino
> posiblemente 60 días más.[24]

O sea, que la deducción de Mauro sencillamente no encuadra con los sucesos ya acaecidos. Su esfuerzo por situar los sucesos de la tribulación en el año 70 d.C. carece de fundamento tanto histórico como exegético.

Otros exégetas[25] como Walvoord y Wood sugieren que la diferencia de tiempo entre 1.260, 1.290 y 1.335 días se relaciona con los sucesos que seguirán a la segunda venida de Cristo. Según estos expositores, los 1.260 días se refieren a la duración de la gran tribulación que culminará con la venida en gloria de Jesucristo. Los 30 días siguientes (1.260 a 1.290 días) se relacionan con la duración de los juicios mencionados en Mateo 25:31-46. Los 45 días que restan (1.290 a 1.335 días) tienen que ver con el tiempo que transcurre entre la terminación de estos juicios y el comienzo del reino mesiánico. La tierra será debidamente preparada para la inauguración del reino (véase Is. 35). Debe añadirse que ni Walvoord ni Wood dogmatizan tocante a este asunto, reconociendo la dificultad exegética de la cuestión. La frase «bienaventurado el que espere, y llegue a mil trescientos treinta y cinco días» podría significar el hecho de que entre el comienzo de la segunda mitad de la tribulación y la inauguración del reino transcurrirían 1.335 días. Quienes sobrevivan la tribulación y los juicios posteriores serán aquellos que han confiado en el Mesías y, por lo tanto, entrarán en el reino. Esos son los «bienaventurados», es decir, plenamente felices.

El profeta Daniel moriría antes de que estas profecías viesen su cumplimiento («irás hasta el fin y reposarás»). Pero Dios le da una promesa: «Te levantarás para recibir tu heredad al fin de los días». Daniel será uno de los que serán levantados del polvo de la tierra (12:2) para disfrutar de la gloria del reino mesiánico de nuestro Señor. Debe notarse que Daniel ha de recibir su heredad «al fin de los días», es decir, después de que el Señor haya consumado su plan en la tribulación escatológica que vendrá sobre el pueblo de Daniel. Al final de esa tribulación el Señor Jesucristo vendrá a la tierra y los santos de las edades pasadas serán resucitados para reinar con Él.

RESUMEN Y CONCLUSIÓN

El último capítulo de la profecía de Daniel revelo el hecho de que la nación de Israel sufrirá una terrible tribulación en los postreros tiempos. De entre toda la nación, Dios salvará un remanente. En dicho remanente, el Señor cumplirá todas las promesas del pacto abrahámico. Esos son «los sabios y entendidos» que ponen su fe en el Mesías.

El capítulo también enseña que habrá una resurrección que ocurrirá en dos etapas: 1) Los que son resucitados para vida eterna. Esos son los que han confiado en el Mesías y reinarán con Él. 2) Los que han sido rebeldes y han permanecido en sus pecados. Esos serán resucitados posteriormente para condenación eterna.

El Señor revela a Daniel que su profecía se cumplirá al final de los tiempos, cuando Dios ha de obrar la consumación de su plan eterno. Finalmente, comunica al profeta que la tribulación para la nación de Israel durará 1.260 días (tres años y medio). Le seguirá un período de 30 días adicionales (1.290 días) durante los que se efectuarán los juicios relacionados con la venida del Señor a la tierra (véase Mt. 25:1-46). Por último, habrá un período de 45 días entre el final de los juicios y la inauguración del reino (1.335 días). Daniel, por supuesto, no experimentaría los juicios de la tribulación, pero sí disfrutará con los redimidos las bendiciones del reino.

NOTAS

1. John F. Walvoord, *The Millennial Kingdom* (Dunham Publishing Co., 1959), p. 185.
2. *Ibíd.*, p. 184.
3. Eric Sauer, *De eternidad a eternidad* (Grand Rapids: Editorial Portavoz, 1977), pp. 36-43.
4. La doble acusación que Grau hace contra los dispensacionalistas (véase *Escatología: Final de los tiempos*, p. 176) al decir que creen: (1) «el milenio será un reino judío»; y (2) «ni siquiera los judíos que vivan en el milenio serán regenerados», no armoniza con la realidad. Por ejemplo, un prominente premilenarista-dispensacionalista, J. Dwight Pentecost, ha escrito: «El reino teocrático terrenal que instituirá el Señor Jesucristo en su segunda venida, incluirá a todos los salvos de Israel y los salvos gentiles que estén vivos para el tiempo de su regreso. Las Escrituras dicen claramente que todos los pecadores serán cortados antes de la institución del reino (Is. 1:19-31; 65:11-16; 66:15-16; Jer. 25:27-33; 30:23-24; Ez. 11:21; 20:33-44; Miq. 5:9-15; Zac. 13:9; Mal. 3:2-6; 3:18; 4:3). En el relato del juicio de las naciones (Mt. 25:35) se revela que sólo los salvos entrarán en el reino. En la parábola del trigo y la cizaña (Mt. 13:30-31) y en la parábola de los peces buenos y malos (Mt. 13:49-50) se indica que sólo los salvos entrarán en el reino. Daniel afirma claramente que el reino será dado a los santos» (Pentecost, *Eventos del porvenir*, p. 382). Otro dispensacionalista del mismo pensar que Pentecost es el Dr. Federico A. Tatford, quien afirma que: (1) los gentiles también disfrutarán de las bendiciones del reino mesiánico; y (2) tanto los judíos como los gentiles que entren en el reino serán regenerados. Véase Federico A. Tatford, *El plan de Dios para las edades* (Barcelona: Publicaciones Portavoz Evangélico, 1971), pp. 139-140.
5. George Eldon Ladd, *Theology of the New Testament* (Grand Rapids: Eerdmans, 1975), pp. 197-198.
6. Véase Henry C. Thiessen «The Place of Israel in the Scheme of Redemption as set in Romans 9-11», *Biblitheca Sacra*, April-June, 1941, pp. 203-217.

7. Grau, *Las profecías de Daniel*, p. 244.
8. *Ibíd.*, pp. 185, 239.
9. *Ibíd.*, p. 244.
10. El escritor premilenarista Arno C. Gaebelein, no estaba en lo correcto cuando escribió: «La resurrección física (como frecuentemente se expresa: una resurrección general) no es enseñada en el versículo segundo. La resurrección física es usada como una figura del avivamiento nacional de Israel en aquel día. Han estado durmiendo nacionalmente en el polvo de la tierra, enterrados entre los gentiles. Pero en ese tiempo tendrá lugar una restauración nacional, una reunión de la casa de Judá y la de Israel». Arno C. Gaebelein, *The Annotated Bible*, (Vol. V) (Wheaton: Van Kampen Press, 1913), p. 39.
11. Culver, *Daniel and the Latter Days*, p. 173.
12. *Ibíd.*
13. Young, *The Prophecy of Daniel*, p. 256.
14. En este versículo encontramos un paralelismo característico del estilo hebraico: «Los entendidos» y «los que enseñan la justicia a la multitud» se refiere al mismo grupo. Mientras que «el resplandor del firmamento» y «las estrellas a perpetua eternidad» se usan como expresiones paralelas.
15. Young, *The Prophecy of Daniel*, p. 257.
16. Grau, *Las profecías de Daniel*, pp. 221, 222, 250.
17. Young, *The Prophecy of Daniel*, p. 258.
18. *Ibíd.*, p. 259.
19. La pregunta no es: «¿Cuándo será el fin de estas cosas?», sino «¿hasta cuándo durará el fin de estas cosas extraordinarias y difíciles de entender?» Evidentemente, Daniel estaba profundamente preocupado por saber la duración de la aflicción que le sobrevendría ala nación de Israel. El profeta no pregunta *¿cuándo será?* sino *¿cuánto durará?* la aflicción. Véase Keil, *Ezekiel to Malachi*, p. 777. También, Wood, *A Commentary on Daniel*, p. 323.
20. Keil, «Ezekiel XXV to Malachi», pp. 783-787, y Young, *The Prophecy of Daniel*, p. 263.
21. Véase Keil, *Ezekiel to Malachi*, pp. 782-783.
22. Véase J. E. H. Thomson y W. F. Adeney, «Daniel», *The Pulpit Commentary* (Grand Rapids: Eerdmans, 1950), pp. 340-341.
23. Véase Young, *The Prophecy of Daniel*, p. 262.
24. *Ibíd.*
25. Véanse Walvoord, *Daniel*, pp. 297-297 y Wood, *A Commentary on Daniel*, pp. 327- 329.

CONCLUSIÓN

El mensaje de Daniel para el hombre de hoy

El libro de Daniel es una composición maravillosa. Los destellos que emanan de las predicciones del vidente deslumbran al lector. Los hechos relatados a través de los seis primeros capítulos y las visiones cuidadosamente registradas en el resto del libro podrían parecer al hombre moderno cuestiones pertinentes a un pasado remoto, distanciado insuperablemente de su realidad no sólo por tiempo y espacio, sino por la cultura y las circunstancias. Sería apropiado, sin embargo, preguntarse: ¿Qué valor podría tener para el cristiano de hoy lo que Daniel escribió hace unos 2.500 años? ¿Qué mensaje o enseñanza contiene la profecía de Daniel para la comunidad de fe en este siglo xx? Estas no son preguntas superfluas ya que, como creemos, toda la Escritura es útil.

En la profecía de Daniel hay un asombroso despliegue de las características de Dios. El profeta destaca que Dios es Soberano, Omnipotente, Omnisciente, Infinito, Providencial, Único, Fiel, Perdonador, Justo, Celoso y tiene completo control de todas las cosas. *Yahveh* es soberano tanto sobre la nación de Israel como sobre los gentiles. Él quita reyes y pone reyes, condena las rebeliones de los hombres y exalta a los que hacen su voluntad.

Daniel se refiere a Dios repetidas veces mediante los apelativos «Dios del cielo», «Dios Altísimo» y «Altísimo» para subrayar el hecho de la Soberanía de Dios. Daniel escribió en una época cuando los reyes eran considerados como dioses y, como tales, demandaban adoración (véase Daniel, capítulos 3 y 6). El libro de Daniel contiene, por lo tanto, un mensaje para los que presiden sobre los hombres y controlan la política mundial. Reyes como Joacim, Nabucodonosor y Belsasar tuvieron que responder a Dios de sus hechos y fueron humillados. La misma suerte correrán los que gobiernan hoy las naciones sin tomar en cuenta a Dios.

Un estudio provechoso en el libro de Daniel lo proporciona la vida misma del profeta y las circunstancias en que vivió. Una penetración en la vida y el comportamiento de Daniel sería, sin duda, muy beneficioso y proporcionaría respuestas a preguntas tales como: ¿De qué modo vive un creyente en el cautiverio? ¿A qué presiones está sometido? ¿Qué criterio gobierna su comportamiento? ¿Qué influencia ejerce en su contorno? ¿Qué relación debe tener con los incrédulos en su medio? ¿Hasta qué punto está obligado a someterse al gobierno civil? ¿Puede un creyente mantenerse firme en su fe cuando vive en un medio que es hostil a sus convicciones? Preguntas como éstas encuentran una clara respuesta cuando se estudia la vida del profeta Daniel.

Recuérdese, en primer lugar, que Daniel era apenas un adolescente cuando fue transportado a Babilonia. La mención de Ananías, Misael y Azarías sugiere que había una comunidad de fe muy pequeña en el exilio. En un contorno desfavorable, Daniel y sus tres compañeros evidencian la dinámica de una fe madura. A pesar de las presiones socio-políticas y religiosas determinan vivir vidas santas delante de Dios y de los hombres.

Considérese el caso de Daniel y sus amigos: lejos de su tierra y sus familiares, en un país extraño con una estructura socio-política, cultural y religiosa distinta. A pesar de los retos y las constantes presiones, expuestos a la ridiculización y arriesgándose a ser acusados de traidores, los cuatro jóvenes supieron mantener viva la llama de la fe. Las circunstancias no controlaban su comportamiento. Nunca claudicaron en sus convicciones ni vacilaron en su devoción a *Yahveh*. Lo más sorprendente de todo esto es, sin duda, el hecho de que en lugar de ser rebajados de categoría, Daniel y sus amigos fueron ascendidos, y llegaron a ocupar los cargos de mayor importancia en las esferas gubernativas de sus tiempos. El ejemplo de Daniel y sus tres compañeros debe de marcar una pauta para los creyentes de hoy.

Existe cierto paralelismo entre la comunidad de fe de los días de Daniel y la de hoy. La comunidad de fe de hoy también vive en una especie de cautiverio. El sistema mundial donde el creyente vive es hostil a los principios y a la ética cristiana. La sociedad moderna aplica criterios racionalistas para explicar la moral, la fe, la verdad y lo sobrenatural. Daniel y sus amigos con la ayuda del Dios Altísimo vencieron aquellos obstáculos. El hombre de fe hoy debe imitar el ejemplo de Daniel y ser luz y sal de la sociedad en que vive.

Tocante a lo político, Daniel y sus tres compañeros vivían en un ambiente de opresión. Nabucodonosor ejercía patria potestad sobre sus súbditos, es decir, tenía el poder de conceder o quitar la vida a cualquier ciudadano. Era de esperarse que en tal situación imperasen las injusticias, tramas, conjuras, componendas, traiciones y otros comportamientos abominables. A pesar de todo eso, la comunidad de fe compuesta por Daniel y sus amigos no sucumbe ante las presiones de hombres malvados, sino que escoge obedecer al Dios del cielo y, como recompensa, son elevados en sus puestos. Daniel, Ananías, Misael y Azarías estuvieron dispuestos a ofrendar sus vidas si fuese necesario para glorificar a Dios. ¿No es eso un ejemplo digno de imitarse? En Daniel y sus amigos el creyente de hoy tiene un ejemplo de propósito y dedicación (1:8), vida de oración y confianza (capítulo 4), constancia y desinterés (capítulo 5), fidelidad y compromiso con Dios (capítulo 6), patriotismo e identificación con las necesidades del pueblo (capítulo 9). Sería difícil superar el reto planteado por Daniel y sus compañeros al cristiano de hoy.

Tal como sucedió con Daniel, sucede con el hombre de fe hoy. Con frecuencia tiene que hacer frente a la disyuntiva entre Dios y el mundo, la obediencia y la desobediencia, la justicia y la injusticia, la verdad y la mentira, el amor y el odio, la dependencia de Dios y el desafío de su voluntad. Frente a todas esas alternativas, Daniel siempre optó por hacer lo que resultaría para la gloria de Dios.

La profecía de Daniel destaca, además, que la comunidad de fe vive en un ambiente de rebeldía espiritual. El hombre tanto a nivel individual como social desafía la autoridad de Dios. Esa actitud se evidencia en Nabucodonosor, Belsasar y los que acusaron a Daniel en el capítulo 6 del libro de Daniel.

La rebeldía de los hombres contra Dios se encarnará, finalmente, en el personaje llamado «el cuerno pequeño» (7:8 y 8:9), «el príncipe que ha de venir» (9:26) y «el rey soberbio» (11:36). El contexto de esos pasajes apunta hacia los llamados «tiempos escatológicos» cuando aparecerá la persona del anticristo, quien se autoproclamará Dios y demandará adoración universal. Tanto el Señor Jesucristo (Mt. 24:15) como el apóstol Pablo (2 Ts. 2) consideran las actividades del anticristo como un suceso futuro. Ambos pasajes indican que las actividades de dicho personaje finalizarán a causa de la segunda venida de Cristo a la tierra.

Aunque es cierto que habrá un conflicto final y definitivo entre Dios y las fuerzas del mal en los últimos tiempos, no es menos cierto que ese conflicto se ha librado y se sigue librando a través de los siglos. El espíritu del anticristo siempre ha estado presente entre los hombres. Daniel y sus compañeros vivieron en un ambiente donde prevalecía una actitud anti-Dios. Esa situación prevalecía en tiempos de Antíoco Epífanes IV en la época de los macabeos. Ciertamente que la profecía de Daniel fue de mucha consolación para los hombres y mujeres de fe que por primera vez leyeron su contenido.

Ese mensaje profético consolador sin duda dio mucho ánimo a los creyentes que sufrieron persecución y martirio durante el imperio romano, las invasiones mahometanas y el establecimiento de regímenes totalitarios y ateos en las épocas más recientes. El libro de Daniel subraya el hecho de que el mal no triunfará. Los esfuerzos de hombres malvados no podrán obstaculizar los propósitos del Dios soberano.

La profecía de Daniel responde, sin embargo, a la pregunta: ¿Quién es el soberano del Universo? La respuesta a ese interrogante guarda una relación directa con la esperanza del creyente. Si Satanás o el hombre es el soberano, entonces el creyente en Cristo está vacío de toda esperanza futura y ha sido víctima del peor de los engaños. Si por el contrario, como afirma el profeta Daniel, Dios es el Soberano del Universo, entonces el cristiano es dueño de la más estupenda de todas las esperanzas. La esperanza de una herencia incorruptible, incontaminada e inmarcesible que tiene como base la promesa del Dios eterno (1 P. 1:4).

La esperanza del hombre de fe se basa sobre la Palabra del Dios Soberano, de modo que su realización es cierta. El versículo final del libro de Daniel dice: «Y tú irás hasta el fin, y reposarás, y te levantarás para recibir tu heredad al fin de los días» (12:13). Es decir, Daniel sufriría el trauma de la muerte física antes de ver cumplidas las promesas de Dios. Sin embargo, la muerte física no impediría el pleno disfrute de esas promesas. Daniel, como todos los miembros de la comunidad de fe, participará de una gloriosa resurrección y se gozará de las bendiciones de la heredad que el Soberano ha preparado para todos los que se han sometido a su voluntad.

A la luz del mensaje del profeta Daniel, el hombre de fe debe preguntarse: ¿Cuál es mi misión en el mundo en que vivo? ¿Cuál es mi compromiso con Dios de cara a la sociedad de la que soy parte? Tal vez la mejor respuesta a esas interrogantes sea las palabras de Pedro: «Mas vosotros sois linaje escogido, real sacerdocio, nación santa, pueblo adquirido por Dios, para que anunciéis las virtudes de aquel que os llamó de las tinieblas a su luz admirable» (1 P. 2:9). Daniel supo vivir en medio de paganos sin comprometer su testimonio ni su compromiso con Dios. Tanto él como sus tres compañeros fueron luces en medio de las tinieblas de su tiempo. El hombre de fe de hoy puede y debe imitar a Daniel y sus amigos en dar testimonio de la gracia de Dios en medio de cualquier circunstancia.

«Setenta semanas están determinadas sobre tu pueblo y sobre tu santa ciudad»
Daniel 9:24

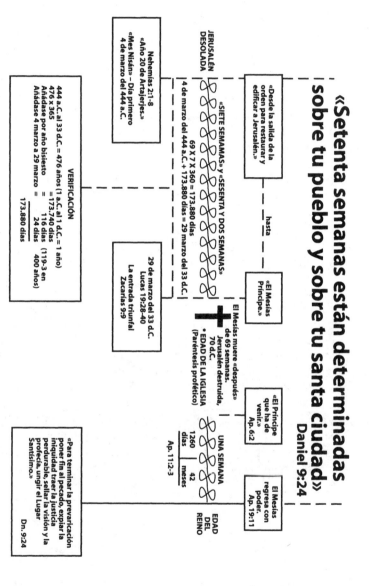

«Desde la salida de la orden para restaurar y edificar a Jerusalén.»

hasta

«El Mesías Príncipe.»

JERUSALÉN DESOLADA

«SIETE SEMANAS» y «SESENTA Y DOS SEMANAS»

69 X 7 X 360 = 173.880 días
4 de marzo del 444 a.C. + 173.880 días = 29 marzo del 33 d.C.

Nehemías 2:1-8
«Año 20 de Artajerjes.»
«Mes Nisán» – Día primero
4 de marzo del 444 a.C.

29 de marzo del 33 d.C.
Lucas 19:28-40
La entrada triunfal
Zacarías 9:9

El Mesías muere «después» de 69 semanas. Jerusalén destruida, 70 d.C.
* EDAD DE LA IGLESIA (Paréntesis profético)

«El Príncipe que ha de venir.»
Ap. 6:2

UNA SEMANA

1260 días | 42 meses

Ap. 11:2-3

El Mesías regresa con poder.
Ap. 19:11

EDAD DEL REINO

«Para terminar la prevaricación poner fin al pecado, expiar la iniquidad traer la justicia perdurable, sellar la visión y la profecía, ungir el Lugar Santísimo.»

Dn. 9:24

VERIFICACIÓN

444 a.C. al 33 d.C. = 476 años (1 a.C. al 1 d.C. = 1 año)
476 x 365 = 173.740 días
Añádase por año bisiesto = 116 días (119-3 en
Añádase 4 marzo a 29 marzo = 24 días 400 años)
                                    173.880 días

NOTA: Este esquema está basado en los trabajos de Sir Robert Anderson y J. Alva McClain, revisado posteriormente por Harold W. Hoehner.

EVENTOS HISTÓRICOS RELACIONADOS
CON LAS PROFECÍAS DE DANIEL

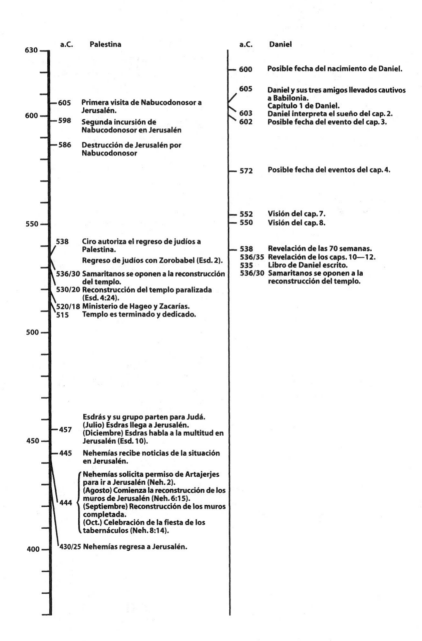

a.C.   Palestina

630

605 Primera visita de Nabucodonosor a
     Jerusalén.
600
598 Segunda incursión de
     Nabucodonosor en Jerusalén

586 Destrucción de Jerusalén por
     Nabucodonosor

550

538 Ciro autoriza el regreso de judíos a
     Palestina.
     Regreso de judíos con Zorobabel (Esd. 2).
536/30 Samaritanos se oponen a la reconstrucción
        del templo.
530/20 Reconstrucción del templo paralizada
        (Esd. 4:24).
520/18 Ministerio de Hageo y Zacarías.
515   Templo es terminado y dedicado.

500

     Esdrás y su grupo parten para Judá.
     (Julio) Esdras llega a Jerusalén.
     (Diciembre) Esdras habla a la multitud en
457 Jerusalén (Esd. 10).
450
445 Nehemías recibe noticias de la situación
     en Jerusalén.

     Nehemías solicita permiso de Artajerjes
     para ir a Jerusalén (Neh. 2).
     (Agosto) Comienza la reconstrucción de los
444 muros de Jerusalén (Neh. 6:15).
     (Septiembre) Reconstrucción de los muros
     completada.
     (Oct.) Celebración de la fiesta de los
     tabernáculos (Neh. 8:14).
400
430/25 Nehemías regresa a Jerusalén.

a.C.   Daniel

600 Posible fecha del nacimiento de Daniel.

605 Daniel y sus tres amigos llevados cautivos
     a Babilonia.
     Capítulo 1 de Daniel.
603 Daniel interpreta el sueño del cap. 2.
602 Posible fecha del evento del cap. 3.

572 Posible fecha del eventos del cap. 4.

552 Visión del cap. 7.
550 Visión del cap. 8.

538   Revelación de las 70 semanas.
536/35 Revelación de los caps. 10—12.
535   Libro de Daniel escrito.
536/30 Samaritanos se oponen a la
        reconstrucción del templo.

CRONOLOGÍA RELACIONADA CON EL LIBRO DE DANIEL

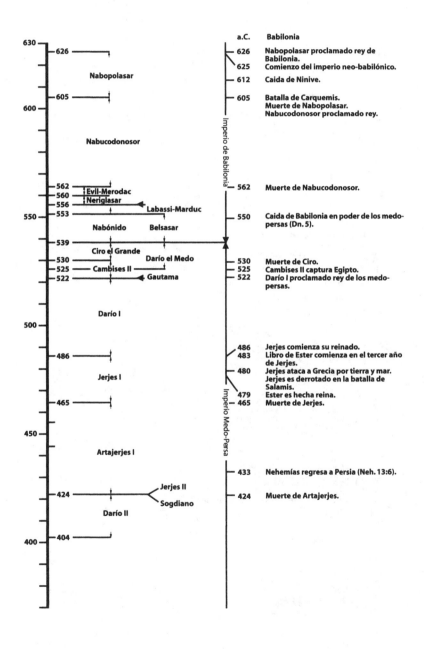

a.C.	Babilonia
626	Nabopolasar proclamado rey de Babilonia.
625	Comienzo del imperio neo-babilónico.
612	Caída de Nínive.
605	Batalla de Carquemis. Muerte de Nabopolasar. Nabucodonosor proclamado rey.
562	Muerte de Nabucodonosor.
550	Caída de Babilonia en poder de los medo-persas (Dn. 5).
530	Muerte de Ciro.
525	Cambises II captura Egipto.
522	Darío I proclamado rey de los medo-persas.
486	Jerjes comienza su reinado.
483	Libro de Ester comienza en el tercer año de Jerjes.
480	Jerjes ataca a Grecia por tierra y mar. Jerjes es derrotado en la batalla de Salamis.
479	Ester es hecha reina.
465	Muerte de Jerjes.
433	Nehemías regresa a Persia (Neh. 13:6).
424	Muerte de Artajerjes.

Reyes de Babilonia
y Medo-Persia

IMPERIO DE BABILONIA

Nabopolasar	626-605 a.C.
Nabucodonosor	605-562 a.C.
Evil-Merodac	562-560 a.C.
Neriglasar	560-556 a.C.
Labassi-Marduc	556 a.C.[1]
Nabónido	556-539 a.C.
Belsasar	553-539 a.C.[2]

IMPERIO MEDO-PERSA

Ciro el Grande	539-530 a.C.
Darío el Medo	539-524 a.C.[3]
Cambises II	530-522 a.C.[4]
Gautama (Seudo-Esmerdis)	522 a.C.
Darío I	522-486 a.C.
Jerjes I	486-465 a.C.
Artajerjes I	465-424 a.C.
Jerjes II	424 a.C.
Sogdiano	424 a.C.
Darío II	423-404 a.C.
Artajerjes II	404-359 a.C.
Artejerjes III	359-338 a.C.
Arses (Jerjes III)	338-336 a.C.
Darío III	336-330 a.C.

IMPERIO GRECO-MACEDÓNICO

Alejandro el Magno	330-323 a.C.

Después de cerca de 20 años de intriga y confusión, el imperio greco-macedónico fue dividido entre los cuatro principales generales de Alejandro:

Ptolomeo Soter: Egipto, Libia, Arabia, Palestina y Líbano.

Seleuco Nicator: Siria, Babilonia y gran parte del Asia Menor.

Lisímaco: Tracia, Bitinia y varias provincias al oeste del Helosponto.

Casandro: Macedonia y Grecia.

REINO DE EGIPTO

Ptolomeo Soter	323-285 a.C.
Ptolomeo Filadelfo	285-246 a.C.
Ptolomeo Evergetes	246-221 a.C.
Ptolomeo Filopator	221-203 a.C.
Ptolomeo Epífanes	203-181 a.C.
Ptolomeo Filometor	181-145 a.C.
Ptolomeo Neos Filopator	145-144 a.C.
Ptolomeo Evergetes II	144-116 a.C.

REINO DE SIRIA

Seleuco Nicator	301-281 a.C.
Antíoco Soter	280-261 a.C.
Antíoco Teo	261-247 a.C.
Seleuco Calínico	247-226 a.C.
Seleuco Cerauno	226-223 a.C.
Antíoco el Grande	223-187 a.C.
Seleuco Filopator	187-175 a.C.
Antíoco IV Epífanes	175-163 a.C.
Antíoco Eupátor	163-162 a.C.
Demetrio Soter	162-150 a.C.
Alejandro Balas	150-145 a.C.

---

1. Sólo 4 meses.
2. Regente en ausencia de su padre, Nabónido.
3. El personaje que se mencioan en Daniel 6:1 y que ha sido identificado como Gubaru.
4. Es llamado Artajerjes en Esdras 4:7, 11.

Glosario de expresiones teológicas usadas en esta obra

Alegorización: Método de interpretación que anula la historicidad de los eventos bíblicos. Este método oscurece el significado de la Biblia porque está basado en el subjetivismo del intérprete.

Amilenarismo: Sistema de interpretación que niega la existencia de un reinado terrenal futuro de Cristo. Según este sistema, el milenio o reino histórico se está cumpliendo en la edad presente. Existen algunas variaciones dentro del amilenarismo.

Anticristo: Personaje que aparecerá en el escenario de la historia al principio de la tribulación de los últimos tiempos. Es designado en la Biblia como el *«cuerno pequeño»* (Dn. 7:24), el *«rey soberbio»* (Dn. 11:36), el *«hombre de pecado»* (2 Ts. 2:3), la *«bestia»* (Ap. 13:1-10). El anticristo se caracterizará por su desafío a Dios y su persecución de la nación de Israel, así como de todo el que rehúse llevar la marca de la bestia.

Canon: Conjunto de libros escritos bajo la dirección del Espíritu Santo por hombres especialmente escogidos por Dios. El Canon está compuesto de 66 libros (39 en el Antiguo Testamento y 27 en el Nuevo). Sólo estos libros pueden ser llamados Palabra de Dios.

Dispensacionalismo: Sistema de interpretación que mantiene que Dios ha revelado su plan de manera progresiva (dispensaciones). El sistema dispensacionalista enfatiza la diferencia entre Israel y la Iglesia, la interpretación normal, natural o literal de toda la Biblia, incluyendo las profecías y el cumplimiento histórico de las promesas hechas por Dios tocante a la nación de Israel.

Escatología: Rama de la teología sistemática que se ocupa del estudio de los eventos con los que culminará la historia de la humanidad. De interés particular en la escatología son los eventos que precederán y seguirán a la segunda venida de Cristo.

Escuela Crítica: Grupo de teólogos y eruditos que niega la historicidad y autoridad de la Biblia. Por ejemplo, la escuela crítica niega la unidad del

Pentateuco así como la del libro de Isaías. Según la crítica, el libro de Daniel pertenece a los escritos seudoepigráficos, habiendo sido escrito por un autor desconocido que vivió en tiempos de Antíoco IV Epífanes (175 a.C.-163 a.C.).

Exégesis: Proceso de estudio bíblico que tiene por objeto reproducir el significado original del texto.

Hebdómada: Una unidad de siete. Proviene del vocablo griego *hébdomos*, que significa «séptimo».

Hermenéutica: La ciencia y el arte que se ocupa de la interpretación.

Interpretación figurada: Método erróneo de interpretación por el que se le da a una palabra o frase un significado distinto al pretendido por el escritor.

Interpretación natural o literal: Método de interpretación que, tomando en cuenta la presencia de figuras del lenguaje, símbolos, parábolas y otras licencias literarias, da a cada palabra o frase su significado normal, cultural, gramatical e histórico tal como pretendía el autor original.

Lenguaje figurado: Licencia literaria que permite a un escritor u orador desviar las palabras, alejándolas de su uso ordinario y común para darles una forma, construcción y aplicación diferentes de su uso normal. El lenguaje figurado se usa generalmente cuando se habla o escribe de temas abstractos o se trata de hacer énfasis en una idea. Esta forma de expresión siempre se basa en una realidad histórica. No debe confundirse el lenguaje figurado con la interpretación figurada.

Literatura apocalíptica: Género literario que se caracteriza por el uso de símbolos, visiones y la presencia de un intérprete divino para declarar el significado. La literatura apocalíptica trata temas proféticos escatológicos.

Mesías: Nombre hebreo que literalmente significa «ungido» y se refiere al esperado Rey y Libertador de los judíos. La palabra «Cristo» es el equivalente griego del vocablo «Mesías».

Milenio: Expresión que significa 1.000 años y se usa en referencia a la duración del reino mesiánico. El milenio es el segmento histórico del reino eterno de Cristo.

Premilenarismo: Sistema de interpretación que enfatiza un cumplimiento literal de las profecías. El premilenarismo enseña que la segunda venida de Cristo será seguida del establecimiento de un reino de paz, justicia y santidad. Dentro del premilenarismo, hay quienes son dispensacionalistas y quienes siguen la teología del pacto.

Racionalismo: Es la filosofía que afirma que toda verdad se puede determinar mediante la lógica. El racionalista cree que por medio de la razón se puede probar la existencia y la naturaleza de Dios. De modo que la revelación sobrenatural no es necesaria.

Rapto (Arrebatamiento): Evento por el cual la Iglesia será quitada de la tierra y trasladada para recibir al Señor en el aire. Los pretribu-lacionistas creen que el rapto ocurrirá antes de la tribulación, los post-ribulacionistas enseñan que ocurrirá después y los midtribulacionistas opinan que será en medio de la tribulación.

Reino eterno: El dominio o gobierno universal y absoluto de Dios sobre toda su creación a través de todas las edades.

Reino mesiánico: El reino proféticamente prometido en el Antiguo Testamento. Este reino será establecido cuando el Mesías regrese a la tierra, incluirá a judíos y gentiles, y solamente pueblo regenerado entrará en él. El reino mesiánico es sinónimo del reino teocrático y del milenio.

Remanente: Número de israelitas que serán salvos y disfrutarán del reino del Mesías.

Restauración: Bendiciones futuras que esperan a la nación de Israel como resultado del cumplimiento de los pactos antiguotestamentarios.

Revelación: Este vocablo se usa de dos modos. A veces se emplea para explicar el acto divino mediante el cual Dios comunicó verdades que el hombre no hubiese podido conocer de otro modo. También se usa para hablar de la segunda venida de Cristo en gloria.

Revelación progresiva: Una expresión que se usa para explicar que Dios dio a conocer sus verdades por etapas, o sea, progresivamente. Cada libro de la Biblia añade algo nuevo a la revelación dada por Dios.

Sátrapa: Gobernador de una de las provincias del imperio medo-persa. El sátrapa ejercía funciones civiles y militares. Entre otras cosas era cobrador de impuestos y el juez principal de su provincia.

Segunda Venida de Cristo: Se refiere al regreso del Señor Jesucristo con poder y gloria. También se le llama la revelación. La segunda venida de Cristo tendrá lugar después de la tribulación y antes del milenio. No debe confundirse la segunda venida de Cristo con el rapto de la Iglesia.

Septuaginta: Expresión que literalmente significa *los setenta*. Se usa para designar la traducción del Antiguo Testamento del hebreo al griego hecha en Alejandría, Egipto, por el año 250 a.C., en tiempos de Ptolomeo II Filadelfo.

Seudoepígrafa: Este vocablo literalmente significa *falsos escritos* pero se usa en referencia al conjunto de libros de origen espurio que aparecen entre los año 150 a.C. y 150 d.C. Los libros seudoepigráficos son generalmente apocalípticos pero nunca han sido reconocidos como canónicos.

Símbolo: El uso de un objeto o acontecimiento para enseñar o ilustrar una verdad histórica. Por ejemplo, el cuerno pequeño de Daniel 7 simboliza al anticristo.

Teología del pacto: Un sistema teológico que considera que todas las revelaciones entre Dios y el hombre tienen su base en el pacto de obras (hecho entre Dios y Adán antes de la entrada del pecado) y el pacto de la gracia (hecho por Dios a favor del pecador elegido). El pacto de obras estuvo en efecto hasta la caída de Adán. Después de la caída, el pacto de la gracia entró en operación.

Terminus a quo: Expresión latina que se usa para indicar el punto de partida de un hecho.

Terminos ad quem: Expresión latina que se usa para indicar el límite o fin de algo.

Tiempos de los gentiles: Período de tiempo que abarca desde la destrucción de Jerusalén por Nabucodonosor (685 a.C.) hasta la segunda venida de Cristo. Durante los tiempos de los gentiles, la nación de Israel es desalojada de su posición de preeminencia en el mundo y los gentiles toman control del gobierno mundial. Jesucristo dijo que Jerusalén estaría siendo pisoteada por los gentiles hasta que los tiempos de los gentiles se cumplan (Lc. 21:24).

Tribulación: Período de tiempo equivalente a la semana setenta (última) de Daniel. Durante ese período de tiempo la ira de Dios será derramada sobre toda la tierra en cumplimiento a las profecías de Mateo 24. El anticristo hará su aparición en el escenario de la historia (2 Ts. 2), habrá una religión falsa simbolizada por la gran ramera (Ap. 17), y una persecución universal de todos los que rehúsen llevar la marca de la bestia (Ap. 13). La tribulación culminará con la manifestación en gloria de Jesucristo.

Vaticinium ex eventum: Expresión latina que significa una predicción hecha antes de que ocurra el suceso.

Vaticinia post eventum: Expresión latina que describe una obra escrita en estilo profético pero que describe sucesos ya ocurridos.

Bibliografía

La cantidad y variedad de la literatura existente en relación con el libro de Daniel es en verdad sorprendente. Desafortunadamente, muy poco existe en castellano de esa vasta cantidad de literatura. Las obras más importantes hasta ahora escritas sobre las profecías de Daniel se encuentran en inglés. Con el propósito de ayudar al lector, particularmente al que pueda leer inglés, se ha preparado esta bibliografía. Se ha hecho una breve reseña de los principales comentarios que podrían ser de ayuda al lector. Además, se proporciona una lista de obras que han sido usadas en la preparación de este comentario. Estimulamos al lector a familiarizarse con el mayor número posible de estas obras. Los libros editados en castellano aparecen con un asterisco (*).

Archer, Jr., Gleason L. «Daniel», *The Expositor's Bible Commentary*. Grand Rapids: The Zondervan Corporation, 1988.

Un exelente comentario escrito por un reconocido erudito del Antiguo Testamento. Es premilenarista y de teología conservadora. Conocido entre los lectores de habla castellana por su obra *Reseña crítica de una introducción al Antiguo Testamento* (Editorial Portavoz).

Barnes, Alter. *Barnes' Notes on the Old Testament*, 2 tomos. Grand Rapids: Baker, 1950.

Un comentario exhaustivo escrito por un famoso expositor y teólogo reformado. Este comentario es una exposición versículo por versículo, presentando una perspectiva amilenarista del libro de Daniel.

Culver, Robert D. *Daniel and the Latter Days*. Chicago: Moody Press, 1954.

Esta obra es un estudio limitado solamente a la sección profética del libro de

Daniel. Robert Culver es de teología conservadora, premilenarista y dispensacionalista. También es el autor de una abreviada exposición del libro de Daniel que aparece en el *Comentario bíblico Moody: Antiguo Testamento* (Grand Rapids: Editorial Portavoz, 1993).

Driver, Samuel R. *The Book of Daniel.* Cambridge: Univesity Press, 1900.

S.R. Driver fue un famoso erudito de la escuela crítica. Su comentario es una exposición versículo por versículo, usando su propia traducción. Driver escribió desde el punto de vista liberal. En su opinión, el libro de Daniel es pseudoepigráfico. Esta obra es útil para conocer la base exegética a histórica que hace a la crítica rechazar la profecía de Daniel.

Farrar, Frederic W. *The Book of Daniel.* The Expositors Bible. Londres: Hodder & Stoughton, 1895.

Esta obra contiene una extensa introducción que abarca una tercera parte del libro. Aunque el autor consulta el original hebreo, parece haberse basado más en la Septuaginta. Farrar, al igual que Driver, perteneció a la escuela liberal. Para él, Daniel fue escrito por un autor desconocido que vivió en el siglo II a.C.

* Grau, José. *Las profecías de Daniel.* Barcelona: Ediciones Evangélicas Europeas, 1977.

Una exposición, a veces versículo por versículo, pero más frecuentemente por párrafos, de la pluma del conocidísimo escritor español. Esta obra está escrita desde el punto de vista conservador y amilenarista del pacto. José Grau es un defensor de la inerrancia de las Escrituras. Considera que el libro de Daniel es una obra genuina, producto del Daniel histórico que vivió en el siglo VI a.C.
En la interpretación de algunos pasajes claves (por ejemplo 9:24-27; 11–12), Grau sigue de cerca la interpretación que hace más de medio siglo ofreció el teólogo amilenarista Philip Mauro. Mauro fue un amilenarista conservador, pero muchas de sus conclusiones han sido abandonadas por escritores de la misma escuela. Desafortunadamente, José Grau, a través de su comentario, identifica la interpretación dispensacionalista de la Biblia casi exclusivamente con las notas de Scofield, quien escribió hace más de setenta años (murió en 1923). También pasa por alto que hay muchos dispensacionalistas que difieren del pensamiento de Scofield, por lo menos, en algunas cosas.
A pesar de los problemas exegéticos, el lector se beneficiará con las enseñanzas prácticas, el estilo ameno y la defensa valiente que el autor hace de la fidelidad de las Escrituras.

* Ironside, Harry A. *Daniel*. Capital Federal, Argentina: Fundación Cristiana de Evangelización, 1976.

Este comentario es una traducción de las exposiciones hechas por el doctor Ironside durante su largo ministerio de predicación y enseñanza de la Biblia. Ironside escribió desde una perspectiva sólidamente conservadora, premilenarista y dispensacionalista. Su estilo es ameno, devocional, espiritual y repleto de ilustraciones prácticas.

Keil, C. F. *Daniel*. Grand Rapids: Eerdmans.

He aquí un comentario exhaustivo; una exposición versículo por versículo, basada en los idiomas originales, por el famoso exégeta conservador de la escuela calvinista reformada y amilenarista. Esta obra comienza con una extensa introducción en defensa de la autenticidad e historicidad del libro de Daniel.

Entre los muchos méritos de esta obra, sobresalen la erudición con que el autor refuta los argumentos de la crítica, la exégesis equilibrada y la valentía en la exposición de pasajes, aún cuando necesariamente no apoyen el punto de vista amilenarista.

Lang, G.H. *The Histories and Prophecies of Daniel*. Grand Rapids: Kregel Publications, 1973.

Un estudio capítulo por capítulo basado en el texto en inglés del libro de Daniel. El autor presenta la perspectiva premilenarista de manera amena y conservadora. El mérito principal de este trabajo es la consideración dada a los problemas que el estudiante confronta al estudiar esta profecía.

Leupold, Herbert C. *Exposition of Daniel*. Grand Rapids: Baker, 1969.

Indiscutiblemente, uno de los mejores comentarios sobre el libro de Daniel escrito desde el punto de vista amilenarista. El autor hace su propia traducción del original, y en su excelente introducción de 40 páginas refuta los argumentos de la crítica modernista.

Leupold es un expositor de la denominación luterana, pero decididamente conservador. Su amilenarismo le lleva a alegorizar ciertos pasajes, particularmente los que tratan temas escatológicos. Sin embargo, su erudición y conservadurismo no dejan lugar a dudas.

Montgomery, James A. *A Critical and Exegetical Commentary on the Book of Daniel*. Edimburgo: T. & T. Clark, 1927.

Como su título indica, este comentario es crítico y exegético. Es un trabajo exhaustivo basado en los idiomas originales y de gran valor filológico. El autor escribe desde el punto de vista liberal, aunque no se extrema como hacen otros de la misma escuela. Esta obra contiene una introducción de 112 páginas, un aparato crítico excelente y una documentación excepcional.

Montgomery proporciona información histórica, arqueológica, filológica y cultural de mucho beneficio para el estudiante. Esta obra, sin embargo, debe ser leída con mucho cuidado para poder detectar lo falaz del argumento crítico.

Walvoord, John F. *Daniel, The Key to Prophetic Revelation*. Chicago: Moody, 1971.

John F. Walvoord, Rector del Seminario Teológico de Dallas desde 1952, es uno de los teólogos y educadores más sobresalientes en los Estados Unidos de Norteamérica. Además, Walvoord es, sin duda, el más notable representante contemporáneo del premilenarismo dispensacionalista.

Este comentario es una exposición versículo por versículo, basado en el texto inglés del libro de Daniel, aunque con el apoyo del texto original. Esta obra se caracteriza por su posición conservadora, evangélica, su excelente documentación y una bibliografía excepcional. Walvoord presenta con pulcritud los puntos de vista que difieren del suyo y los contesta con erudición y caballerosidad.

Wilson, Robert Dick. *Studies in the Book of Daniel* (Dos tomos). Grand Rapids: Baker Book House, 1972.

He aquí una obra monumental en defensa de la autenticidad del libro de Daniel. No se trata de un comentario, sino de un trabajo apologético que demuestra el carácter genuino de la profecía de Daniel. Después de varios años de seria y ardua investigación, el Dr. Robert Dick Wilson, quien fuera por varios años profesor de lenguas semíticas y crítica del Antiguo Testamento en el Seminario Teológico de Princeton, responde golpe por golpe todos los argumentos que la crítica ha asestado contra el libro de Daniel. El autor discute de manera magistral las objeciones filológicas, históricas, cronológicas y teológicas lanzadas contra esta profecía y ofrece una respuesta satisfactoria a dichas objeciones.

Young, Edward J. *The Prophecy of Daniel*. Grand Rapids: Eerdmans, 1949.

Uno de los hombres que más ha contribuido al pensamiento cristiano conservador en el siglo xx fue, sin duda, el Dr. Edward J. Young, por muchos años rector del Seminario Teológico Westminster. Su comentario sobre el libro de Daniel es una obra exhaustiva, exegética, expositiva y de incuestionable erudición. El profesor Young representa lo mejor del pensamiento reformado y de la

teología amilenarista en este comentario. El doctor Young da amplia consideración a los principales problemas textuales, significado de palabras difíciles y
otros aspectos de interés para el estudiante. Además, presenta una cuidadosa
documentación y un valioso apéndice.

La interpretación amilenarista del doctor Young tiene su secuela de contra-
dicciones hermenéuticas. Por ejemplo, la interpretación de la piedra que golpea los pies de la imagen del capítulo 2 contradice el paralelismo en el capítulo
7. La teoría de las tres etapas del Imperio Romano en el capítulo 7 tiene problemas exegéticos e históricos. La interpretación de las 70 hebdómadas en 9:24-
27 se debilita al concederle distinta duración a los tres bloques de hebdómadas.
No obstante, éste es uno de los mejores comentarios del libro de Daniel en el
idioma inglés.

OTRAS OBRAS USADAS

Aharoni, Yohanan y Avi-Yonah. *The McMillan Bible Atlas*. Nueva York:
MacMillan Publishing Co., 1968.

Alexander, Ralph. «Hermeneutics of Old Testament Apocalyptic
Literature». Tesis doctoral, Seminario Teológico de Dallas, 1968.

* Anderson, Sir Robert. *El príncipe que ha de venir*. Grand Rapids: Editorial Portavoz, 1981.

* Archer, Gleason L. Jr. *Reseña crítica de una introducción al Antiguo
Testamento*. Grand Rapids: Editorial Portavoz, 1981.

Baldwin, Joyce C. *Daniel - An Introduction and Commentary*. Londres:
Inter Varsity Press, 1978.

* Beckwith, Jorge D. *El plan profético de Dios*. Puebla: Ediciones las
Américas, 1977.

* Berkhof, Louis. *Teología sistemática*. Grand Rapids: Libros Desafío,
1976.

Boak, Arthur E.R. *A History of Roma to 565 A.D.* Nueva York: The
McMillan Company, 1963.

* Boice, James Montgomery. *La aurora del fin del mundo*. Miami: Editorial Caribe, 1974.

Botsford, George W. y Robinson, Charles A. *Hellenic History*. Nueva
York: The MacMillan Co., 1962.

Boutflower, Charles. *In and Around the Book of Daniel*. Grand Rapids:
Kregel Publications, 1977.

Brown, Francis; Driver S.R.; Briggs, Charles A. *A Hebrew and English
Lexicon of the Old Testament*. Oxford: The Clarendon Press, 1962.

* Bright, John. *La historia de Israel*. Bilbao: Desclée de Brouwer, 1970.

* Carballosa, Evis L. *El dictador del futuro*. Grand Rapids: Editorial Portavoz, 1978.

* Castell, François. *Historia de Israel y de Judá*. Estella (Navarra): Editorial Verbo Divino, 1984.

* Chafer, Lewis Sperry. *Teología Sistemática*. Dalton: Publicaciones Españolas, 1974.

Childs, Brevard S. *Introduction to the Old Testament as Scripture*. Filadelfia: Fortress Press, 1979.

Criswell, Wallie Amos. *Expository Sermons on the Book of Daniel* (Cuatro tomos). Grand Rapids: Zondervan, 1968-1972.

*Del Valle, Carlos. *El mundo judío*. Madrid: Universidad Nacional de Educación a Distancia, 1976.

* Dyer, Charles H. *Babilonia ¡Renace!* Miami: Editorial Unilit, 1991.

Ellison H.L., *The Mystery of Israel*. Exeter: The Paternoster Press, 1976.

* Fernández, Domingo. *Predicciones hasta el año 2000*. Miami: Logoi, 1975.

Ford, Desmond. *Daniel*. Nashville: Southern Publishing Association, 1978.

Gaebelein, Arno C. *The Prophet Daniel*. Grand Rapids: Kregel Publications, 1955.

Gibbon, Edward. *The Decline and Fall of the Roman Empire*. Nueva York: Harcourt, Brace and Co., 1960.

Girdlestone, R.B. *The Grammar of Prophecy*. Grand Rapids: Kregel Publications, 1955.

* Grau, José. *Escatología: Final de los tiempos*. Terrassa: Editorial CLIE, 1977.

Gundry, Robert H. *The Church and the Tribulation*. Grand Rapids: Eerdmans, 1973.

Gurney, O.R. *The Hittites*. Ontario: Penguin Books, 1976.

* Hamilton, Gavin. *Las glorias del reino venidero*. Terrassa: Editorial CLIE, 1973.

Harrison, Roland Kenneth. *Introduction to the Old Testament*. Grand Rapids: Eerdmans, 1973.

Hayes, John H. *Introduction to the Bible*. Filadelfia: Westminster Press, 1971.

* Hauff, Luis H. *Israel en la historia y la profecía*. Miami: Editorial Vida, 1971.

Heidel, Alexander, *The Babylonian Genesis*. Chicago: The University Press, 1963.

Hengstenberg, E. W. *Christology of the Old Testament* (Tres tomos). Grand Rapids: Kregel Publications, 1966.

Hoehner, Harold W. «Daniel's Seventy Weeks and New Testament Chronology». *Bibliotheca Sacra*, enero-marzo 1975.

Holtzman, Frederick. «A Re-examination of the Seventy Weeks of Daniel». Tesis inédita. Seminario Teológico de Dallas, 1974.

Hooke S.H. *Babylonian and Assyrian Religion*. Norman: University of Oklahoma, 1975.

* Josefo, Flavio. *Guerra de los judíos*. (Trad. Juan Martín Cordero). Barcelona: Editorial Iberia, 1972.

Keller, Werner. *Historia del pueblo judío*. Barcelona: Ediciones Omega, 1969.

Kitchen, K.A. *Ancient Orient and Old Testament*. Chicago: Intervarsity Press, 1966.

Krammer, Samuel Noah. *Mythologies of the Ancient World*. Garden City: Anchor Books, 1961.

Ladd, George Eldon. *Crucial Questions About the Kingdom of God*. Grand Rapids: Eerdmans, 1961.

————— *A Theology of the New Testament*. Grand Rapids. Eerdmans, 1974.

*————— *El evangelio del reino*. Miami: Editorial Caribe, 1974.

La Sor, William Sanford, et. al. *Old Testament Survey*. Grand Rapids: Eerdmans, 1982.

Lewis, Jack P. *Historical Backgrounds of the Bible*. Grand Rapids: Baker Books House, 1971.

MacPherson, Dave. *The Incredible Cover-up*. Plainfield, N.J.: Logos International, 1975.

Mansoor, Menahen. *The Dead Sea Scrolls*. Grand Rapids: Eerdmans, 1964.

Mauro, Philip. *The Seventy Weeks and the Great Tribulation*. Boston: Hamilton, 1923.

* McCall, Thomas y Levitt, Zola. *El anticristo y el santuario*. Chicago: Editorial Moody, 1977.

McClain, Alva J. *The Greatness of the Kingdom*. Grand Rapids: Zondervan, 1959.

——————— *Daniel's Prophecy of the Seventy Weeks*. Grand Rapids: Zondervan, 1966.

Meadowcroft, T. J. *Aramaic Daniel and Greek Daniel*. Sheffield: Sheffield Academic Press, 1995.

Moscati, Sabatino. *The Face of the Ancient Orient*. Garden City: Anchor Books, 1962.

* Nelson, Wilton M. (ed.). *Diccionario ilustrado de la Biblia*. Miami: Editorial Caribe, 1974.

Newell, Philip R. *The Man Greatly Beloved and His Prophecies*. Chicago: Moody, 1962.

* Núñez, Emilio A. *Caminos de renovación*. Grand Rapids: Editorial Portavoz, 1975.

Orr, James (ed.). *The International Standars Bible Encyclopaedia*. Grand Rapids: Eerdmans, 1960.

* Pentecost, J. Dwight. *Eventos del porvenir*. Miami: Editorial Vida, 1977.

Porteous, Norman W. *Daniel*. Filadelfia: The Westminster Press, 1965.

Pritchard, James B. (Ed.). *The Ancient Near East, Vol I, An Anthology of Texts and Pictures*. Princeton: Princeton University Press, 1973.

Ringgren, Helmer. *Israelite Religion*. Filadelfia: Fortress Press, 1966.

* Ryrie, Charles C. *La gracia de Dios*. Grand Rapids: Editorial Portavoz, 1979.

*——————— *Dispensacionalismo hoy*. Grand Rapids: Editorial Portavoz, 1975.

*——————— *La Biblia en las noticias de mañana*. Puebla: Ediciones las Américas, 1972.

* Sauer, Erich. *De eternidad a eternidad*. Grand Rapids: Editorial Portavoz, 1977.

* Schultz, Samuel J. *Habla el Antiguo Testamento*. Grand Rapids: Editorial Portavoz, 1976.

Starr, Chester G. *A History of the Ancient World*. Nueva York: Oxford University Press, 1965.

Tan, Paul Lee. *The Interpretation of Prophecy*. Winona Lake: B.M.H. Books Inc., 1974.

* Tatford, Federico A. *El plan de Dios para las edades*. Grand Rapids: Editorial Portavoz, 1971.

Tenney, Merrill C. (ed.). *The Zondervan Pictorial Encyclopaedia of the Bible*. Grand Rapids: Zondervan, 1975.

Thiessen, Henry C. «The Place of Israel in the Scheme of Redemption», *Bibliotheca Sacra* (January-March, 1941) y (April-June, 1941).

Tregelles, Samuel Prideaux. *Gesenius' Hebrew and Chaldee Lexicon of the Old Testament Scriptures.* Grand Rapids: Zondervan, 1956.

Unger, Merrill F. *Introductory Guide to the Old Testament.* Grand Rapids: Zondervan, 1956.

———————— *Archeology and the Old Testament.* Grand Rapids: Zondevan, 1960.

* Vila, Samuel. *Cuando Él venga.* Terrassa: Editorial Clie, 1970.

Waltke, Bruce K. «The Date of the Book of Daniel». *Bibliotheca Sacra.* octubre-diciembre 1976.

Walvoord, John F. *The Millennial Kingdom.* Findlay: Dunham Publishing Co., 1959.

———————— *Israel in Prophecy.* Grand Rapids: Zondervan, 1962.

———————— *The Nations in Prophecy.* Grand Rapids: Zondervan, 1967.

*————————, John F. y John E. *Armagedón.* Miami: Editorial Vida, 1975.

Weingreen, J. *A Practical Grammar for Clerical Hebrew.* Oxford: Clarendon Press, 1959.

Whitcomb, John C. *Darius the Mede.* The Presbyterian and Reformed Publishing Co., 1975.

*————————, *Daniel.* Grand Rapids: Editorial Portavoz, 1988.

Wiseman, D.J. et. al. *Notes on Some Problems in the Book of Daniel.* Londres: The Tyndale Press, 1970.

* Wolff, Ricardo. *Israel en escena.* Puebla: Ediciones las Américas, 1972.

Wood, Leon. *A Commentary on Daniel.* Grand Rapids: Zondevan, 1973.

Young, Edward J. *The Messianic Prophecies of Daniel.* Grand Rapids: Eerdmans, 1954.

*———————— *Una introducción al Antiguo Testamento.* Grand Rapids: Libros Desafío, 1977.

Índice de años

Índice de términos
importantes

Las palabras están colocadas según el
orden del alfabeto hebreo.

Índice de textos bíblicos

Índice de autores

Índice de temas

Un asterisco (*) delante de una palabra indica
que la palabra que sigue tiene entrada en este índice.

275

GÉNESIS
La revelación del plan eterno de Dios

EVIS L. CARBALLOSA

El autor combina un análisis histórico, lingüístico y teológico de cada pasaje del libro del Génesis, y expone la relación de los diversos relatos, personajes y sucesos entre sí. Se trata de una obra que, indudablemente, será un recurso exegético y teológico clave para asistir al predicador, al estudiante de la Biblia y a todos los de habla hispana que aman y desean crecer en el conocimiento de las Escrituras.

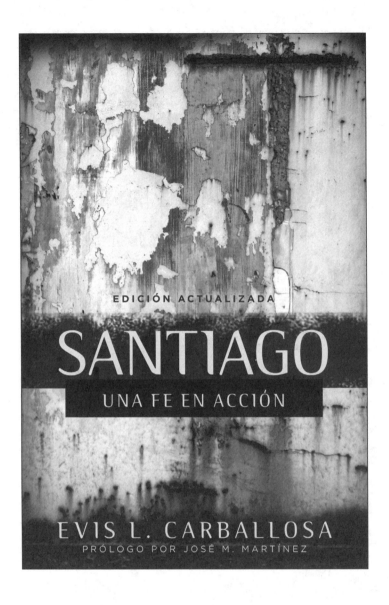

Este comentario exegético constituye una ayuda sumamente valiosa para quien desee conocer a fondo la Epístola de Santiago. No es solamente un comentario de gran calidad sino un recurso del máximo interés, en el que el cuerpo exegético va precedido de una primera parte sobre la hermenéutica y seguido de una tercera sobre predicación expositiva.

A través de este comentario el lector descubrirá nuevas facetas de la Epístola de Santiago y la tendrá en mayor estima.

Esta obra en 2 tomos tiene como propósito presentar la realeza de Cristo. Pone de manifiesto que Jesús es el Mesías prometido en las Escrituras proféticas. Mateo escribió su tratado para una comunidad judía que se había convertido a la fe cristiana. La comunidad de esos tiempos se preguntaba: ¿Qué ha pasado con el Reino prometido? ¿Qué papel desempeña la iglesia en el plan de Dios? ¿Qué parte tienen los gentiles en el Reino del Mesías? Evis Carballosa analiza cuidadosamente las respuestas de Mateo a estas preguntas en este recurso indispensable para todo pastor y estudiante de la Biblia.

EDITORIAL
PORTAVOZ

NUESTRA VISIÓN

Maximizar el efecto de recursos cristianos de calidad que transforman vidas.

NUESTRA MISIÓN

Desarrollar y distribuir productos de calidad —con integridad y excelencia—, desde una perspectiva bíblica y confiable, que animen a las personas a conocer y servir a Jesucristo.

NUESTROS VALORES

Nuestros valores se encuentran fundamentados en la Biblia, fuente de toda verdad para hoy y para siempre. Nosotros ponemos en práctica estas verdades bíblicas como fundamento para las decisiones, normas y productos de nuestra compañía.

Valoramos la excelencia y la calidad
Valoramos la integridad y la confianza
Valoramos el mérito y la dignidad de los individuos
  y las relaciones
Valoramos el servicio
Valoramos la administración de los recursos

Para más información acerca de nuestra editorial y los productos que publicamos visite nuestra página en la red: www.portavoz.com